História dos nossos gestos

LUÍS DA CÂMARA CASCUDO

História dos nossos gestos

*Uma pesquisa
na mímica do Brasil*

© Anna Maria Cascudo Barreto e
Fernando Luís da Câmara Cascudo, 2001

1ª Edição Global Editora, São Paulo 2003
2ª Reimpressão, 2008

Diretor Editorial
Jefferson L. Alves

Gerente de Produção
Flávio Samuel

Coordenação de Revisão
Ana Cristina Teixeira

Revisão
Rosalina Siqueira
Sandra Lia Farah
Rinaldo Milesi

Capa
Eduardo Okuno

Foto de Capa
Stefan Kolumban/Pulsar

Editoração Eletrônica
Antonio Silvio Lopes

Dados Internacionais de Catalogação na Publicação (CIP)
(Câmara Brasileira do Livro, SP, Brasil)

Cascudo, Luís da Câmara, 1898-1986.
   História de nossos gestos : uma pesquisa na mímica do Brasil / Luís da Câmara Cascudo. – 1. ed. – São Paulo : Global, 2003.

   Bibliografia.
   ISBN 85-260-0791-2

   1. Brasil – Usos e costumes 2. Folclore – Brasil 3. Gestos – Brasil 4. Superstição – Brasil I. Título.

03-0874   CDD–302.2220981

Índice para catálogo sistemático:

1. Brasil : Gestos : Comunicação não-verbal :
   Sociologia   302.2220981

Direitos Reservados

Global Editora e Distribuidora Ltda.

Rua Pirapitingüi, 111 – Liberdade
CEP 01508-020 – São Paulo – SP
Tel.: (11) 3277-7999 – Fax: (11) 3277-8141
e-mail: global@globaleditora.com.br
www.globaleditora.com.br

Colabore com a produção científica e cultural.
Proibida a reprodução total ou parcial desta obra sem a autorização do editor.

Nº DE CATÁLOGO: **2268**

Sobre a reedição de História dos Nossos Gestos

A reedição da obra de Câmara Cascudo tem sido um privilégio e um grande desafio para a equipe da Global Editora. A começar pelo nome do autor. Com a concordância da família, foram acrescidos os acentos em Luís e em Câmara, por razões de normatização bibliográfica.

O autor usava forma peculiar de registrar fontes. Como não seria adequado utilizar critérios mais recentes de referenciação, optamos por respeitar a forma da última edição em vida do autor. Nas notas foram corrigidos apenas erros de digitação, já que não existem originais da obra.

Mas, acima de detalhes de edição, nossa alegria é compartilhar essas "conversas" cheias de erudição e sabor.

Os editores

ALFABETO DOS SURDOS-MUDOS

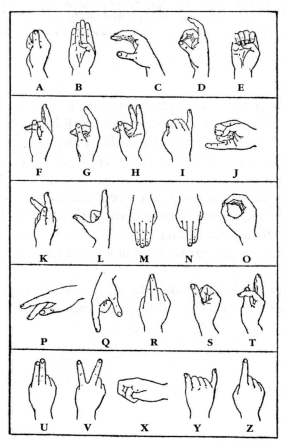

Alfabeto dos surdos-mudos do Abade de L'Épée, 1788.

Sumário

A voz do gesto	17
Gestos	20
Manuelagem	21
Primeiro gesto	22
Beliscão	23
Bater nas nádegas	24
Bater o pé	26
Fechar os olhos	27
Quatro beijos antigos	28
O primeiro ferimento	28
Mão no queixo	29
Estalando a língua	30
Atravessado	31
Horácio e os dois paulistinhas	31
Resposta de Amasis	31
Escorregar	32
Lencinho condutor	32
O maior gesto de Metternich	33
Umbigada	34
A porta do devedor	35
Presença númida no Nordeste	36
Rezinga de mulher	37
Andar requebrado	37
A pálpebra azul de Jezabel	38
A face velada do morto	39
Continência militar	39
Nudez punitiva	40

Bengala e gesto	41
Espantando mosquitos	43
O comércio fechou	44
O cauto malandro	44
Saia do caminho	45
Mão na boca	46
Comendo com os olhos	46
Vaia	47
Beijo na mão	49
Batuqueiro e sambista	50
Sentar-se	51
O gesto vivo dos balizas mortos	52
Indo para a escola	53
Cá dê Neném	54
O nome certo	54
Dedo na boca	55
Servindo ao defunto	55
Homens na igreja	55
Bater palmas	57
Dando o tom	57
Salve ele!	58
O grande gesto carnavalesco	58
As três saudações romanas	59
Cuspir fora	59
Abanar a cabeça	60
Caminho das lágrimas	60
Soprar	61
Sorrir	61
Comer junto	63
A cortesia silenciosa	64
Sorriso do sol	65
Chorar	66
Baixar a cabeça	68
A menina de Hamath	69

Uma defesa instintiva	70
Repousando a mão	71
Tirar o chapéu	71
Pegar no queixo	73
Homenagem da imobilidade	73
Constante mímica de Júlio Prestes	74
Pirueta da liberdade	75
Dedinho provocador	75
Dedo na venta	76
Que horas são?	76
Beliscão de frade	77
Cangapé	77
Armar o pé	78
Inchando	78
Gestos mágicos	79
Cada um com seu jeito	80
Bundacanastra	81
Jeito de dormir	81
Beijar a unha do polegar	84
Muxoxo em Angola	85
Babau!	85
Cabeça oscilante	86
Ameaçando	86
Fazer as pazes	87
Gagau	88
Coçar a cabeça	88
Pontapé	89
Mão fechada, murro feito	89
A disputa por acenos	90
A percussão da surpresa	93
Saudar palácio	94
No dedo	95
Bulu-bulu	96
Queixo levantado	96

Levado pelo pescoço	97
Mão na cintura	97
Em pé!	98
Na porta da rua	99
Dedos em cruz	100
Lava-pés	101
Juro!	102
Reforço cordial	102
Puxar os cabelos	103
Pé no pescoço	104
Passar por baixo da mesa	105
Pedir e evitar	105
Mão nas ancas	105
Cuspir na cara	106
Bater no rosto	106
Um gesto brasileiro	107
Um guia de Goiás	108
Atualidades de Teofrasto	108
Beijar a própria mão	110
Amarrando Pedro	111
Atirar para trás	112
Barbeiro!	112
Cabeça no coração	113
Abraçar o pescoço	114
Matando piolho	114
Um gesto de escolha	114
Não sair por onde entrou	115
Beijo no ar	116
Mordendo os dedos	116
Oushebtis e astronautas	117
Mãos na cabeça	118
Falando no bafo	118
Denúncia de paternidade Nhambiquara	119
Gestos indígenas na serra do Norte	120

Mãos ao alto	120
Enrolando as mãos	121
A cruz enfeite	121
Carta beijada e tocada na cabeça	122
La maja vestida	124
Dar a prova	124
Gestos no trânsito	125
Bolinar	125
Pescoço mordido	127
Encontro noturno	128
Boca cosida	128
O cordão da virgem	129
Mão esquerda	129
Topado!	130
Escarrar	130
O sobrolho	131
Vá na frente!	132
Bolso!	132
Morder o polegar era desafio	133
Nariz	133
João Cotoco	134
Surra de cotovelo	135
Catucar, cutucar	135
Rebanada	135
Carapinhé	136
Purrute	136
Muxoxo	137
Fim de conversa	137
Cotoveladas	138
Aperte esta mão!	138
Gestos do chapéu	138
Misturar os pés	139
A boca em bico	140
Gestos maquinais	140

Saudações	141
Imitando o diabo	143
É uma flor!	143
Érico Veríssimo e os gestos mexicanos	144
Alguns jogos infantis no Brasil	145
Vinho na cabeça	150
Olhe para quem fala!	151
Veja aqui!	151
Boca torcida	152
Mordidinha no nariz	152
Tocar no pé	153
Tocar na terra	153
Posição de socó	154
Toque na madeira	155
Não olhe para trás!	155
Só com esse dedo	157
Cuspir no prato	157
Pé direito	158
Silêncio!	158
Estirar a língua	160
Aperto de mão	161
Mãos cruzadas no peito	163
Bata palma, vovô!	163
Ponta da orelha e polegar erguido	165
Figa!	166
Um pelo outro	168
Lápis na boca	168
Aplauso eleitor	168
Mãos postas	169
Cabeça balançando no bailado	169
Roer unha	170
Limpando os ares	171
Mostrar a palma da mão	171
Um atrás do outro	172

Símbolos do ombro	173
Castanhola	174
Grande alegria	175
Um descanso sem idade	176
Mijar na cova	178
Lamber o dedo	179
Bater com a mão na boca	179
Saia na cabeça	180
Uma saudação muçulmana	180
Maluco	181
Mímica do pavor	181
Passar a mão pela cabeça	182
Afirmativa e negativa	182
Fazer olhão	183
O lado do noivo	183
Aperto de mão simbólico	184
Mão ao peito	184
Esfregar as mãos	184
Abraçar pelos joelhos	184
Delicioso!	185
Apinhar os dedos	185
Abençoar	186
Ficar de mal e ficar de bem	186
Punho cerrado	187
Deitado	187
Ficar cheirando!	188
Atirar beijo!	188
Amaldiçoar!	189
Rodando os polegares	189
Gesto da precisão meticulosa	189
Palmo de gato	190
Autoridade e pressa	190
Bebo à saúde de Vossa Excelência!	191
Camila e o monstro	192

Puxar ou torcer a orelha 193
Conceito popular da ofensa física 193
Tamanho e porte 195
Voz de espectro 196
Acenando adeus 197
Franzir a venta 197
Cruzar as pernas 198
O gesto mais feminino 200
De cócoras! 200
Dedos 202
Abraço 203
O claro sol amigo dos heróis! 204
Para trás das costas! 204
Traje e temperamento 205
Assobiar 206
Tome! 207
Chamar 208
Ó 209
Beijo 209
Cafuné 211
Isola! 212
Gesto de saia e calça 212
O dedinho me disse 213
Cruz na boca 213
Alusão ao dinheiro 214
Cocorote e piparote 214
V da vitória 216
Cheiro 217
Pigarro e tosse 218
Dar bananas! 220
Pallida Mors 221
Três gestos romanos 222
Função social do riso 222
Fala-se mais 223

A careta defensiva	224
Boquinha	225
Curvar a cabeça	225
O dedão do professor	226
Braços erguidos!	227
Reprovação, concordância, ignorância	228
Olhar, intermitente ou fixo	228
Sessenta séculos vos contemplam!	232
Comer	233
Baixar a mão!	234
Bangular	234
Tropeçar	235
Levar pela mão	235
Beijar o solo	235
Mão-boba	236
Gesto da exatidão	236
Mão nos bolsos	237
Garrafa enforcada	237
Bater os copos!	237
A insistente negativa	238
Sacudindo a cabeleira	238
Ter um aquele	239
Apertar os lábios	240
Rabo entre as pernas	240
Rabo duro	241
Zumbaia	241
Perna aberta	242
Assanhar o cabelo	242
Caldo ou carro entornado	244
Negar de pés juntos	244
Papo aberto	245
Ficar ao lado	246
Esbarrar	247
Bater na bochecha	247

Fazer lombo!	248
Pisar no pé	248
Braça	249
Era gente assim...	249
Munganga	250
Salamaleque	250
Lamba as unhas!	250
Torcendo os bigodes	251
Desanojar	251
A dor recordadora	252
Ajoelhar-se	253
Mostrar a barriga	254
Chapéu na cabeça	254
O capoeira	256
Andar de sapato novo	257
Boca aberta	257
Gestos torpes	258
Estalando os dedos	261
Bater no cotovelo	261
Engolir	262
Bater na testa	263
Arroto	263
Torcendo as mãos	263
Véu na cabeça	264
Lavar as mãos	265
Patear	265
Quinau!	266
Castigo!	266
Novas trocadas	267
Antojos	267
Espiar	268
Viajar	269
Pegar no estribo	270
Aclamação	270

A VOZ DO GESTO

> – *Escreve as coisas que tens visto.*
> Apocalipse, 1, 19.

*A*travessando as chamas do Purgatório, sobem Virgílio, Estácio e Dante uma escada onde o sono vence o florentino. Despertando, ouve Virgílio anunciar terminada a missão que Beatriz lhe confiara. Nada mais terá a dizer-lhe pela voz ou pelo aceno: – *Non aspettar mio dir più nè mio cenno.*[1] E não fala mais. Admira-se das maravilhas vistas e, quando Dante procura-o, não mais o vê. A grande alma pagã regressara ao *nobile castello,* afastando-se das proximidades da Redenção paradisíaca. A Voz e o Gesto valiam, para ele, a mesma função transmissora. O Povo concorda.

Debatemos a origem da voz articulada e a época do seu aparecimento. Falaria o Homem Musteriano, o infra-homem de Neandertal? A maioria dos etnólogos é pela afirmativa, concedendo-lhe rudimentos de linguagem. Nenhum fundamento anatômico evidenciará a decisão. Teria, provavelmente, a *sua* linguagem, meio de convívio do pensamento, que não é privativo da espécie humana. Indiscutível é que falava o *Homo sapiens* do Paleolítico superior, o alto, robusto e equilibrado povoador do Aurinacense. Pintando, esculpindo, gravando. *The beginning of sculture, engraving, and fresco are traceable to the Aurignacian epoch,* escreveu MacCurdy. Não podia evidentemente ser o *Homo alalus.* E houve época

---

1. "Purgatório", XXVII-139.

no Mundo em que o Homem, em qualquer escala anterior à sua mutação, fosse incomunicado, mudo, silencioso? O Gesto, antes das interjeições e onomatopéias, supriria essa deficiência oral. Dante, há sete séculos, proclamava a comunicação tátil entre as formigas.[1] Traduz Xavier Pinheiro:

Assim da negra legião saída,
Em marcha, toca em uma outra formiga,
Por saber do caminho ou sorte havida.

Toda a bibliografia sobre o Gesto, tradutor da Idéia e primeira linguagem humana, demonstra a universalidade de alguns acenos sobre os próprios vocábulos mais essenciais e vivos. Há gestos cobrindo áreas demarcadas de uso, jamais correspondentes à equivalência verbal. De sua valorização como documento psicológico, anormal e normal da sinergia nervosa, potência de evocação, indispensabilidade como fórmula complementar da voz, elemento excitador do desenvolvimento cerebral. Pai da Inteligência, todas as pesquisas ainda não fixaram os justos limites da grandeza positiva no alcance da repercussão comunicante. A geografia de determinados ademanes, antigüidade de uns e modificação de outros, os instintivos e os convencionais, com ampla franja intermediária dos gestos interdependentes, de novas atitudes provocadoras de sua utilização, os processos mecânicos e renovadores da significação, levam os problemas da investigação e da análise a um nível distinto de exame e de cultura especializada. O estudo do Gesto, o gesto popular e geral e o gesto dos profissionais, característicos como uma "permanente" etnografia, os típicos ligados a uma ação e os indefinidos, tendentes à abstração negaceante, consistiriam uma sistemática tão preciosa quanto, no campo filológico, é a Semântica.

O Gesto é anterior à Palavra. Dedos e braços falaram milênios antes da Voz. As áreas do Entendimento mímico são infinitamente superiores às da comunicação verbal. A Mímica não é complementar mas uma provocação ao exercício da oralidade. Sem gestos, a Palavra é precária e pobre para o entendimento temático. Antes das interjeições primárias, a Mão traduzia a mensagem útil. *Le primitif, qui ne parlait pas sans ses mains, ne pensait pas non plus sans elles,* observou Levy-Bruhl. A musa Polinia falava pelo gesto: – *Loquitur Polyhymnia gestu,* informa o poeta Ausônio. Era justamente a Deusa da Retórica.

Manual Concepts, de Cushing, grupos de gestos valendo uma exposição verbal, unanimemente compreendida. O abecedário dos mudos

---

1. "Purgatório", XXVI, 34-36.

e surdos-mudos pela posição dos dedos ou dos braços, traduzindo letras do alfabeto no código da linguagem naval. Para pospasto, sugiro "Homem Falando, Homem Escrevendo".[1]

O Gesto é a comunicação essencial, nítida, positiva. Não há retórica mímica, apenas reiteração da mensagem. Essa limitação recorda o inicial uso entre seres humanos, quando o metal era pedra e a caverna abrigava a família nas horas da noite misteriosa. "Aprende com os mudos o segredo dos gestos expressivos", aconselhava Leonardo da Vinci. A Palavra muda. O Gesto não.

Os livros documentaram no Tempo a minha observação contemporânea, ajustada em lógica formal, clara e simples. Desejei divulgar uma tarefa que me ocupou, anos e anos, no encantamento da revelação pessoal. A bibliografia citada é no plano justificador e não dos critérios interpretativos no rumo das hirtas sistemáticas, como antecipações imutáveis na sempre mutável percepção visual, sugerindo modelo para as nuvens e contorno para os ventos.

Na Ronda do Tempo (UFRN, Natal, 1971), que é o meu diário de 1969, escrevi em 21 de dezembro: – "Desde finais de 1966 penso escrever a *História de nossos Gestos*. Vou adiando, como velho prolonga noivado. Mentalmente surpreendo-me 'ouvindo' certos capítulos". Premeditação confessada.

Nossos porque, mesmo universais, os observara no Brasil.

Evitei o solene pedantismo expositor, alijando a presunção de uma *Teoria Geral*, invariável nas substituições preferenciais, instantâneo sempre retocável das conclusões favoritas, mutáveis e sucessivas como em desfile de passarela. Fui pedreiro com materiais dispersos e longínquos, mas a construção obedeceu ao plano obstinado do único operário, tendo *na vida honesto estudo, com longa experiência misturado,* na confidência camoniana. Semelhantemente ocorreu em *Civilização e Cultura* (1973), típica *individual research,* distante da compilação maquinal e atraente como salada de frutas.

Será uma laboriosa inutilidade, reminiscências de livros e reparos na jornada invisível em que marchamos no rumo da noite imóvel. Os *Gestos* são moedinhas de circulação indispensável e diária, mas ignoramos sua emissão no Tempo. Não é possível precisar a data da cunhagem mas tentei revelar as coincidências da presença anterior na comunicação humana. Nada mais.

Luís da Câmara Cascudo
Natal, RN, dezembro de 1973

---

1. *Civilização e Cultura*, 2º, LJOE-MEC, Rio de Janeiro, 1973.

GESTOS

Além do ato instintivo, inconsciente, automático, puramente reflexo, evitação do sentimento doloroso, existe a infindável série dos gestos intencionais, expressando o pensamento pela mímica, convencionada através do tempo. Essa *Signe Language, Gebärdensprache, Langue per Signes, Language per Gestes,* tem merecido ensaios de penetração psicológica, indicando a importância capital como índices do desenvolvimento mental. Desta forma o homem liberta e exterioriza o pensamento pela imagem gesticulada, com áreas mais vastas no plano da compreensão e expansão que o idioma. Francis C. Hayes reuniu alentada bibliografia.[1] Primeira forma da comunicação humana, mantém sua prestigiosa eficiência em todos os recantos do mundo. As pesquisas sobre antigüidade e valorização de certos gestos, depoimentos insofismáveis de certos temperamentos pessoais e coletivos, índices de moléstias nervosas, apaixonam estudiosos. Andrea de Jorio fixou *La mimica degli antichi investigata nel gestire napoletano,* Nápoles, 1832, e Karl Sttl realizou longas buscas na documentária greco-romana.[2] Para fontes de uma sistemática no Brasil há o estudo de Hermann Urtel sobre os portugueses,[3] e Ludwig Flachskampf sobre os espanhóis.[4] A correlação dos gestos com os centros cerebrais, ativando-lhes a capacidade criadora, e não esses àqueles, possui, presentemente, alto número de defensores. Esclarecem-se, atualmente, a antigüidade e potência intelectual da Mímica como documento vivo, milenar e contemporâneo, individual e coletivo. Há gestos centros de sistemas comunicativos e gestos privativos. Não havendo a obrigatoriedade do ensino mas sua indispensabilidade no ajustamento da conduta social, todos nós aprendemos o gesto desde a infância e não abandonamos seu uso pela existência inteira. Os desenhos paleolíticos registam os gestos mais antigos, de mão e cabeça, e toda literatura clássica, história, viagem, teatro, poemas, mostra no gesto sua grandeza de expressão insubstituível. No Brasil, apenas iniciamos a colheita dos gestos mais conhecidos.[5] A observação nas classes

---

1. *Gesture: A Working Bibliography,* Southern Folklore Quarterley, XXI, Geines-ville, Flórida, 1957.
2. *Die Gebärden der Grienchen und Romer,* Leipzig, 1890.
3. *Beiträge zur Portugiesischen Volkeskund,* "Zur Gebärdensprache", Hamburgo, 1928.
4. *Spanische Gebärdensprache,* Erlangen, 1938.
5. Rossini Tavares de Lima, *Gestos Populares de São Paulo,* Folclore-2, São Paulo, 1953; Veríssimo Melo, *Universalidade dos Gestos Populares,* Sociologia, XX, São Paulo, 1958.

mais humildes daria partida para verificações sobre sobrevivências e permanências mímicas. Os gestos mais antigos são os manuais e os últimos os olhares com significação especial, já denunciando estágios superiores de convenção coletiva. O critério mais comum tem sido dividir pelas suas intenções funcionais: negativas, afirmativas, normativas (ordens, convites, missões) e religiosas (submissão, vênia, adoração, respeito), origem dos gestos de saudação em sua maioria. Naturalmente as profissões determinam especializações nos acenos orientadores e nos ambientes onde a voz humana esteja impossibilitada de fazer-se ouvir, o aceno volta a ter o monopólio de transmissão mental. Não existe, logicamente, a mesma tradução literal para cada gesto, universalmente conhecido. Na famosa estória popular da *Disputa por Acenos,* cada antagonista entendia o gesto contrário de acordo com seu interesse.[1] Negativa e afirmativa, gesto de cabeça na horizontal e vertical, têm significação inversa para chineses e ocidentais. Estirar a língua é insulto na Europa e América, é saudação respeitosa no Tibete. Vênias, baixar a cabeça, curvar os ombros, ajoelhar-se, elevar a mão à fronte, são universais. A mecânica da adaptação necessária a outras finalidades de convívio explica a multiplicação.[2] Ver *Manuelagem*, nº 3. Para a jornada fascinante n'*O Mundo dos Olhos* (Rio de Janeiro, 1975), sugiro acompanhar Sylvio Abreu Fialho...

MANUELAGEM

Linguagem das mãos, do francês *manuelage*.[3] Os gestos das mãos pertencem à classe dos universais e milenários, sendo os mais expressivos, indispensáveis para a complementação da imagem. Diz-se que o homem do Povo com as mãos amarradas fica mudo. A linguagem manual, o jogo de sombras provocado pelas mãos conjugadas, a simbologia das figuras evocadas pelos acenos, a força definitória do pensamento pela atitude das mãos, o folclore dos dedos, as medidas determinadas pela mão (palmo, polegada, punhado, mão cheia, mão, manípulo, chave, pitada) afirmam de

---

1. L. da C. C., *Trinta Estórias Brasileiras,* Porto, 1955.
2. *Civilização e Cultura,* XIII-1. *Dicionário do Folclore Brasileiro,* 1º, INL, Brasília, 1972.
3. Albert Marinus, *Langage et Manuelage,* "Il Tresaur", 4-6, Nápoles, 1952.

sua importância decisiva. Daniel Fryklund demonstrou que as noções de Direito e Esquerdo *existent seulement en combinaison avec le mot Main*. Pelos dedos da mão o homem aprendeu a contar, defender-se, modelar, viver em sociedade. Cushing mostrou a extensão do *Manuel Concepts*, e Levy-Bruhl afirmou: *Le primitif, qui ne parlait pas sans ses mains, ne pensait pas sans elles*. Mímica. Teatro Mímico. Linguagem dos Mudos. A Mímica, mais antiga e universal que o idioma humano, assinala mais firmemente a personalidade.[1] A Manuelagem reúne a pesquisa, sistematização e interpretação da linguagem manual:[2] *Les gestes de nos mains traduisent nos humeurs, nos adhésions, nos refus, nos défiances, et jusqu'au détails, comme chacun a pu observer; en revanche qui tourne la main seulement change un peu ses humeurs et ses opinions, et très aisèment, si ses opinions ne sont qu'humeur*, escreveu Alain, num *Propos* de 1921.

PRIMEIRO GESTO

É segurar alguma coisa, apossando-se. A posição da mão denuncia o primarismo instintivo da *posse*, na contração muscular para mantê-la semicerrada, como ocultando um fruto. O côncavo da mão sugere o receptáculo natural de objetos esféricos, como foram os frutos ácidos, arrancados das árvores nas manhãs predatórias dos primeiros grupos de hominídeos famélicos. A mão aconchegada foi a primeira escudela para água. Com um pequenino impulso lírico é óbvio ter sido o primeiro ato consciente do homem, estender o braço e agarrar alguma coisa alimentar, revelada pelos exemplos anteriores, fechando-a entre a palma da mão e os cinco dedos preensores e convergentes. Recorda a obstinada decisão tátil de procurar o seio materno para a sucção vital. Alain, deduziu em 1923:[3] *Le mouvement naturel de la main est de prendre et de garder, comme on voit pour toutes petites mains des nourrissons; si on leur donne un doigt, ils s'y accrochent, comme la patte de l'oiseau sur le perchoir. C'est*

---

1. Jousse, *Le Mimisme Humain et l'Anthropologie du Language*, Paris, 1936.
2. *Dicionário do Folclore Brasileiro*, 2º, INL, Brasília, 1972.
3. *Propos*, 531, Paris, 1956.

pourquoi toutes les passions nous ferment les mains; ainsi les poings sont tout prêts. Afirmativa do monopólio individual, indispensável na manutenção orgânica. Esse gesto determina o sentimento de incorporação da conquista no patrimônio utilitário, ferozmente defendido e agressivamente guardado ante as cobiças rivais. Gesto de domínio, correspondente à frase intimativa: *É meu!* tão comum nas crianças e no pensamento de todas as criaturas de estômago e sexo ditando a conduta. Complementar é o movimento de levar tudo à boca, quando a idade ainda não permite a seleção. Todos os demais serão afluentes dessa caudal originária e autêntica. O Gesto, índice do Temperamento, é uma sintética exteriorização do processo mental orientador da Ação. A gesticulação, embora universal, torna-se, pela insistência peculiar a cada indivíduo, característica, permitindo a identificação entre os semelhantes. Os mais espontâneos e comuns pela nitidez significativa são os *gestos de Posse*. Ter mais alguma coisa a incluir entre as possuídas. Há, inevitavelmente, um discreto euforismo basal na mímica dos que se tornam proprietários. Não existirá ato mais expressivo, enérgico e simples, radicular e profundo, no labirinto desnorteante do interesse fisiológico. Pôr a mão em cima e afirmar-se possuidor. Ver *O Primeiro Ferimento*.

BELISCÃO

Beliscar, apertando a carne alheia entre a polpa do polegar e a parte média do indicador. Com as unhas é *pinicão*, lembrando o *pincer* romântico de 1830. Denúncia pessoal de desejo, saudação amorosa, impulso irreprimível da ansiedade fidalga e sádica, demonstração mais imediata e positiva do amor português, entre o último Filipe e Dona Maria Primeira. Do primeiro terço do século XVII à *viradeira*, quando faleceu D. José e o Marquês de Pombal despencou das alturas onipotentes, o Beliscão, nas formas sublimadoras do *estorcegão* e *pincho*, torcendo em torquês ou picando em alicate, significou uma constante psicológica, determinante nervosa, inevitável do erotismo borbulhante, compensando-se na volúpia efêmera do contato obscuro e mímico. As correspondências africanas e amerabas sugerem mais a *unhada*. Shakespeare informa-me que ainda em 1593 as fadas inglesas sabiam *to pinch the unclean knight:* (*Merry Wives of Windsor*). "O português beliscou sempre a mulher dos outros por toda a parte onde a encontrou", assevera Júlio Dantas. Floriu no Brasil Vice-Reino, notadamente na transplantação da capital para São Sebastião do Rio de Janeiro, com as recepções oficiais, cerimoniáticas, canhestras, legítimas. Naturalmente o Beliscão é anterior à Sé de Braga ou à Sé de Palha na cidade do Salvador, mas não havia clima social para a expansão compreensiva e simbólica. Com a vinda do Príncipe-Regente D. João e o interminável séquito saudoso dos serenins de Queluz e corredores do Paço Real, o Beliscão titulou-se na primeira plaina das denúncias impacientes da comunicação faminta. Veio o *Beliscão de Frade,* dado com os nós do indicador e médio, dobrados, tirando taco e chaboque, deixando o roxão da equimose. Foi a grande arma escolar, desasnadora, disciplinar, didática. Alguns "Mestres" caracterizaram-se pela unha longa do polegar, feito mandarim. Certos maridos, depois dos bailes, ficavam de braços mosqueados como lombo de gato-do-mato. Castigo infantil e penalidade espontânea dos namorados ciumentos. Recurso inesgotável e cruel das matronas rezadeiras nas escravinhas esculpidas em ébano palpitante. Desabafo de informes recalques carenciais. Despertador de luxúrias sonolentas. Mútua saudação entre inocentes ansiosas. Visitando Vila Rica (Ouro Preto), em dezembro de 1820, o naturalista Johann Emanuel Pohl participou de uma festa nos salões do Governador-Geral. As damas vestiam conforme a última moda de Paris. "Ao entrarem faziam uma rápida mesura, beliscavam-se mutuamente, no flanco esquerdo, segundo o costume brasileiro, em sinal de saudação."[1] Escreveu o pícaro El Estebanillo em 1640: *Puse los ojas en la tal polla, y pareciéndome que estava ya en edad de poner huevos, le di un dia un pellizco tan apretado como el amor que le tenia... O pellizco* era o manômetro eloqüente...

BATER NAS NÁDEGAS

Em 1942, veraneando em Areia-Preta, na casa de taipa que o Tempo levou, uma nossa empregada, robusta mocetona das praias do Ceará-mirim, referindo-se a sua antiga patroa, dama de alta hierarquia local, resumiu o imenso desprezo borbulhante com a frase: – "Está o que eu tenho para ela!", batendo sonoramente nas nádegas. Repetindo a mímica,

---

1. *Viagem no Interior do Brasil,* 2º, INL, 1951.

informou ser uma demonstração vulgar de desdém, condenada pela gente antiga mas usada pelo rancor feminino. Homem não a empregava. Anos depois, na feira do Alecrim, uma velha barraqueira de engodos desabafava contra a concorrente: – "Está aqui para você!" e palmejava no murcho traseiro. Lembrei-me de ter visto o mesmo movimento numa moça rústica do Sertão, dirigido mentalmente a um ex-namorado desertor. Pensei em alusão aos excrementos pela passagem do canal expelidor na região percutida. Ignoro, na espécie, comprovação ibérica ou africana. O gesto existe entre o Povo brasileiro, devendo haver antecedentes radiculares europeus. Ernst Robert Curtius[1] registou: "Nada acha o homem medieval tão cômico como o desnudamento involuntário". Inclua-se a imprevista exibição das pousadeiras. Difícil posição mais humilhante que alguém ter o assento exposto ao olhar público. Punição ameaçada pelo profeta Jeremias (13,26), e também Nahum (3,5). Não sendo excitação intencional, constituía situação de vexame e acabrunhamento. Ter o ânus visto motivava a euforia zombeteira pela simples referência verbal. Esse critério fundamenta a nudez vergonhosa e deprimente, causando a maldição de Noé ao filho Cam.[2] Na Paris dos Valois, um requinte na Festa dos Santos Inocentes (28 de dezembro), era surpreender damas e donzelas no leito matinal e erguer-lhes os vestidos para o amoroso suplício da breve flagelação nas palpitantes saliências dos quadris.[3] Sílvio Romero[4] recolheu os gritos vingativos dos macaquinhos saídos na defecação: – "Ecô! eu vi o tubi da velha!". Estavam compensados pela revelação. A sedução calipígica não alcançou a vulgaridade como elemento de Beleza. Em Atenas havia concursos de nádegas. Antes, para o Povo, centraliza imagem repelente de abjeção ridícula. Mostrar o posterior não é provocação erótica mas exibição de intimidades sujas pela função fecal, "fazendo pouco" em quem o vê. Já não ocorre semelhantemente com o púbis, centro de atração sexual, a *perseguida* pela faminta curiosidade masculina. Mostrar a polpa traseira a alguém seria supremo ato insultuoso de injustificável intenção agressiva, com as agravantes da Notoriedade. Ainda no século XVI, no México, promoveu uma guerra sangrenta entre Tenochcas e Tlaltelolcos. Escreve George Clapp Vaillant:[5] *Por más que paresca ridículo, se rompieron las*

---

1. *Literatura Européia e Idade Média Latina,* INL, 1957.
2. *Gênesis,* 9, 20-27.
3. *Heptameron,* XLV.
4. *Folclore Brasileiro,* III, 1954, "O macaco e o moleque de cera".
5. *La Civilización Azteca,* México, 1944, baseado na *Cronica Mexicana,* séc. XVI, de H. Tezozomoc.

hostilidades por la insultante conduta de las mujeres de Tlaltelolco, que mostraron sus posaderas a los encolerizados visitantes Tenochcas. Sentiram como o inverso de um convite deleitoso. Naturalmente não se verifica influência africana ou nativa ameríndia, de povos desnudos onde a visão e golpe numa nádega constituíssem mensagem premeditada. O uso, significando insulto, existia no México, primeira década do século XVI, entre mulheres cujos trajes ocultavam permanentemente a parte inferior do corpo. Bastaria indicar, com as batidas manuais, os volumosos esferóides sob a defesa das fraldas, para divulgar o aceno agressivo. Na primeira metade desse século XVI pela Alemanha vivia a mesma tradição. Em Eisleben, Turíngia, Saxe, o Diabo interrompia as orações de Martinho Lutero descendo as calças e mostrando as próprias nádegas ao espantado Reformador.[1] A escolha do Demônio saxão por esse gênero de escárnio denunciará a divulgação remotíssima. O mais antigo documento conhecido do gesto intencional de mofa, encontro em Roberto de Clari, o historiador participante da IV Cruzada, 1202-1204. Quando os gregos de Constantinopla viram os franceses e venezianos recuarem num assalto *montirent sur les murs et avaloient leur braies et leur monstroient leur culs.*[2] Episódio de 1204. Três séculos e meio antes das mulheres de Tlaltololco erguerem as saias no México. Num romance policial de Georges Simenon,[3] o inspetor Janvier explica as atividades das inquilinas de uma pensão à Rue d'Angoulême em Paris: "Dormem, jogam às cartas ou lêem a sina. Uma delas, essa que se chama Arlette, deita-me a língua de fora, sempre que me vê através das cortinas. Ontem, mudou de tática, voltou-se, levantou o roupão e mostrou-me o rabo". Evidentemente o gesto não perdeu seu expressivo prestígio popular. Bater nas nádegas é a destinação de exibi-las.

BATER O PÉ

Sinônimo de dançar. O pé, solto e livre, percute o solo em cadência: *hunc pede libero pulsanda tellus.*[4] O *pulsar* latino sugere a imagem do

---

1. Funck Brentano, *Lutero,* XXVIII.
2. *La Conquête de Constantinople,* LPXI.
3. *Maigret et L'homme du Banc,* tradução portuguesa de Mascarenhas Barreto, IX, Lisboa, s. d.
4. Horácio, *Odes,* I, XXXVII.

Ritmo alternado. Creio a Batida de Pé como a primeira figura coreográfica registrada no Mundo. Documentam as pegadas na gruta de Tuc d'Audoubert (Ariège, França) e o desenho das mulheres bailarinas em Gogull, Lerida, Espanha, referentes ao Paleolítico e ao Epipaleolítico europeu. Evidenciam prioridade do bailado circular, como as eternas Danças-de-Roda infantis, e também os repetidos choques dos pés na terra, guardados os vestígios no barro de Tuc d'Audoubert, onde talvez nem os braços se agitassem, como em Gogull, nem as mãos se prendessem, como nas pré-históricas farândolas. Decorrentemente, *pé, podos,* é a medida do Verso e da Música. A Melodia (de *melos,* cadência) iniciou sua divisão pela batida dos pés. O compasso contava-se da elevação, *Arsis,* à queda (*Cadere,* cadência), dita *Thésis,* assinalando a Tônica, batido com socos de madeira. É o equilíbrio na estabilidade vertical e no movimento da marcha. Vale pretexto, motivação, desculpa. Bater o pé também significa símbolo da Teimosia irracional. Equivalente a Danças é o *arrasta-pé,* baile improvisado. Creio o *bate-pé* originando a *dança,* afirmativa participação intencional sob cadência, fórmula rogatória à Divindade, eficiente, indecisa e viva no longínquo Madaleniano.

FECHAR OS OLHOS

Como motivação supersticiosa os Olhos documentam bibliografia maciça. Registo apenas o gesto comum, alheio às significações mágicas. Baixar as pálpebras é uma solução de alheamento, distância ao quotidiano, evitação do ambiente. Uma rápida evasão a involvência desagradável. "O que o olho não vê, o coração não sente!" Também traduz abstração, concentração, análise íntima. Preferência da companhia mental ao assunto exterior. É a viagem invisível da Meditação. Recurso e apelo ao Tédio e ao Devaneio. Desinteresse. Ignorância voluntária. No cerimonial da Iniciação grega (Samotrácia, Creta, Eleusis) o *Mustês* deveria permanecer, em várias ocasiões, com os olhos cerrados ou vendados, para abri-los na Revelação. Compare-se a distância comunicativa entre o fechar intencional dos olhos, e o piscar de um olho finório, irônico, malicioso. *To tip one the wink,* como fazia Bernardo Shaw.

QUATRO BEIJOS ANTIGOS

Ósculo, beijo de dever, diverso do Beijo *(basium)*, que é um beijo de afeição, e do *suavium*, que é um beijo de paixão. *Oscula officiorum sunt, basia pudicorum affectuum, suavia libidinum.* Servio (Servius Honoratus, IV século da Era Cristã), diz que o primeiro se dá às crianças, o segundo a uma esposa e o terceiro a uma Cortesã. Os Antigos empregavam indiferentemente os três nomes. *Jacere oscula,* beijar a mão, dá-la a quem se quer saudar, é testemunho do mais profundo respeito. Era assim que os Pagãos homenageavam seus Deuses, os Imperadores e suas imagens, assim quantos desejassem prestar uma particular homenagem. Os Cocheiros no Circo saudavam ao Povo beijando seus chicotes. *Venerabatur inferiori flagello,* diz Xiphilin, e a esse beijo diziam *osculum labratum.* Os beijos na boca e nos olhos eram de muito uso entre os Romanos, para saudar ou fazer cumprimentos sobre qualquer dignidade ou sobre qualquer acontecimento. Os Escravos beijavam a mão aos seus Amos, os Soldados a do seu General. Os Imperadores saudavam pelo beijo seus principais Oficiais ou as pessoas de mérito distinto, e Suetônio faz um crime a Tibério por este *paucos admodum in digressu osculatus fuerit.* Havia ainda uma outra forma de beijar qualquer pessoa segurando-a pelas orelhas, e Plauto foi o primeiro dos Autores latinos a fazer menção *sine te exorem, sine te prendam auriculis, sine dem suavium.* Esse beijo denominava-se *olla,* porque, no ato, as orelhas pareciam duas asas da cabeça, e a explicação dá Plutarco: – as orelhas são o caminho pelo qual a Virtude penetra na alma dos jovens, e beijando-os assim insinua-se *maximè amandos esse, qui per aures profunt.*[1]

O PRIMEIRO FERIMENTO

Tenho notado o fato de as crianças agitarem a mãozinha quando aludem a um sofrimento traumático. Verifiquei a veracidade nos meus netos.

---

1. Samuel Pitiscus, 1637-1727, *Dictionnaire des Antiquités Romaines,* II, Paris, 1766.

Fingem carinha de choro, com interjeições aliviantes, sacudindo a mão no ar, os dedos semi-abertos, como afastando a sensação dolorosa. O gesto elegido como expressão concreta da percepção, tornado comum na meninice, deve ser instintivo e não reproduzindo modelo observado, ausente nos adultos familiares. Mesmo que o trauma seja nos membros inferiores, balançam a mão lembrando a dor passada. Será um movimento biologicamente fixado para exteriorização da imagem íntima. Ninguém sugere esse recurso às crianças. Não custa a Imaginação convencer o Raciocínio da estreita correlação misteriosa na transmissão da idéia em símbolo visível, confiado a muda eloqüência da mobilidade digital. Os primeiros choques, com ferimentos subseqüentes nas manhãs do Aurignacense, seriam nas mãos ou nos pés dos meninos e meninas do Cro-Magnon? Não penso em fraturas, mas contusões, invisíveis nos resíduos ósseos que os Museus guardam. Apanhar, colher, agarrar, arrancar, apoderar-se das coisas tentadoras, constituiriam programação normal do esforço infantil, como ocorre nos dias presentes. Ferir-se na saliência das pedras, dos ossos agudos, galhos, espinhos, atrevida captura de pequenos animais, explicariam as surpresas desagradáveis e a gesticulação defensiva para sacudi-los fora da área agressiva. O Homem era *chiefly a hunter*, ensinava Ales Hrdlicka, exemplo irresistível para a imitação filial. Na doutrina popular e milenária, a Dor é provocada exteriormente. Dizem que a Morte *vem*, quando a Morte está em nós, no fatalismo orgânico. As crianças confiam livrar-se da Dor como da mordedura de um inseto. Agitar a mão será a técnica primária e lógica. Há gestos contemporâneos que são anteriores à espécie humana. Sacudir a mão, referindo-se a um acidente traumático, bem certamente é reminiscência mímica dos primeiros ferimentos, capitalizada na insistência e conservada na memória maquinal dos atos reflexos. *Highly improbable!* Pois sim...

MÃO NO QUEIXO

Posição de descanso, desleixo, indolência, ociosidade. "Mão no queixo, vendo o Mundo passar!" Bisbilhoteiro. Curioso. Queixo caído é que é admiração, surpresa, senilidade, toleima. Batendo queixo vale acesso de febre, pavor, frio. Mão no queixo é o modelo da moça janeleira, despreocupada do próprio e vigilante do alheio. Apoiado no cotovelo ficava o romano para alimentar-se quando deixara de comer sentado, como no tempo de Homero. Horácio[1] aconselhava permanecer à mesa, arrimado nos cotovelos, em vez de ir combater Medos e Trácios – *Et cubito remanete presso,* enfrentando a morte atroz. Outrora dizia-se: – "Mão no queixo na janela, nem agulha e nem panela", para a mulher ausente dos trabalhos caseiros.

ESTALANDO A LÍNGUA

As carroças puxadas por um burro melancólico sobem e descem pela avenida Junqueira Aires. Os carroceiros interrompem a meditação asinina estalando a língua estimulante. *Le paysan claquant de la langue pour exciter son cheval,* notou Maupassant.[2] A voz é o freio para o cavalo, observara Horácio.[3] A degustação do bom vinho obriga o estalo aprovador. É um gesto semi-sonoro de concordância e surpresa agradada. Não esperta apenas as alimárias mas as glândulas salivares. Sugere uma impressão de aperitivo pela contração muscular. Todo músculo contraído é um movimento em potencial. Vinho de três estalos em Portugal. Antes, durante e depois da degustação. Não é instintivo mas conseqüente a uma sensação. Essa sensação só o poderia ter sido no plano do Sabor, deduzindo-se do órgão que a transmite. A identificação sápida para o doce opera-se pela ponta da língua; os ácidos nos bordos e o amargo no terso superior. O estalo denunciaria a impressão saborosa da sacarose no reflexo para prolongá-la. O mel de abelhas seria a revelação inicial ao paladar paleolítico. Desconfio da existência de bebidas fermentadas nessa época. Faço o *envoi,* ritual nas baladas, a Joracy Camargo (1898-1973), meu "Compadre de S. João", em Natal, 1955, primeiro a lembrar esta indagação.

---

1. *Odes,* I, 27.
2. *Une Vie,* 1883.
3. *Epístolas,* I, XV.

ATRAVESSADO

Persistência antipática. Rancor dissimulado. Ojeriza. A mão horizontal à saliência hióide. "Vivo com ele no pé-do-gogó, no pé-da-goela, pela garganta, por aqui!" A frase é acompanhada pelo gesto localizador. Origina-se talvez de espinha de peixe "atravessada" nos gorgomilos. Nem sobe e nem desce. Corrente em Portugal do século XVI. "Vinha provido na Fortaleza de Ormuz (D. Manoel de Lima), que el-rei lhe deo por desviar alguns encontros entre elle, e o Governador Martim Afonso de Sousa, *com quem andava atravessado*".[1] Quase sempre o gesto dispensa a frase. "O ressentimento é um espinho atravessado no coração."

HORÁCIO E OS DOIS PAULISTINHAS

Os dois rapazes que me visitam são "Paulistas de São Paulo", redundância compreensiva de afeto regional. Curiosidade amável para o septuagenário professor de província. Interrompo Horácio, minha companhia mensal, mas o Poeta, dezessete anos mais jovem quando faleceu que o velho leitor brasileiro, já registara a gesticulação dos meus hóspedes. Reencontro o olhar de revés, cauteloso, *obliquo oculo;* a mão lenta apertando o braço do companheiro, numa advertência, *prensare manu lentissima bracchia;* a leve cotovelada, *cubito stentem;* a unha maquinalmente roída, *vivos et roderet ungues;* a frase feliz de inspiração cordial, *benigna vena est.* Ao despedir-se, um deles *arrepetaque manu,* num movimento caloroso. Sozinho, fico pensando puerilidades, *meditans nugaram.*

RESPOSTA DE AMASIS

Inquieto semestre do inquieto 1930. Um velho amigo, J. A. A. S. estava num aperitivo matutino. Sonhava com a Revolução, doadora generosa

---

1. Jacinto Freire d'Andrade, *Vida de D. João de Castro, quarto Viso Rei da Índia,* 2º, Lisboa, 1651.

da Felicidade Nacional. Como alguém lhe avisasse que o chefe burocrático sugerira sua transferência, punidora das atividades verbais de oposicionista vitalício, levantou uma nádega, como se *barytonnant du cul,* no jeito de Rabelais, fingindo emitir um *flatus ventris:* "Minha resposta é esta!" concluiu, entre risos. Assim o insubmisso Amasis respondera ao Faraó Apries que lhe intimara a rendição.[1] Apenas seis séculos antes de Cristo. Na presença severa do Rei D. João III, Gil Vaz satisfaz um imposto da transmissão mandando "hum traque para o siseiro".[2]

ESCORREGAR

Gesto de mão e braço figurando um suave e rápido declive resvalante. Deslize ininterrupto. Referindo-se às pessoas alude a uma prevaricação inesperada, adultério, ato amoroso de moça solteira e recatada. Com malícia na voz e falso espanto, um amigo informa ter deparado num restaurante noturno nos arredores do Rio de Janeiro, acompanhada e jubilosa, uma tradicional donzela de Natal. Completou a notícia com a mímica clássica de quem perde o equilíbrio. Escorregou em plena lubricidade! Escorregar é invariavelmente uma imagem sexual, lúbrica. Lembro que *lubricus* significa escorregadio, deslizante. Daí o verbo "lubrificar". Coincidência na ironia etimológica. Creio "Escorregar" de formação portuguesa.

LENCINHO CONDUTOR

Alguns vivos recordarão as campanhas do Brigadeiro Eduardo Gomes para a presidência da República. Característica nos comícios era o agitar entusiástico de milhares de lenços, sugerindo uma invasão de borboletas

---

1. Heródoto, *Euterpe,* CLXII.
2. Gil Vicente, *Farsa dos Almocreves,* 1526, representada em Coimbra. No assunto, "Trombeta de Barbariccia", *Dante Alighieri e a Tradição Popular no Brasil,* PUC-RS, Porto Alegre, 1963.

inquietas, vibrantes, correligionárias. Como havia sido o lenço vermelho na Revolução de outubro de 1930, indispensável nas "manifestações" e pescoços devotos. Lembro a propaganda e eleição de 1860 quando os Liberais varreram os Conservadores de todos os postos parlamentares. Machado de Assis recordava o lencinho de Teófilo Otoni, comandando a multidão fanatizada. Não seria invenção do chefe *Luzia* mas uma utilização oportuna para a conquista eleitoral do Rio de Janeiro. Em 1814, 600 "Royalistes" em Paris recebiam o *Tsar* Alexandre da Rússia *agitaient des mouchoirs au bout de leurs cannes,* reclamando a Restauração. *Vive les Bourbons! A bas le Tyran!* O tirano era Napoleão. Curioso é que esse lencinho, *orarium* latino, também tivesse funções idênticas em Roma, sacudido no ar como sinal de aplauso e concordância, *uti orario ad favorem,* nos teatros e assembléias populares. Fora divulgado pelo Imperador Aureliano (270-275 da Era Cristã), com imediata aceitação coletiva. Mesmo os oradores cristãos foram festejados com o lencinho adejante, talqualmente nos saudosos tempos do Brigadeiro! Brigadeiro! Brigadeiro!

O MAIOR GESTO DE METTERNICH

Palácio Marcolini, Dresde, Saxônia, junho de 1813. Napoleão encontra-se com o Ministro do seu sogro, Francisco I d'Áustria, o leve, airoso, astuto Conde de Metternich. Perdera a campanha da Rússia e esta contra-atacava os franceses ocupantes da Prússia. Criara um Exército de adolescentes tornados veteranos nas batalhas furiosas de Lutzen, Bautzen, Wuischen, mas a tempestade final aproximava-se. *Le commencement de la fin,* previa Talleyrand. Até quando a Áustria seria aliada, armando-se sem cessar? Metternich planejava levar o imperial genro do seu amo a fixar-se nos limites da França tradicional, consentindo que a Europa respirasse sem fogo e sangue. A entrevista de Dresde destinava-se a imobilizar *l'Empereur* nas Tuileries ou levar-lhe reforço austríaco para *l'Armée* continuar o vendaval? Entendimento impossível entre Águia e Raposa. Duelo de florete e espadagão de lansquenete. Em certo momento flamejante da disputa, que duraria oito horas, Napoleão atirou aos pés de Metternich o seu bicórneo famoso, de Austerlitz, Iena, Friedland e Wagram, andando num passo de carga até a extremidade do salão. Quando voltou, no mesmo ímpeto de

Chasseur de la Garde, o bicórneo estava no tapete e o "austríaco" impassível, apoiava-se no rebordo de mármore do janelão. O Imperador levantou do solo o glorioso chapéu, jogando-o num sofá. Fosse encontrado no piso, denunciaria exaltação improfícua. O Ministro erguendo do soalho o bicórneo imperial, entregá-lo-ia com uma mesura de fâmulo. Agora era a hora das paralelas jamais convergentes. Ao anoitecer separaram-se para sempre. Outubro traria Leipzig. Dezembro, a invasão da França. Russos, Prussianos, Austríacos, confederados. Fora o maior gesto do futuro Príncipe de Metternich, evitando o gesto de apanhar no tapete o chapéu negro de Napoleão.

UMBIGADA

Veio de Angola onde a dizem em quimbundo *semba,* no singular *dissemba* e no plural *massemba.* Ainda dançam a *semba* em Luanda. Do Zaire ao Cunene, de Cabinda às fronteiras da República do Zaire, a Umbigada participa de algumas danças, escolhendo o substituto ou simples passo no bailado. É mais freqüente nas danças do Oeste que no Levante africano. Parece uma permanente banto e não sudanesa. Aparece com os Banziris de Oubangui, na República Centro-Africana, descendo pelos Congos para os povos do litoral do Atlântico. Para Moçambique e as Rodésias o veículo seria a região de Katanga. Não tenho informação de outras paragens na geografia da Umbigada. De *semba* provém *samba.* A permuta da segunda pela primeira vogal é processo brasileiro, porque o *samba* não se divulgou em Portugal. Outrora diziam pela África *batuque,* designação portuguesa para o genérico coreográfico no poente africano. Em Moçambique, África Oriental, dançam a *xingombela,* com umbigadas. Em Banguela o passo *fogope* na dança *rebita,* obriga a batida com o ventre. É a característica na *cassonda* dos Bangalas, de Tchitoco, afluente do Cuango em Cacole, que vi dançar no Dundo. Os exploradores Gamito, Serpa Pinto, Capelo, Ivens, registaram ao sul de Angola, 1875-1878. Alfredo de Sarmento descreveu em 1880 o *batuque (batucada* diz-se no Brasil), no Congo e norte de Ambriz ao derredor do rio Zaire. Quem diz *batuque* diz *umbigada.* Aclimatou-se em Portugal, criando as movimentadas e sacudidas *cheganças,* que o Rei D. João V proibiu em 1745, temendo o

Inferno. A Umbigada permanece nos bailados populares portugueses, *vira, verde-gaio, sarapico, malhão, caninha-verde, bailarico*. O europeu desconhecia mesmo nas vibrantes quermesses flamengas. Os indígenas brasileiros ignoravam. Não há documento anterior ao século XIX quando, em 1815, George Wilhelm Freyreiss assistiu em Minas Gerais.[1] C. F. P. von Martius encontrou a Umbigada em 1818 entre os Puris, explicável pela presença de escravos negros na convivência indígena. Documentada e longa pesquisa sobre a Umbigada, tentando-se sua interpretação psicanalítica, incluiu-se no *Made in Africa,* 2001. No Brasil, a Umbigada figurava do *coco, lundum, sabão, samba, zambê, catolé, bambelô*. Significa um rito de fecundação nos povos bantos agrícolas do oeste, mais permanentemente que no levante africano.

A PORTA DO DEVEDOR

Na manhã de 9 de agosto de 1951, o pedreiro Mariano dos Santos foi detido pela Polícia por haver arrancado a porta da casa de um seu inquilino no Carrasco, bairro do Alecrim na cidade de Natal. Lembrei-me que em princípios de 1912 numa povoação no município de Augusto Severo, no Rio Grande do Norte, Ubaeira ou Goiana, um credor, esgotados os pedidos de pagamento, veio à residência do devedor e arrancou-lhe a porta da entrada, levando-a. Vivia eu na fazenda Logradouro, vizinha, e recordo os comentários deliciados do meu tio e primos, não no sentido da anormalidade da decisão mas no acordo da justiça que esse singular ato de cobrança pessoal significava. Não sabia tratar-se de um uso jurídico que os velhos forais do século XIII autorizavam. No foral de Balneo, terra de Alafões, concedido em 1152 pelo Rei D. Afonso Henrique, lê-se: – "Quando algum dos ditos moradores for chamado para fazer emenda e não quiser comparecer, *tirem-lhe a porta da casa"*.[2] Curioso é que esse direito consuetudinário tenha resistido na memória popular, não no imperativo legal mas expressão reivindicadora de posse, revivido num gesto de homem brasileiro no alto Sertão do Rio Grande do Norte e na capital do

---
1. *Antologia do Folclore Brasileiro,* 2002, Freyreiss, "Batuque".
2. Alexandre Herculano, *História de Portugal,* VII, ed. 1916.

Estado nordestino, numa distância de oitocentos anos. Os usos e costumes sobrevivem no espírito popular indelevelmente. Vivem em ação instintiva ou reaparecem nas frases denunciadoras do velho conhecimento secular.[1] Uma casa sem porta incaracteriza o domínio. A porta limita o trânsito, fazendo-o dependente do arbítrio possessório. Estudei a sagrada tradição da *porta* em Roma, sob a custódia de Janus.[2] A jurisdição doméstica começa nessa entrada, *da porta para dentro*. Arrancá-la será extinguir a potestade jurídica, ilimitando o acesso. O mistério consta na eleição da fórmula executiva obsoleta numa imprevista revalidação funcional. Atualização inexplicável, recordando o reparo de Gilberto Amado:[3] – "A consciência sabe muito pouco de nós mesmos, do que está escondido e ligado por múltiplos fios às mil origens milenárias da nossa personalidade e dos substratos que a estruturam".

PRESENÇA NÚMIDA NO NORDESTE

O Circo Stringhini fez os encantos de adultos e crianças, do Ceará a Pernambuco, quase quatro décadas, atravessando esplendor e decadência em ciclos sucessivos. Era o favorito, fosse qual fosse sua apresentação material. Durante certo período o número sensacional pertencera a um velho argentino, cujo nome perdi (Zavala), antigo corredor no Jockey Club do Rio de Janeiro, onde tivera um momento de publicidade e louvor. De degrau em degrau chegara ao elenco do Signor Stringhini, fazendo sucesso efêmero e noturno. Ainda elegante, aparecia montando cavalo possante e segurando a parelha pela rédea, correndo ao redor do picadeiro. Punha-se de pé na sela e saltava para a outra montada em pleno galope. Abrindo os braços aos aplausos da assistência provinciana, mantinha-se com um único pé em cada cavalo, rodeando a arena sob aclamações e gritos subseqüentes. Essa proeza não ocorria aos grandes cavaleiros do Sertão de pedra e Sol, então centauros profissionais nas caatingas e tabuleiros. Fora

---

1. *Leges et consuetidines nos Costumes do Brasil,* minha colaboração à *Miscelanea de estudios dedicados al Dr. Fernando Ortiz por sus discipulos, colegas y amigos,* I, La Habana, 1955.
2. *Anubis e Outros Ensaios,* XIII, 1951.
3. *Depois da Política,* 1960.

habilidade dos Númidas, africanos da Algéria, onde os ginetes de Roma aprenderam a exibição ao passar da guerra contra Cartago, narra Tito Lívio. Corriam sem sela, um pé sobre o dorso de dois cavalos em disparada, provocando os clamores gesticulantes no Circus romano, numa *equiria* triunfal. Ficou sendo demonstração de alto equilíbrio eqüestre. O pobre Circo do Signor Stringhini herdara uma sensação do Campo de Marte, na Roma consular e dos Imperadores. Dizia-se *equi desultorii* na glória rápida do *desultor* imperturbável, fazendo meu assombro quando menino em Natal de outrora.

REZÍNGA DE MULHER

Assim denominam a chuva miúda, persistente, interminável, como os resmungos femininos. No Pará dizem *raiva de mulher,* informa-me o Comandante Pedro Tupinambá.[1] Ignorava o gesto, agora registado. Com as mãos inclinadas, os dez dedos esfregam-se como espalhando farelos, sugerindo o constante peneiramento dos fios d'água. A imagem é de autoria do Rei Salomão,[2] há trinta séculos: – "Os telhados que gotejam em tempo de inverno, e a mulher litigiosa parecem-se". *Comparantur,* diz a *vulgata.* O gesto acompanhador só poderia ter sido o mesmo que se repete.

ANDAR REQUEBRADO

Para história e desenvolvimento documental, *Andar Rebolado* no *Made in Africa,* 2001. É técnica de exibição, hábito adquirido pela imitação deliberada. Independe do processo da locomoção. Destina-se a excitação erótica, provocando o interesse masculino. Marcel Mauss afirmara-o originário da Nova Zelândia, onde tem o nome de *onioi,* conscientemente ensinado pelas mães às jovens Maori como atração indispensável para

---

1. *Tradição, Ciência do Povo,* 1971, onde estudei Chuvas e Ventos do Brasil.
2. *Provérbios,* 27, 15.

uma donzela candidata ao matrimônio. Esse *gait,* constando do *balancement détaché et cependant articulé des hanches,* como registou Elsdon Best, passou para a África Oriental e desta à Ocidental, fonte transmissora para o Níger, Américas e Europa. As européias e ameríndias não imaginavam a perturbadora ondulação dos glúteos. O andar mulheril que os nossos avós viram por toda a Europa nada anunciava no plano da *gelatinosa trepidação das garupas,* irritando Antônio Torres no Rio de Janeiro de 1920. As Damas e Donzelas da Europa contaminaram-se pela mesma sugestão e raciocínio da minissaia, *shorts* e dorso despido na visão diária. Conheciam o *dandiner* oscilando o corpo como os patos fazem com as caudas. A Marquesa de La Tour du Pin dizia que Luís XVI *marchant en se dandinant* seria figurino para o Duque de Angoulême, segundo Victor Hugo, também aludindo à Rainha Maria Cristina de Espanha. Não refere a mais outra senhora. Carl Gustav Jung declarou que o *togo on foot* da *girl* norte-americana provinha da África Negra. Em 1910 seria excepcional esse rebolado de ancas no formalismo do passo feminino europeu, abrangendo as banhistas do Mediterrâneo e Báltico. Em Londres de Eduardo VIII, o *onioi* não se aclimataria em todos os canteiros. Mesmo na África o peneiramento do traseiro generalizou-se, *believe it or not,* por reexportação, usos e abusos turísticos, desportivos, igualitários e *brancos.* Redivulgação e revalorização. A influência negra fora decisiva nas áreas onde a Escravidão aclimatara-se. Notadamente prestigiosas as pretas do Zaire à Zambezia. Hindus e mouras aderiram ao movimento, lentas e verificando os rendimentos práticos. Reafirma-se que o elemento mais comunicante escapa às formulações didáticas. Ainda em 1920 a requebração era minoritária embora obstinada e publicitária. Dez anos depois a Parisiense, tão orgulhosa do *made in Paris,* tinha aderido em alta percentagem notória. Em 1940 era lugar-comum na Europa, França e Bahia. "Quem não remexa, por si se deixa..."

A PÁLPEBRA AZUL DE JEZABEL

Duas jovens elegantes senhoras visitando minha filha vêm ver-me na salinha de livros. Enquanto trinam, lisonjeando e rindo, noto-lhes as pálpebras superiores pintadas com um pó azul e uma linha mais intensa acentuando a orla dos cílios. Há 2.815 anos constituía indispensável pormenor gracioso no rosto de Jezabel, princesa de Tiro e Sídon, rainha de Israel. O IV Livro dos Reis (9,30) regista essa vibrante soberana pintando seus olhos com o azul do antimônio: – *depinxit oculos suos stibio*. Três séculos depois, o profeta Ezequiel (23,40) anatematizava os olhos circulados de azul: – *circumlinisti stibio oculos tuos*. Estíbio é o azulão antimônio. Em múmias femininas no Museu do Cairo é visível o vestígio azul na região orbitária. Exigências da distinção oriental, na apresentação mulheril. Corresponderia ao kohol das Índias, Japão e China e ao negro-cerúleo do jenipapo nas indígenas do Brasil. O conceito estético de Jezabel continua imutável, quase vinte e nove séculos posteriores a sua maquilagem, na obediência jubilosa de suas irmãs do Sexo-Forte. Há 4.700 anos as egípcias pintavam de verde as pálpebras. Atualidades imemoriais.

A Face Velada do Morto

Não esqueço as mãos estendendo um lenço branco na face morta de minha Mãe. Ao cadáver cerram as pálpebras e cobrem-lhe o rosto porque nada mais deve perceber do Mundo imóvel. É uma tradição do Oriente, que apenas os povos cristãos do Ocidente praticam. Lázaro ressuscitado aparece com o sudário ocultando-lhe o rosto.[1] Na múmia do Faraó a máscara de ouro, repetindo as feições, escondia o semblante do Soberano. Assim faziam nas áreas culturais do *sepultamento* e não da *incineração*. Não ocorreria essa cerimônia com o defunto que seria consumido pelo fogo e guardadas apenas as cinzas. Não haveria a presunção da face resistir ao aniquilamento orgânico, garantida pela solidez dos malares. A fisionomia defendia-se do contato dissolvente da terra pelo resguardo da leve e simbólica cobertura. *Et facies illius sudario erat ligata...*

Continência Militar

Limito-me à saudação individual, desarmada. Mão na pala do quepe, dedos unidos, a palma voltada para baixo. Ainda alcancei a mão voltada

---

1. *João*, 11, 43.

para fora, bem exposta. Recordo em Natal o General João da Fonseca Varela (1850-1931), alto, maciço, barbas brancas, coberto de condecorações, veterano do Paraguai, *quadrando-se* na velha continência quando ouvia o Hino Nacional. Mão voltada para fora. Fora a continência do Duque de Caxias, a quem devera o primeiro galão. Dizia-se *francesa* e vi o General Charles de Gaulle fazê-la: *main droite ouverte à côté droit de la visière*. Saudara-se assim durante todo século XIX. Continência da *Grande Armée*, espalhada pela Europa. Os Houzards estendiam *un doigt sur le kolback*, informa Georges d'Esparbés. No quadro de Crofts, a Velha Guarda em Waterloo, Napoleão tira o seu bicórneo negro do alto do cavalo branco. Não faz a continência militar. Foi a continência no Exército e Marinha Brasileiros até meados da terceira década republicana, quando houve reforma, galões com o laço húngaro, e a vênia passou a ser Prussiana, tornada universal. Os italianos alongavam a mão horizontalmente na pala. Eram os únicos. Mussolini extinguiu a tradição. Saudara desta forma o Príncipe Aimone de Savóia, Duque de Spoleto, nas festas do Centenário da Independência no Rio de Janeiro. As demais Nações seguiam o modelo contemporâneo. Os Imperiais Marinheiros batiam no terço médio da coxa antes de colar a mão ao gorro. Denominava-se *bater continência!* Naturalmente os Legionários de Roma erguiam o braço, mesmo com o gládio. Os cavaleiros, as lanças. A versão vulgar é que a continência origina-se da necessidade do guerreiro medieval erguer a viseira do capacete, permitindo a identificação. Levantava a celada com a destra e o gesto passaria a constituir homenagem. Na Idade Média os guerreiros não permaneciam cobertos na presença do Rei ou do General, sempre pertencente aos altos níveis aristocráticos. Unicamente os fidalgos combatiam com a cabeça defendida pelo casco de ferro, carregado na curva do braço esquerdo nas cerimônias religiosas e militares. No mais antigo documento que conheço, desenho numa lâmpada do tempo do Imperador Tibério, o Pretoriano tem a mão na altura da fronte quando passa um Centurião. A mão na têmpora é uma protestação de fidelidade. Promessa disciplinar de obediência.

NUDEZ PUNITIVA

Meu primo Simplício Cascudo (1882-1943), criado por meu Pai, seu tio materno, viveu em nossa companhia até 1913. Magro, inteligente, agitado, sorriso raro, pertenceu às associações da classe em Natal, sempre na diretoria. Faleceu solteirão, Fiscal da Prefeitura. Jamais abandonara os preceitos do Sertão, secura, rispidez, sinceridade, decoro, circunspecção, dignidade. Em 1908, estávamos veraneando num imenso casarão no meio de um terreno sem fim na Av. Deodoro, cheio de árvores e silêncio. Ficava tão distante do centro da cidade, então no bairro da Ribeira, que meu Pai e Simplício voltavam a cavalo, partindo da Rua do Comércio, hoje Rua Chile. Simplício, às vezes, regressava mais tarde. Numa noite deparou um ladrão interessado no exame de uns perus. Com o revólver apontado, obrigou o larápio a despir-se, abandonar toda a roupa, e ir-se embora nu em pêlo. Provocou gargalhadas felizes aos amigos e muito tempo o episódio foi comentário divertido e ruidoso. Simplício faleceu sem saber que a nudez constrangida fora penalidade imposta aos violadores de quintas, granjas, almuinhas, pomares, hortas, no Portugal-Velho dos séculos XIII e XIV. Um foral de Tomar, datado de 1174, mandava que o gatuno assaltante peitasse, pagasse multa e deixasse *o que trouxer vestido*. Encontrei o registro no *Elucidário* de Viterbo. Sem saber que a lei existira, 734 anos depois, meu primo aplicou-a na cidade de Natal. A originalidade de 1908 datava da segunda metade do século XIII. Em que recôndito da memória inconsciente ocultou-se essa insólita punição medieval, ressuscitada e flagrante ao findar a primeira década do século XX numa cidade brasileira e tropical? Por que não ocorreu solução diversa, incluída na normalidade dos castigos habituais? Ao fazer-se desnudar o assaltante do galinheiro, meu primo tivera uma idéia *nova* ou a imagem vivia em potencial na sua lembrança, nas células portuguesas da família? O Homem transplanta vísceras, pisa os granitos lunares, liberta a força atômica, mas não atina com os segredos múltiplos da Reminiscência, o Mundo que vive em nós, obscuro e palpitante.

BENGALA E GESTO

A Esfinge de Tebas perguntou a Édipo qual era o animal de quatro patas pela manhã, duas ao meio-dia e três ao anoitecer. O desventurado herói disse ser o Homem, engatinhando na infância, andando na fase viril, amparando-se num bastão na velhice. Esse apoio à senectude data do primeiro ancião trôpego. Bordão de peregrinos. Cajado de pastores. Bastão de guerra oriental. Báculo prelatício. Instrumento de suplício, morrer sob bastonadas. A moca do valentão português. O quiri do capadócio brasileiro. Caceteiros. Briga de pau. *Les Jeux de Canne et Bâton*. Pauliteiros. Oriente, Egito, Grécia, Roma, Ásia Menor, África moura e negra. Borduna indígena do Brasil. Arma do vilão medieval proibido de usar armas nobres de metal. Cetro dos Reis em milênios. Nascera do galho de árvore, empunhado com fúria. Vara resistente e pontuda é a lança. Pau afiado, *spede, spatha*, será a espada. Espada de madeira nos preliminares gladiadores e nos jogos infantis de todo o Tempo. Sugerira a Esgrima, sucessão rápida de atitudes no manejo agressivo do varapau. Esgrima é proteção. *Grima* é um pequeno cacete roliço, percutido no bailado dos Cucumbis na Bahia e recurso dos malandros provocadores, carregando-o oculto na manga da camisa. Vara de cego. Perna de velho bambo. Todos com sua gesticulação adequada e lógica. Aristocratização da cachamorra, pesada e bruta, é a Bengala, Cana da Índia, denunciando origem. Insígnia militar, bastão dos Marechais, Mestres de Campo, com borlas de ouro ou prata. Alto índice de Elegância no século XVII, feita de madeiras raras, ébano, marfim. A marcha com tacões altos equilibrava-se na *Canne pomme d'or*. Luís XIV jogando pela janela de Versailles sua inseparável bengala para não espancar o Marquês de Puyguilhem, o insolentíssimo Lauzun. Quando, como e por que o cacete de combate, ajuda do decrépito, matador legal no Egito e Roma, guia de cegos, companheiro de caminhantes, passa a constituir complemento gracioso da distinção pessoal? Os histriões da Etrúria vieram para Roma no ano 389 antes de Cristo, trazendo a bengala usada nas representações teatrais. Destinavam-se a dar mais graça aos movimentos, facilitando o desenvolvimento mímico. A mão ocupada é lastro compensador para segurança da gesticulação comunicante. A mão vazia, infuncional na destinação expressiva, é uma angústia nos momentos da conversação. Parece membro sobressalente e desnecessário. Reduzida a uma vareta, ouro, ébano, marfim, estava na mão dos Cônsules, Imperadores, Pontífices, Generais, Almirantes, Príncipes do Senado. Entre os dedos de Cícero ou de Petrônio Arbiter. Seria, restituída às dimensões mais avultadas, aliada característica na exibição do Passeio. *Bâton de Promenade, Spazierstock* dos Junkers alemães, permitindo o passo donairoso, galhardo, expositor. Guardaria uma lâmina de aço, punhal curto, fino estilete, *Swordstick*, disfarçado na aparência pomposa. Atributo dos Nobres e usança de Lacaios, havia de ferir a Voltaire e matar Damião de Goes. Bastões longos, hierárquicos, distinção fidalga, privilégio do Mordomo-Mor, dominariam o século XVII, apresentando-se flexíveis e flagelantes sob a Revolução, Diretório, Consulado, Império na França. *Badine* de Filipe Égalité, de Robespierre. Juncos rijos, com extremidades de chumbo, manejados pelos provocantes *demisoldes*. *Badine* de Musset e de Barbey d'Aurevilly. Dos boêmios letrados de 1900 no Brasil. Bengala de luxo, caixa forrada de pelúcia, homenageando as Potestades. Infalível ajuda ao lento D. João VI, solene General Pinheiro Machado, poeta Luís Murat, juiz Pedro Lessa. Reapareceram, finas, punho dourado, com uma flor de seda, nas *insinuantes* cariocas. Vendo-as, dizia Emílio de Menezes: *Bem-galinhas!* A Bengala condicionava o gesto, precisando-o, pautando os acenos maiores e típicos. Possuiu devotos e céticos. Fiéis e perjuros. Conquistados e desdenhosos. Meio-dia e crepúsculo. Jamais desaparece totalmente, vivendo nas sobrevivências obstinadas. Gestos de bengala, ampliando o indivíduo. Réplicas. Eloqüência das bengaladas.

ESPANTANDO MOSQUITOS

Abanar a cabeça em contínua discordância. Movimento automático dos teimosos congênitos, supondo-se com o monopólio da lógica formal. Imagem habitual na conversação do Des. Luís Tavares de Lyra (1880-1962), referindo-se aos colegas magistrados, de opinião imóvel e difícil constatação da Evidência. Ocorrera também a Gilberto Amado,[1] evocando a obstinação do Presidente Washington Luís: "Assim que alguém começava a manifestar-se, a avançar qualquer ponderação, *abanava logo a cabeça, como para afastar mosquito...*" "No curso do diálogo, ao menor comentário, que não chegava a ser contradita e muito menos objeção, mal as palavras me iam saindo da boca já ele estava *abanando a cabeça para afastar mosquito...*" Numa conversa em que aventei a hipótese de que, em determinadas circunstâncias, o ouro da Caixa de Estabilização poderia fugir, "*espantou mosquito com a cabeça*". A comparação pode ser anterior ou criação independente, inteiramente alheia ao conhecimento recíproco.

---

1. *Depois da Política,* 1960.

O COMÉRCIO FECHOU

O Costume é a reiteração de gestos coletivos. Uma das mais altas pressões no barômetro social é o conhecimento do Comércio haver "cerrado suas portas", denúncia de acontecimento de vulto, ressonância dolorosa ou festiva para a população. Um versinho pernambucano de 1892 regista a denúncia falsa do assassinato do popularíssimo político José Mariano Carneiro da Cunha (1850-1912): *Eu estava em Beberibe / Quando a notícia chegou / Mataram Zé Mariano! / O Comércio se fechou!* A tradição nos veio da Europa antiga através de Portugal onde tratantes e traficantes cessavam as atividades quando morria um Rei ou nascia o herdeiro da Coroa. Vive nas locuções contemporâneas valendo imagem de grande admiração, do máximo determinante na curiosidade ambiente. "Um vestido de fechar o Comércio!... Com esse andar V. fecha o Comércio." Tito Lívio registou o episódio inicial do uso vinte e três vezes secular. Chegou a Roma a informação do exército romano, comandado por dois Cônsules, chefes da Nação, haver sido surpreendido pelos Sanmitas do General Gavius Pontius no desfiladeiro de Caudium, e fora humilhado, passando sob o jugo das Forças Caudinas, curvado e rastejante ante os emblemas do vencedor orgulhoso. Roma anoiteceu de tristeza desolada. *Taberna circa forum clause.* As numerosas lojas vendedoras em retalho e centralizando a afluência do Povo, fecharam-se, estabelecendo o silêncio no local mais movimentado da Cidade. Detinha-se a vida normal de Roma como se desfilasse num cortejo fúnebre. Seria a primeira vez. Ano de 321, antes de Cristo.

O CAUTO MALANDRO

No mundo dos Malandros e Capadócios o aperto de mão é extremamente raro. Agitam a mão na altura da testa, na saudação curta e comum. Evitam o golpe traiçoeiro da esquerda, tendo a destra imobilizada para a defesa ou represália. Mão presa é banda morta. Convite para façanha de "cabra presepeiro". Os mais velhos "na Vida" tinham um processo original de "salvar o parceiro". Apertavam-lhe o antebraço pelo bíceps ou pulso. Cortesia e prevenção, impossibilitando "caquiar ou caçar o ferro". Caquiar é tatear. Caçar é procurar. "Estava feito p'ra furar mas o 'pareio' garrou na munheca." Reminiscência da Luta-Livre.

SAIA DO CAMINHO

O gesto largo do braço direito, desviando o antagonista do uso inteiro no eixo da estrada, é universal. Idêntico em qualquer recanto povoado do Mundo. A intimação ocorre nos cavaleiros ou condutores de carros. Nos pedestres é rara a reclamação pela prioridade transeunte. O viajante a pé não é imperioso. A noção instintiva de um direito à via desimpedida e fácil é um sentimento natural que o veículo motorizado multiplicou. No velho Rio de Janeiro, os cocheiros de tílburis tornaram-se famosos nos encontros com os colegas deparados no labirinto das ruas coloniais e tortas. Na aristocracia rural do Açúcar e Café, os Barões detestavam esbarrar a carruagem em sentido contrário. Nasceram inimizades permanentes. O Brigadeiro Dendé Arco-Verde (André Cavalcanti Arco-Verde de Albuquerque Maranhão, 1797-1857), senhor de Cunhaú, saindo da Casa-Grande no seu cabriolé, fazia-se preceder por dois escravos possantes, montados e armados, afastando os possíveis concorrentes no plano inverso da direção senhorial. Carreiro de canavial não cedia o passo ao carreiro de lenha. Vive o sagrado ciúme da Precedência diplomática. Quantos duelos na Europa pela *Préséance!* O orgulho do melhor-lugar e passar-primeiro! Nas passagens estreitas, carroceiros e *chauffeurs* defrontados gesticulam e vociferam furiosos como despojados de uma posse natural. Nos sertões, o Cavaleiro é proprietário dos caminhos, arredando-se de maus modos do automóvel. José Mariano Filho contava de dois senhores de Engenhos pernambucanos batendo-se no meio da ponte, porque nenhum deles admitia a precessão alheia. Tradição milenar! Por não consentir que o Rei Laios de Tebas passasse em primeiro lugar, Édipo matou-o numa encruzilhada de Delos. Era seu Pai. Pela mesma razão, Telegono, filho de Circe, abateu Ulisses numa praia de Ítaca. Não sabia tratar-se do procurado progenitor que nunca vira. Todos teriam feito o gesto e dito a frase contemporânea: Saia do caminho!

MÃO NA BOCA

É atitude de respeitosa contenção, evitando falar inoportunamente, mantendo-se em expectativa de esperança e veneração. Não se trata de reprimir uma inconveniência verbal. Ver *Bater com a Mão na Boca*. Reaparece entre as velhas mendigas tímidas, alheias à loquacidade patética e declamação trágica, e ainda em pessoas do Povo, esperando resposta difícil. Não é reminiscência da modéstia cristã mas surpreendente presença litúrgica Greco-Romana, do autêntico *paganismo*! Era a posição religiosa legítima, originando *adoração,* de *ad orare,* a palavra retida mas pronunciada mentalmente, *in adorando dextram ad osculum,* como regista Plínio, o Antigo. Mão na boca na disponibilidade de atirar beijo ao ídolo, *basia jactare,* numa santa homenagem. Ver *Atirar Beijo*. Oravam de pé. O erudito Samuel Pitiscus, informou: *ils portaient aussi la main à leur bouche, d'où vient le mot d'adoration.* Evidentemente, a *Mão na boca* é uma sobrevivência do recato da compostura dos fiéis em Atenas e Roma jamais recomendada pela catequese católica. É um gesto popular instintivo, contemporâneo, nascido quando a História ainda não vivia no Tempo. *Cronos* sem *Clio*...

COMENDO COM OS OLHOS

Diz-se de quem olha cobiçosamente as iguarias, parecendo famélico. Olho pidão, insaciável. Olhar com insistência gulosa. Reprova-se como má educação. Gente de pouco ensino. O Povo concede ao Olhar faculdades mágicas, irradiação de força magnética. Cobras e jacarés, os lacertílios, enfim todos os sáurios "chocam com os olhos" os ovos aninhados. Origina o *quebranto* e o *mau olhar*. A inveja é o olhar malfazejo, *in-video*. Olhar de *seca-pimenteira,* dando azar, atraso, mofina. Certos olhares absorvem a substância vital dos alimentos, deixando-os inúteis à nutrição. Ou transmitem malefícios. Soberanos negros da África não consentiam testemunhas às suas refeições. Comiam ocultos e sozinhos. No Sertão acreditam que o olhar *fincado no comer* "tira a sustança".[1] Nos Pegis dos Candomblés, Umbandas e Xangôs, os Orixás utilizam as oferendas de comestíveis pelo olhar. Havia em Roma uma modalidade de *silicernium,* festim fúnebre oferecido aos Deuses Manes, durante o qual a família, clientes e amigos não tocavam nos alimentos expostos, limitando-se a olhá-los em silêncio e fixamente. *Quod eam silenter cernant, neque degustant.* Participavam do ágape unicamente pela função visual. Evidentemente, comiam com os olhos. Será a origem da locução popular, denominando o gesto.

VAIA

Uma manifestação instintiva do espírito popular é a tendência para a assuada, zombaria coletiva, expressa em vozerio indistinto ou apodos atirados na intenção do motejo cruel ou louvação irônica. A responsabilidade individual, dispersa na massa humana, justifica esse direito da apóstrofe contundente e do escárnio pilhérico, inexplicável e natural. As Vaias durante o Carnaval, espontâneas, típicas, irreprimíveis, constituem exemplo. Impossível indicar a iniciativa, o primeiro grito resumindo a impressão latente em potencial, preexistente ou determinada na ocasião, explodindo no matraquear ruidoso, indistinto e feroz, entre gargalhadas e gritos confusos. Tanto mais intensa quanto mais convergentes sejam os motivos solidaristas do Desabafo. Outra Vaia não menos estrepitosa e legítima pertencerá aos alaridos que a Tradição mantém no vivo potencial. Outrora, viajando nos comboios da então Great Western, de Natal a Recife, notava-se a Vaia de rapazes e meninos na passagem das composições ferroviárias nas localidades onde não se detinha o Trem. Era inevitável a Vaia recíproca dos passageiros de classe modesta, quando dois comboios ficavam na paralela. Semelhantemente ocorria entre tripulantes dos botes trafegando no Rio Potengi. Pelo Amazonas e Pará os *Vaticanos* e *Gaiolas* desatracando tinham uma assuada dos que ficavam nas margens, nas barrancas do rio, respondida entusiasticamente pelos viajantes. Trabalhadores transportados nos caminhões saudavam os veículos encontrados com estridentes gritos e agitar de mãos. Cumpriam todos uma significativa obrigação de Cortesia imemorial, galhofeira e legítima. Antigamente, subindo o Rio

---

1. Ver "Símbolo Respeitoso de não Olhar" no *Superstições e Costumes,* 1958.

da Plata, para Buenos Aires, ainda em 1946, constatava-se esse Rito de Passagem. Identicamente no Sena, em Paris, vivia a balbúrdia comum entre bateleiros, porque *the Seine is a demesticated river,* escreveu John F. Kennedy, nessas manifestações de intimidade doméstica. Esse berreiro irracional e encantador desaparece rapidamente porque o *Clima* da alegria cordial evapora-se nas garras de Deus Progresso, mecânico e maquinal. Possuíram raízes milenárias. Heródoto[1] narra as peregrinações egípcias para Bubastis ou Busíris, no Delta, em louvor de Ísis, em centenas de barcas embandeiradas, onde os peregrinos iam permutando vaias estrondosas com as populações aglomeradas na orla das cidades ribeirinhas. Cinco séculos antes de Cristo. Em Atenas, estuda Lenormant, quando o cortejo solene dos iniciados nos "mistérios" de Elêusis desfilava pela Via Sagrada, atravessando a ponte de Cefiso, era recepcionado com assombrosa vaia interminável; ditos, reproches, alusões irônicas e mesmo insultos. Denominava-se o *gefirismoi,* indispensável ao ritual. Nas festas dionisíacas havia o famoso *esámason,* concedendo-se prêmio ao mais atrevido improvisador. Durante as *tesmofórias* em homenagem a Ceres e Prosérpina, repetiam-se as vais delirantes, com o nome de *sténia.* Na semana da *saturnalia,* em dezembro, no *saturnalia agere,* dominava o *jus upupare,* o pleno direito de vaiar, conseqüência lógica do *tota servis licentia permittitur,* em Roma participante da festividade, notadamente contra os mais ilustres e poderosos personagens. No Circus, Comícios, Anfiteatros, as Vaias estrugiam, tempestuosas na Capital do Mundo antigo. Diziam-na *sibilum* pela característica dos assobios, como ainda contemporaneamente. Onde não ocorre a *pateada* no teatro, o *desagravo* estudantil, a *desafronta* ao correligionário político? Correspondem às Vaias associadas, ululadas, gritadas a romper laringes e esfalfar pulmões. Há, naturalmente, as espontâneas, surgidas ao acaso da provocação, explicáveis pela violência do impulso unitário da concordância reprovadora. Passeatas festivas terminando em depredações. Incêndios e saques revolucionários "castigando" adversários renitentes. As Vaias constituem preliminares inevitáveis. E vivem as Vaias organizadas meticulosamente, com previsões técnicas e assistência executória para a precisão do enxurro canalizado. Assim foram as Vaias no Rio de Janeiro e São Paulo, a Campos Sales, novembro de 1902, ao deixar a presidência da República onde restaurara as finanças nacionais. O "Protesto" ao candidato Artur Bernardes, outubro de 1921, no Rio de Janeiro, assistido por mim, como Stendhal evoca Fabricio Del

---

1.   *Euterpe,* LX.

Dongo na batalha de Waterloo. Vendo o pormenor, ignorando o conjunto. Às vezes uma simples e única frase, flecha anônima, fica vibrando como uma sobrevivência de reparo e mofa. No diário da viagem a Minas Gerais, referente à estação de Pomba, em 29 de abril de 1881, o Imperador D. Pedro II registou: "Na estação, além de muitos vivas sérios ouvi um *Viva o Pataco!*" Alusão à efígie imperial nas moedas. Alcançara o alvo. Essa ousadia, autorizada pela irresponsabilidade do anonimato, possui muito mais de vinte e cinco séculos de exercício normal.

BEIJO NA MÃO

Já no tempo de Homero, dez séculos antes de Cristo, beijar a mão era expressão carinhosa de homenagem íntima, não apenas ao Pai, ao Rei, ao Senhor, mas aos servos antigos e fiéis, numa espécie de integração na comunidade familiar. Ulisses beija as mãos do boeiro Eumeu e de Filotio, guardador de porcos no seu pequenino reino de Ítaca.[1] Regimen emocional da Bênção devida aos mais velhos, ainda quando fui menino. Não encontro referência no Antigo Testamento. Muitos beijos, mas destinados ao rosto, desde o Êxodo, onde Jacó beijou Raquel e foi beijado pelo tio Labão (29, 11, 13), astutíssimos e patriarcais. Beijar a mão não deparei nas minhas jornadas pela Bíblia. Jacó era mil anos anterior a Homero. Pelo Oriente contemporâneo o beija-mão vive vulgar numa demonstração respeitosa aos anciões, rabinos, santões, venerandos e sujos. *On vous baisera la main, monsieur, si l'on veut profondement vous honorer,* escreveu Jean Paul Roux visitando a Turquia em 1968. Proclama-se a convicção de oscular a mão de orientação e defesa ao homenageante. Na Idade Média fora ritual o *beisemain* aos senhores feudais, levando-se oferenda e, na ausência, osculando-se o ferrolho da porta principal. A Mão conduz a generosidade retribuidora. Saudação natural aos progenitores, mestres, anel de Bispos. O Beija-pé, exigência dos Soberanos persas e sultões muçulmanos, não gozou simpatia ocidental, exceto na emoção dos versículos 4-12, capítulo 13 do Evangelho do Apóstolo João, na Quinta-feira Santa. Etiqueta devida aos Papas suntuosos, que Montaigne descreveu em dezembro de 1580. Dissipou-se no pontificado do segundo João XXIII (1958-1963).

---

1. *Odisséia*, 21, 225.

Recebemos com a catequese católica e tradição portuguesa desde o século XVI. É um gesto agonizante. No Brasil monárquico, o Beija-mão começou em março de 1808, com o Príncipe-Regente D. João, o Rei-Velho, e terminou em abril de 1872, com o Imperador D. Pedro II, de notável desprezo pela cerimônia, encanto do avô. Presentemente, os beijos nas faces são fórmulas comuns de cortesia. *"Beijo na face / Pede-se e dá-se!"* versejou João de Deus. A origem é oriental, divulgado na Europa pelo uso em Roma. Ver *Beijo*.

BATUQUEIRO E SAMBISTA

São dois tipos sociais criados pela função lúdica. Os veteranos diferenciam as personalidades distintas. Batuqueiro é o músico da percussão. Sambista é o dançador. O primeiro costuma bater o compasso em todas as superfícies lisas disponíveis. O segundo balança-se constantemente numa melodia que apenas ele ouve. O antigo *maxixeiro* desaparecido e o *capoeira* renitente. Batuqueiro e Sambista têm a monomania do assunto e a permanência do trejeito peculiar. Ombros e queixos funcionam como sinaleiros da divisão musical, inconscientemente abaixando o maxilar nos três tempos de marcação. Andar dançado. Sorriso fixo. Olhos inquietos. O *passista* dos frevos no Recife revela-se pelo Carnaval. É gente moça. Batuqueiro e Sambista são temperamentos normais de todo ano. Gente mais velha. No Rio de Janeiro e Recife resistem os derradeiros sobreviventes à padronização nivelante dos Cabarés e Televisão, grandes unificadores das predileções. *Batuque* (*batucada* parece-me brasileira) fora a designação portuguesa dos bailes africanos, sugerida pela "batida" sonora do instrumental utilizado. Em 1815, Freyreiss cita o *batuque* em Minas Gerais. O mais antigo registro do *samba* encontro em novembro de 1842 pelo padre Lopes Gama, dizendo-o preferido no interior de Pernambuco: *Não se sabia outra cousa / senão a Dança do Samba*. Moraes e Silva não recolheu Samba e Batuque nas três edições do seu *Dicionário* (1789-1823) apesar de ter sido Senhor de Engenho em Jaboatão, com escravaria. O vocábulo Samba não se aclimatou em Portugal. O Rei D. Manuel, antes de 1521, proibiu em Lisboa *Batuques, charambas and lunduns*, informa Rodney Gallop. As *Ordenações do Reino*, sob Filipe I de Espanha, mantiveram a proibição (Título LXX) dos *Bailos de Scravos* sem nomear as danças. Na África Ocidental Batuque era o Baile e Samba, tradução quimbundo de "umbigo", a dança, a *semba* contemporânea de Luanda. A permuta da segunda pela primeira vogal operou-se no Brasil.[1] As gesticulações Batuqueira e Sambista são inconfundíveis e tradicionais.

SENTAR-SE

Os Nobilissimus constituíam titulados de maior distinção na Roma Imperial. Possuíam prerrogativas honoríficas como nenhuma outra criatura humana. Vestiam púrpura franjada de ouro. Iniciavam cortejos. Acompanhavam de perto a figura sagrada do Imperador. Presidiam. Mandavam. Decidiam. Atingiram ao máximo dos privilégios nobilitantes no século III depois de Cristo, quando o Imperador Constâncio autorizou por uma lei o direito de sentarem-se diante dos Prefeitos do Pretório, comandantes da Guarda Imperial, Senador, meio Ministro da Justiça e Finanças, tratados por *clarissimos!* e transportando-se em carro dourado, com quatro cavalos de frente e arauto proclamador. Esse direito de sentar-se na presença de Autoridade continua difícil e precário, com ilimitadas restrições. É uma distinção pessoal fortuitamente concedida individualmente. Fora de assembléias, ninguém jamais sentou-se em frente ao Sumo Pontífice, embora os católicos tomem a comunhão de pé. D. Jaime de Barros Câmara, (1894-1971), 3º Cardeal Arcebispo do Rio de Janeiro, contou-me que, em fevereiro de 1946, o Núncio Apostólico, Embaixador do Papa, recusara sentar-se em sua presença, anunciando desta forma que o Arcebispo fora elevado ao Cardealato. Os Chefes de Estados, Ministros, Oficiais-Generais, Alta Magistratura continuam respeitando o critério soberano das prioridades sociais quanto à posição na audiência. Seria História sugestiva a conquista da verticalidade do Homem ante um outro, representando o Poder! partindo da prosternação ao entendimento no mesmo plano de igualdade na situação da atitude. É possível falar ombro a ombro, todos de pé, mas sentados, é outro problema protocolar instintivo. A rainha Vitória da Inglaterra lamentava não poder autorizar Lord Beaconsfield,

---

1. Batucada, lundu, samba, no *Dicionário do Folclore Brasileiro*. Umbigada no *Made in Africa*.

Primeiro-ministro, convalescente de enfermidade grave, a sentar-se. Victor Hugo foi amável com o Duque Bernard de Saxe Weimar, cujo avô protegera Goethe, e tio da Duquesa d'Orléans, viúva do herdeiro do trono da França. O poeta escreve: *Comme Prince, il avait le privilège de s'asseoir dans le salon de la Reine, et il en usait.* Direito excepcional! Recebe-se de pé. Sentar-se é uma promoção à dignidade respeitável. Sentar-se estabelece intimidade, confiança, igualdade. Há uma distância infinita entre a cordialidade nos encontros no deserto, falar da sela do cavalo ou do alto do camelo, amável, fluentemente, para receber dentro da tenda, assentar-se no tapete, no mesmo nível fraternal. É uma distinção que se mantém através de todas as idades do Tempo. Em 1946, *pour prendre congé,* visitei um Ministro de Estado, lido, corrido, brilhante. No gabinete encontrei, de pé, dois representantes do Terceiro Estado, com sinistro aspecto de requerentes implacáveis. O Ministro, expansivo, acolhedor, eufórico, fez-me lugar ao seu lado no sofá. Os dois impetrantes aderiram ao estilo novo, ocupando assentos distantes. Perceptível a surpresa desagradada de Sua Excelência pelo inopinado conforto usufruído pelos meus antecessores. Os olhares reprovativos constituíam interlúdios na conversação amável. Foi deixar-me à porta, impecável e risonho, mas tenho certeza de que interrompeu a posse indevida nas poltronas ministeriais. "É contra a Etiqueta!", como dizia um personagem da "Morgadinha de Valflor".

O GESTO VIVO DOS BALIZAS MORTOS

No carnaval de salões e ruas avista-se, infalivelmente, um folião dançando com os braços erguidos e os dedos indicadores apontados, como pequeninas batutas regendo a confusão dos ritmos. É sempre uma criatura sacudida pelo entusiasmo contagiante e legítimo, inesgotável de fervor e participação autêntica. É herdeiro inconsciente de uma figura realmente morta e funcionalmente imortal – o *Baliza* dos antigos *cordões*, guia, modelo, animador das evoluções coreográficas nas horas frementes das exibições públicas. Abria o desfile, iniciando, vivendo o figurino contorcista dos bailados espontâneos, apenas jogo de pernas, e as duas alas descrevendo arabescos singelos e suficientes ao som de bombardino, clarineta e trompa rasgante. "Tento e olho *no baliza!*" recomendavam os responsáveis da agremiação. O Baliza era alma, dínamo, músculo e sistema nervoso do conjunto gesticulante, nas cadências de efeito. Conheci Zé de Bem-vinda, o derradeiro Baliza integral, ponta e base dos *vasculhadores,* Natal de 1908.[1] Em Portugal, o Baliza era o soldado veterano iniciando a marcha diante dos pelotões no exercício militar. Ensinava pelo exemplo a compostura, garbo, segurança na Ordem-Unida, ao som do tambor. A função repetiu-se no Brasil nas Escolas Militar e Naval sob D. João VI. No Carnaval, aplicava-se o método. O Baliza *puxava a fileira* aos saracoteios e reviravoltas, agitando as mãos, os dedos indicadores espetados no ar, atraindo os passos do grupo, fantasiado e radiante.

INDO PARA A ESCOLA

Vejo pela manhã os escolares caminhando rumo aos estabelecimentos de ensino. Uma boa percentagem carrega o malote nas costas, preso pelas correias passando pelos ombros. Assim usam meus netos. Meus filhos imitaram os pais, conduzindo os livros numa bolsa, levada na mão esquerda. A recomendação clássica é ter sempre a mão direita livre, desocupada, pronta para a defesa. Esse transporte da bolsa estudantil parece pormenor sem importância. Mesmo assim foi anotado há mais de vinte séculos em versos latinos. O poeta Quintus Horatius Flaccus faleceu oito anos antes de Jesus Cristo nascer. No primeiro livro das *Sátiras,* a sexta inclui essa referência, recordação do menino Horácio, filho de liberto, indo para a aula do brutal Orbilio Pupilo, ex-soldado em Benavente: *Laevo suspensi locutos tabulamque lacerto.* Antônio Luís Seabra (1799-1895), tradutor de Horácio, divulgou o *No braço esquerdo com tabela e bolsa.* Essa "tabelas" eram as placas de madeira encerada onde escreviam. Valiam os livros contemporâneos. A figura do escolar atravessando as ruas da tumultuosa Roma no ano 55 e que seria o eternamente vivo Horácio, volta aos meus olhos, nessa janela provinciana e brasileira, aos seis graus ao sul da Equinocial.

---

1. *Ontem,* 26, UFRN, 1972.

CÁ DÊ NENÉM

Difícil o Pai ou Avô que não haja brincando esse jogo com sua criança. Ocultam o rosto detrás do lenço aberto ou da mão espalmada. Pergunta-se pelo paradeiro: "Onde está Neném? Cá dê Neném?" Afastando o obstáculo há o pregão alvoroçado: "Está aqui! Tá ti!" Repete-se, vendo o sorriso adorável de quem entende e participa da simulação. Não vendo, convence-se de não ser vista. É uma dessas invenções hereditárias, transmitida no patrimônio oral das famílias. Ninguém aprendeu e todos sabem o exercício da preciosa puerilidade. Há vinte e cinco séculos era vulgar na Grécia e Roma. Sócrates (468-400 antes de Cristo) utilizou-a como argumento sobre a percepção vital. Em Roma denominava-se *ocellatim*. Assim Victor Hugo brincava com os dois netos.

O NOME CERTO

Não há motivo de decepção mais evidente que a confusão do nome próprio durante a conversação. Ser tratado pelo apelido de outra pessoa é sofrer ofensa intolerável ao amor-individual e lógico. Bernard Shaw errava propositadamente, simulando distração. Chamar pelo nome certo é uma cortesia infalível. Napoleão Bonaparte decorara alguns milhares, como fizera Júlio César e faria Bismarck. Entre os literatos a falta de identificação é delito irremissível. Razão do rancor vitalício de Fialho de Almeida a Eça de Queirós. Essa injustiça merecia a mesma atenção em Roma. Horácio aconselhava aos de pouca memória ou aos candidatos à popularidade eleitoral, fazerem-se acompanhar por um *nomenclator, qui dictet nomina*, lembrando os nomes das pessoas encontradas, evitando esquecimento nominal ou a substituição desastrosa.

DEDO NA BOCA

Símbolo da ingenuidade, credulidade, primarismo infantil. Todas as coisas são surpreendentes e assombrosas. Índice de meditação, devaneio, cisma. Miguel Ângelo esculpiu o Duque de Urbino, Lourenço de Médicis, em Florença, numa atitude de recolhimento, com o dedo no lábio. Denomina-se a estátua *Il pensieroso,* o Pensativo. O *Penseur,* de Rodin, em Paris, ampara o queixo no dorso da mão, pensando em coisas diversas do Médicis do século XVI. Pertence à classe dos gestos instintivos. Sugere o dedo suster o lábio. *De beiço caído* diz-se da admiração parva. É o gesto natural do *Badaud,* de Paris, o falso pacóvio, ensinando Louis Cheronnet: *devenir Badaud, c'est le seul moyen que l'on a de se sentir vraiment devenir "parisien".*

SERVINDO AO DEFUNTO

Na vigília aos mortos há sempre uma pessoa afugentando as moscas, reais ou fictícias, esvoaçando ao derredor do cadáver. Piphilin, resumindo Dion Cassius, descrevendo o funeral do Imperador Pertinax (ano 193 da Era Cristã) regista os rapazes com *pennis pavonis muscas abigebat*. É óbvio não haver sido a primeira vez no exercício desse fúnebre obséquio.

HOMENS NA IGREJA

Em todas as igrejas recordadas estão os homens sempre de pé, como Ernest Renan os via em Quimper. Nas Cidades Grandes é que serão encontrados ao lado das mulheres, alheias e próprias, acomodados como matronas. Na maioria absoluta a vertical é a linha comum. Não é imposição de etiqueta sagrada mas um hábito imemorial, modelando instintivamente a posição. Conservam a atitude hereditária, datando da época em que os Deuses residiam no Olimpo e falavam nos Oráculos. Gregos e Romanos oravam de pé, como votavam nas Assembléias e Comícios. O Prof. Samuel Pitiscus registou: *Ils ne s'asseyoient que après avoir fait toutes leurs prières, de peur de paroître rendre leurs respects aux dieux avec trop de négligence.* Não conheciam a oração com o suplicante sentado. Não se fala à Suprema Autoridade em posição de descanso. Os templos, e depois as Igrejas e Mesquitas não possuíam bancos, como os Circos e Anfiteatros. O mobiliário incômodo e artístico é conquista do Renascimento nas catedrais da Europa. As mulheres sentar-se-iam no solo, como era do agrado sertanejo, do Rio de Janeiro de Debret e do Recife de Koster e Tollenare, pousadas nas saias de baixo, e a de cima fazendo roda. Possível reminiscência oriental. Mulheres ameríndias e pretas africanas preferem assistir às festas na perpendicular. As cadeiras de Missa pertenciam às Damas e Donzelas ou cedidas, ocasionalmente, aos caquéticos, veletudinários ou macróbios. Durante os primeiros séculos, os cristãos reuniam-se em salas simples, sem ornatos, para ouvir as pregações da Boa Nova. Residências particulares e modestas, porque os ricos não se convertiam. O culto dos Gregos e dos Romanos ocorria nos templos incomparáveis de harmonia artística mas o assistente permanecia de pé, acompanhando ou participando dos sacrifícios, centro do interesse coletivo. Oravam aos Deuses como quem transmitisse uma mensagem, clara, nítida, essencial. Durante mais de cento e setenta anos os Romanos não tiveram estátuas das Divindades. Adoravam aos Deuses *sine simulacro deos coluisse,* conforme Santo Agostinho. As rogativas dirigiam-se aos Altos Céus sem a personalização humana, materializadora do Imponderável. Ficavam de pé, na posição hierárquica do servidor ao seu Rei Imortal. Essa atitude atravessou o Tempo modificador e continua característica em nossos dias amáveis. Ainda em setembro de 1871 protestava-se na Irmandade do Santíssimo contra a proposta de instalar cadeiras e bancos no recinto de uma das grandes Igrejas do Recife, "não se achava muito decente os assentos nos templos onde existia o Santíssimo Sacramento e até parecia não ser próprio".[1] Uma contemporaneidade de milênios.

---

1. Fernando Pio, *A Igreja do Santíssimo Sacramento do Bairro de Santo Antônio e sua História,* Recife, 1973.

BATER PALMAS

É a mais antiga, universal e consagrada forma de aprovação coletiva e pública. Idêntica em Babilônia e numa sessão da ONU. Foi um processo religioso de atrair a presença dos Deuses para proteger aqueles que o praticam. Um vestígio subalterno é ainda servir para chamar a atenção alheia e distante. Ver *Bata Palma, Vovô!* Palmear, palmejar, origina-se simplesmente de chocar as palmas das mãos, obtendo rumor inconfundível e característico. Assim faziam os Romanos. *Manibus plaudite!* Os Gregos batiam com os dedos unidos da mão direita no centro da esquerda. Foi o método para medir a cadência musical, palmas compassadas, vulgarizando-se como aplauso no teatro, depois de ter sido liturgia no âmbito dos cultos vulgares. Transmitiu-se a Roma e esta tornou-o normal nos comícios populares e sobretudo nos anfiteatros, construídos em todas as províncias conquistadas. Os pretos africanos e os brônzeos ameríndios não batiam as palmas antes do europeu aparecer. Os animadores de programas nos clubes noturnos voltaram às funções clássicas do principal personagem, solicitando os aplausos da assistência ao terminar a representação: *Spectadores, bene valete, plaudite! plausum date! clare plaudere!* Palmas, meu Povo!

DANDO O TOM

Duas pancadas de régua na mesa avisavam que, terminada a aula, os meninos sairiam cantando a marcha breve, banal, bonita, deixando a escola. Livros, cadernos, lápis, já estão na bolsa. Pondo-se de pé, com um ar de alívio no rosto murcho, a Mestra estendia os lábios em canudo, no verso inicial, prolongando a primeira sílaba para *dar o tom* à classe entoando o coro uníssono, rumando à porta para a dispersão feliz. Quatorze lustros se passaram. As crianças são avós na terra ou anjos no Céu. A professora secou e dissolveu-se. Morreu ignorando que o ato de iniciar o canto coletivo era função religiosa e solene na Roma do orador Cícero e do Imperador Augusto. Competia ao Sumo-Pontífice, ou quem presidisse o cerimonial, cantar o verso para que o hino sagrado fosse repetido pela multidão. Dizia-se *praecentio*. De importância fundamental para o equilíbrio harmonioso das vozes conjuntas. A desafinação equivalia a um sacrilégio.

SALVE ELE!

A mímica consiste no estender do braço direito, com a mão entreaberta. Ou agitar os antebraços paralelos. Aceno dedicado em Roma à deusa Salus, filha de Esculápio, *quae matutia est salutatio*. Durante o século XVI no Brasil dizia-se comumente *Salvar* em vez de *Saudar*.[1] Salva de palmas. Tiros de salva. Salvar à terra.

O GRANDE GESTO CARNAVALESCO

Nos momentos de excitação explosiva erguem os braços para o alto, as mãos abertas, como aguardando dádivas. Atitude de *enthousiasmos*, a possessão divina, alegria sagrada pela presença dionisíaca. A posição, prolongando, ampliando a estatura, exibe-se centro de interesse, na visão integral da figura movimentada, irradiante de júbilo. Parece comandar a todos o *alegrai-vos!* báquico. Dançai! Bebei! Vede o meu exemplo! O gesto ocorre unicamente no minuto contagiante da plenitude eufórica, naturalmente mais constante e frenética no domínio do carnaval. Coincidindo as determinantes, a mímica reaparece, herança inconfessa e legítima de Bacantes e Ménades. A Grande Dionisíaca realizavam em fevereiro, dentro do inevitável e futuro ciclo carnavalesco.

---

1. *Denunciações do Santo Ofício em Pernambuco,* 265-474, São Paulo, 1929.

AS TRÊS SAUDAÇÕES ROMANAS

Na Roma Imperial, como fora na época republicana, as três saudações durante o dia constavam de três palavras imutáveis, pronunciadas com gravidade e entonação religiosa. Pela manhã dizia-se o *Salve!* na intenção da deusa Salus, Saúde, filha de Esculápio, *quae matutina est salutatio*. Cortesia indispensável ao cidadão romano. Durante a tarde usava-se o *Ave!* privativo das horas vespertinas. Ao despedir-se seria a vez de empregar-se o *Vale!* equivalente ao "adeus!" A gesticulação era a contemporânea ao avistar-se um amigo. É mais fácil o desaparecer do Itatiaia do que a modificação de um aceno.

CUSPIR FORA

No Brasil, o gesto perdeu a intenção esconjurativa ainda viva em Portugal, Espanha, Itália. Com o escarro eliminava-se o malefício atuante através da visão. Gregos e Romanos cuspiam afastando o encantamento do fascínio. Constituía um amuleto mímico.[1] O Doutor Braz Luís de Abreu[2] ensinava evitar o Mau-Olhado dizendo-se uma frase evocativa, "Benza-o Deus! Agouro, para o teu coro!" etc., "ou também cuspir logo fora; porque tinham para si, que o cuspo tinha a virtude para impedir toda a fascinação ou Natural, ou Mágica". Árabes, Mouros, Turcos cospem valendo escárnio ou repulsa pela aproximação de algum cristão, fanatismo presentemente atenuado. O brasileiro do povo cospe à vista de asquerosidade ou ouvindo referências repugnantes. Não há o *Spit in your boat for luck*, como dizem os marinheiros de Sua Majestade Britânica.

---

1. Tibulo, II – *Elegia,* Plínio-o-Antigo, todo o livro XXVIII da *História Natural;* Teócrito, *Idílio* – VI; Pérsio, II – *Sátira;* Petrônio, *Satyricon,* CXXXI; Lucano, *Farsalia,* IX; Teofrasto, *Caracteres,* XVI. Estudei as superstições da Saliva no *Anubis e Outros Ensaios,* XXII, 1951.
2. *Portugal Médico, ou Monarchia Médico Lusitana,* Coimbra, 1726.

ABANAR A CABEÇA

Balança-se a cabeça por ironia e piedade, comiseração e discordância. Gesto clássico na Europa, vive no Oriente e consta do Antigo Testamento. Lembro Jó, posterior a Abraão e anterior a Moisés. Foi homem de Hus, Haouran, Haan, perto de Damasco, na Síria. Quando Iavé restituiu em dobro quanto retirara ao resignado patriarca, reapareceram os parentes pressurosos "e moveram sobre ele a cabeça", *et moverunt super eum caput* (42,11), que na versão do Padre Matos Soares (1933) significa "em sinal de terna compaixão". O velho tradutor João Ferreira de Almeida entendera valer "e se condoeram d'ele". No Salmo 22,7, o Rei David lamenta-se. "Todos os que me vêem zombam de mim, estendem os lábios e meneiam a cabeça": *locuti sunt labiis, et moverunt caput,* numa intenção diversa da homenagem ao ancião Jó. No Salmo 109, v.25, que dizem redigido depois do Cativeiro de Babilônia, repete-se a denúncia triste: "E ainda lhes sirvo de opróbrio, quando me contemplam movem as cabeças": *moverunt capita sua*. Idêntica imagem a do Rei David, reagindo ante provocação semelhante. Conclui-se que, desde vinte e um séculos antes de Cristo, abanar a cabeça possui as intenções psicológicas deste final da vigésima centúria, depois da divina natividade do Redentor.

CAMINHO DAS LÁGRIMAS

A mímica representando o pranto consta de esfregar os dedos indicador e médio nos olhos, ou indicar uma longitudinal hipotética partindo da pálpebra inferior na direção dos lábios. Este é o gesto mais usual para as moças, e o primeiro, preferência masculina. As lágrimas esmagadas, na simulação de ocultá-las, manterão a tradição imemorial do Homem não chorar publicamente. As lágrimas ostensivas, escorregando pelas faces, valem atributo emocional feminino, conquistando a solidariedade contagiante. A lágrima deslizante, marcando pela insistência os sulcos violáceos da trajetória, formaliza a expressão plástica do Choro individualizado, as *choronas* de Vitória de Santo Antão, Pernambuco, e o número incontável de estatuetas pré-colombianas deparadas no continente americano, em cujos rostos marcaram os três traços lacrimosos paralelos,[1] expressos no *Weeping god, vie weinende gottheit, divindad plañidera,* do portal de Tiahuanaco, na Bolívia, alcançando África Ocidental na evidência numa máscara de madeira da Serra Leoa. Sem intervenção da sempre indecisa cronologia ameríndia quanto aos seus despojos paleo e neolítico, é permissível evidenciar a persistência do gesto significando o correr das lágrimas ao longo do rosto até a orla da boca, como mais divulgado na imitação do processo eliminatório da secreção. Não é possível negar alguns milênios ao gesto ainda contemporâneo e comum.

SOPRAR

O sopro continua processo mágico no Catimbó, Pajelança, Muamba, Bruxaria, como transmissão dos poderes do Mestre, Feiticeiro, Babalorixá. É universal e significa o alento vital, o Espírito, a Alma.[2] Na gesticulação popular traz a duração mínima do Tempo. "Num sopro", repentinamente. Da tradição terapêutica no ambiente caseiro resiste soprar o *dodói* das crianças, evaporando a impressão dolorosa. Sopra-se para avivar o lume e apagar a vela. No jogo de Damas, sopra-se a pedra que não fez o devido movimento. Extingui-lhe a ação. Soprar nos dedos é impaciência, originária do alimento quente retardar a manducação.

SORRIR

Desde quando sorrimos? Será muito posterior ao *riso*. Na pré-história circulariam raras motivações para *rir*. A visão das iguarias rústicas e copiosas justificavam a exaltação plectórica dos berros e nunca a sonora

---

1. Silvetti, Imbelloni, *Runa*, V, Buenos Aires, 1952.
2. Ver Sopro no *Dicionário do Folclore Brasileiro*, 2000, resumo suficiente de sua importância sobrenatural em todas as religiões vivas e mortas.

explosão das gargalhadas. *Sorriso* é gesto de percepção requintada, entendimento sutil, contenção ao excesso demonstrativo. É um documento denunciador de meio cenário, compreensivo, existência de um ambiente idôneo para a comunicação discreta e breve que o sorriso contém, *sub-ridere,* sob-o-*Riso,* o riso no pedal da surdina, baixo cifrado, disfarçado, tênue mas incisivo, nítido, suficiente. O *riso* opina ostensivamente. O *sorriso* é uma sugestão, mensagem cuja tradução depende da inteligência receptora. Em área tão diminuta, a ondulação labial alcança todas as gamas da linguagem humana. O Gesto, em sua unidade, impressionará todos os níveis da Compreensão. Todas as criaturas entendem a voz silenciosa da confidência, a um tempo pública e privada porque na presença do grupo seria destinada a um único interesse. O *sorriso* documenta-se nas sociedades hierarquizadas, civilizações já tradicionais, com cerimonial e pompa. O mais antigo sorriso, esculpido em mármore nuns lábios femininos, olha-se ainda na *Niké,* de Delos, obra de Arquemos, 550 anos antes de Cristo. Salomão Reinach comentou: "Ela sorri desjeitosamente, sem dúvida, com um *rictus* muito acusado, uma boca seca, pômulos salientes, mas enfim o sorriso existe, e não o havíamos encontrado anteriormente. As divindades egípcias, caldaicas, assirianas, são muito pouco humanas para sorrir. Elas são careteantes ou indiferentes. Com a *Niké* de Delos, a Arte já não se contenta em imitar as formas. Procura, começa a exprimir dos sentimentos, a vida interior. É uma grande descoberta e o anúncio de uma Arte Nova".[1] Muito mais que o movimento e o equilíbrio no joelho flectido, o *sorriso* seduz Salomão Reinach. Estará nas bailarinas dos Reis e dos Deuses, pela Ásia e África setentrional. Um sorriso fixo, indeformável em lábios de pedra, evidenciando não apenas a Antigüidade dinâmica mas a integração ornamental com uma finalidade de tração decorosa e de excitamento comedido, regulados nos padrões sagrados das predileções dinásticas. O *sorriso* participa da liturgia majestática. Até presentemente, as bailarinas bailam sorrindo. Socialmente é complementar, moldura, traje, na missão comunicante. Saber sorrir, na infiltração irresistível, é vocação, exercício, raciocínio ou milagres da Intuição misteriosa. Provocação. Convite. Desafio. Repulsa. Promessa de prêmio e castigo. Sorriso de Intelectuais. Onipotências efêmeras, de Amorosas, de Aliciadores profissionais. Sorriso molhado de lágrimas, de Andrômaca, despedindo-se de Heitor.[2] A intensidade mental multiplica o conteúdo, sublinhando a destinação real da

---

1. *Apollo,* Paris, 1910.
2. *Ilíada,* VI, 484.

frase ou do olhar. Ironia. Afeto. Perfídia. *On ne ri plus, on sourit aujourd'hui,* poetava o Cardeal de Bernis, há duzentos anos. Sorriso de crianças reconhecendo as mães. Das matronas, noivas, personagens de teatro e televisão. Da Espontaneidade ao Automatismo. Do *smile* ao *smirk*. Na mesma boca, sorriso diferente. Aparentar finura astral. Sorriso de candidato e do empossado no cargo. Fingir compreender. Sorriso filtrado entre as esponjas da Decepção e da Angústia. Esses elementos não se incluíram no Sorriso paleolítico mas foram surgindo, alojando-se no complexo dos lábios eloqüentes, contemporâneos ao beijo, intencional, devoto, sexual. Sorriso é gesto adquirido no exercício convivial nos caminhos do Tempo. *L'Ange du Sourire,* tão raro, da fachada da catedral de Reims (século XIII), junto a Saint-Nicaise, abençoe a evocação de sua presença, irmão de *Niké* de Delos.

COMER JUNTO

Referindo-se a um professor crepuscular, lamentava um amigo: "Está muito decadente, comendo e bebendo com todo o Mundo!" Já estudei longamente a Alimentação em comum no duplo aspecto da fixação geográfica e da nivelação social[1]. Constituía uma irmanação moral. No Direito Romano havia a libertação do escravo fazendo-o participar da refeição senhorial. *Manumissio inter epulas.* Em Atenas e Roma a Lei do Exílio proibia o alimento com estranhos, pela extensão do *Aquae ignis interdicto.* Semelhantemente ocorria aos excomungados pela Inquisição. Não comiam com os ortodoxos. Companheiro vem de *cum panis* e o Apaniguado, de *panis aqua*. Alimentar-se tendo inferiores por comensais era objeto de punição legal em Roma pela *Lex Antia Sumptuaria,* da cônsul Antius Restion: *Ne quoad coenam nisi ad certas personas staret.* A *Lex Didia Sumptuaria,* 610 antes de Cristo, regulava a condição dos convidados, que a *Lex Fannia,* 588 antes da Era Cristã, consolidou, entre a gente patrícia. Sentar-se à mesa do Rei seria título recomendativo, tal qual presentemente ser convidado pelo Chefe de Estado de qualquer paragem no globo terráqueo. Tudo muda, menos o Homem...

---

1. *Anubis e Outros Ensaios,* "Perséfona e os Sete Bagos de Romã", 1951; *Superstições e Costumes,* "O Vínculo Obrigacional pela Alimentação em Comum", 1958; *Locuções Tradicionais no Brasil,* "Comer e Beber Juntos", 1970.

A CORTESIA SILENCIOSA

Ao cair da noite, antes da ceia, era tradicional no Brasil Velho, mesmo nas primeiras décadas do século XX, as *rodas* de amigos na costumeira visita aos Notáveis da localidade, Vigário, Chefe político, Juiz de Direito. Cadeiras na calçada. Como uma reminiscência oriental, a dedicação respeitosa expressava-se pela presença e não pela conversação. Uma assistência muda, vivendo os próprios pensamentos, com vagas interrupções orais. *Le fait d'être assis en face l'un de l'autre à se regarder constitue, à ses yeux, une politesse suffisante,* observara D. Luís d'Orléans Bragança nas solidões asiáticas do Hindo-Kush. Eneida[1] evoca seu Pai, comandante de navios no Rio Amazonas, com o velho "Seu Lima", amigo fiel. Em duas horas de homenagem, apenas permutavam o curto diálogo: "Pois é isso, seu Lima! – É verdade, Comandante!" O industrial Jerônimo Rosado e o Juiz de Direito Filipe Guerra repetiam em Mossoró o laconismo de Belém do Pará: "É isso, seu Rosado! – É isso mesmo, Doutor Filipe!"[2] Inolvidáveis, de Marrocos ao Egito alheio às programações turísticas, os semicírculos de mouros sentados, hirtos, lançando em longas pausas as interjeições guturais, olhando a paisagem imutável. É a comunidade, o grupo indeformável, reforçando-se na simples visão convivial dos Crentes, esperando que desça da torre da mesquita o apelo do *muezzin* para a derradeira prece no crepúsculo. A constatação visual de companheiros, serenos e próximos, estabelecia a continuidade espiritual da confiança na certeza do auxílio em potencial. A contemplação beatificadora, o quase êxtase meditativo que a impaciência ocidental desatende pela impossibilidade da percepção sentimental, vivem essas companhias silenciosas. A ebriedade dos antigos enamorados, estar juntos, calados, ouvindo os corações, consagra o idílio sem palavras de Chateaubriand paralítico e Madame Recamier cega. São Luís, ainda Luís IX, Rei de França, visitou no convento de Perúgia a Santo Egídio. Deus revelara mutuamente a identidade. Abraçaram-se, beijaram-se, olhando-se na reciprocidade do fervor religioso, *ma tutto questo non parlava nè l'uno, nè l'altro. E stati che furono per grande spazio nel detto modo, senza dirsi parola insieme, se partirono l'uno dall'altro.*[3] As promessas divinas da Salvação, a eternidade no Paraíso, compreendem audi-

---

1. *Aruanda,* Rio de Janeiro, 1957.
2. L. da C. C., *Jerônimo Rosado,* Rio de Janeiro, 1967.
3. *I Fioretti di S. Francesco,* XXXIV.

ção de cantos e melodias de instrumentos de corda (nem sopro e nem percussão), mas não aludem aos exercícios da conversação entre Santos e Santas. "O Céu é dos grandes silêncios contemplativos", dizia São Pedro e Machado de Assis em fevereiro de 1893. O "silêncio contemplativo" dos negros acocorados, dedos lentos no rosário muçulmano, mastigando noz de cola, mirando sem ver o horizonte de ameaça e esperança. Creio que essas reuniões silentes condensavam a inteligência dos gestos expressivos, mais intensos nos lacônicos que nos loquazes. Os velhos sertanejos clássicos, de todo Brasil Interior, manejavam a mímica incomparável na equivalência das imagens pensadas. A palavra completava o gesto e não este àquela. Num acampamento de nômades, o lume clareia fisionomias atentas, absortas, pensativas. É a garantia solidarista do Grupo a si mesmo. Diante da tenda do emir insubmisso os guerreiros molduram com a disciplinada presença a obediência aos futuros comandos. Nem uma palavra, reforçando a dedicação. Suficiente a visão convergente das pupilas inquietas, afiando as armas. Nas mudas visitas dos últimos fiéis ao chefe destituído do Poder, limitam o testemunho fiel a olhar o antigo Homem dominador desarmado. Os retratos pálidos povoando os gabinetes solitários, falando pela simpatia dos olhares parados. O Silêncio é uma dimensão de reverência. A Cortesia Silenciosa na muda obrigatoriedade ritual, explica e fundamenta *os velórios* melancólicos, a vigília aos enfermos e aos Mortos. As Procissões das Almas, desfile sem rumor nas ruas desertas. A visita taciturna aos cemitérios. A oração obstinada e trêmula das chamas votivas, na luz sossegada das preces mentais ao divino Imponderável.[1]

SORRISO DO SOL

É uma tradição oral do Nordeste do Brasil o Sol obrigar as mulheres a sorrir. Evitando o excesso luminoso, contraem as pálpebras, franzem o nariz e os lábios destendem-se num momo compensador e reflexo, semelhante ao sorriso. Humberto de Campos registou em Fortaleza essa graça solar em serviço da simpatia feminina. Não sei se deterá a prioridade do reparo, mas ignoro referência cearense anterior. Não há, realmente, sorriso

---

1. Ver *Homenagem da Imobilidade*.

algum. A instintiva defesa dos olhos ofuscados, pelo semicerramento palpebral, não consegue a conformação sorridente, típica, intencional, mensageira. É uma contrafação, um sucedâneo, imitativo e artificial. De longe, engano do sorriso. De perto, constatação da careta.

CHORAR

Ainda é uma exigência na sociedade, indispensável segundo a situação pessoal, complementar nas solidariedades funérias, decorativo, contagiante, indo da sinceridade evidente à simulação teatral, mais ou menos técnica. Dispensável ressuscitar as *carpideiras,* profissionais e amadoras, na História do Mundo, até princípios do século XX, mesmo no Brasil. Defunto sem choro era um opróbio para a família enlutada. Na ausência da lamentação de aluguel, acompanhavam o féretro em Vitória de Santo Antão, Pernambuco, as *choronas,* de madeira ou gesso, figurando mulheres de lenço na mão e pálpebras molhadas. Substituíam as realidades lastimosas infuncionais. Mesmo contemporaneamente, a *cara de choro* mantém prestígio moral nas horas tristes, na vizinhança de defuntos onipotentes. Chora-se de alegria, de ódio, de desespero. Receber os hóspedes chorando foi fórmula semi-universal que Sir James George Frazer recensiou com abundância documental. A *saudação lacrimosa* tivemo-la da Argentina à Califórnia. Em 1902, D. Luís d'Orléans Bragança era saudado com pranto em Cachimira. Gente de lágrima fácil como as velhas Donas, os poetas românticos, o pomposo Victor Hugo, foram inesquecíveis modelos do falso sentimentalismo artificioso, muitas décadas valorizado e bem pago no Hollywood *tearful.* O Pranto constitui um complexo mímico imutável. Porque, entre tantos outros movimentos da mecânica fisiológica, reuniu as credenciais da homenagem aos Mortos e de argumento aliciativo aos Vivos? Resultado da provocação emocional, como um grito ou uma gargalhada, quando a imagem se torna ação de descarga através do comando de nervos à disciplina muscular, uma determinada terminação funcional orgânica seria reservada às manifestações do sofrimento, da impressão opressiva acabrunhante, da angústia multiforme, sublimando o desejo imperioso ou a ausência daqueles que a Morte imobilizou? A compensação repercutora da Dor física é o grito, o brado, a explosão na voz atormentada, correspondendo a uma interjeição violenta. A fumaça, poeiras, emanações ácidas, trazem a lágrima abundante. E mesmo sem excitação traumática a glândula lacrimal funciona umedecendo o globo ocular numa constante lubrificação cautelosa. O Homem Primitivo não deveria ter chorado e sim gritado, berrado, urrado, com os intervalos respiratórios recuperadores no ritmo pulmonar. Os animais pranteiam a morte dos semelhantes gritando à vista do sangue ou da ossada do parente sacrificado. No Mundo Pastoril é conhecida a *prantina,* o *choro do gado,* os bovinos agrupados ao derredor das nódoas sangrentas no solo, urrando na mágoa uníssona comovedora. O caçador John A. Hunter viu os elefantes do Quênia braminado, deparando a carcaça do companheiro de raça e manada. Até mesmo os tucanos araçaris amazonenses responderam ao alarido da irmã ferida com o protesto unânime dos gritos e asas agitadas sobre a cabeça de Henry Walter Bates. Os mamíferos possuem a *água de olho* cujo expresso é a lágrima, mas o urro é a manifestação autêntica e única na constatação da carniça fraternal. É a voz imutável da multidão sacudida pelo impacto desnorteante do Entusiasmo, dispersando o discernimento individual responsável. Por que o Homem não teria sido, inicialmente, idêntico? Gritar e gemer como todos os seus irmãos placentários? A lágrima, ainda despida das dimensões sentimentais, de sua aristocratização expressiva, ocorria na oportunidade sinérgica das secreções equilibradoras da normalidade harmoniosa, sem a história radicular das fontes misteriosas da Significação. Um axioma popular revela a subalternidade lacrimejante. *Um homem não chora!* Foi o desespero do *Y-Juca-Pyrama:* "Tu choraste em presença da morte? Pois choraste, meu filho não és!". Gonçalves Dias sabia a tradição imemorial da impassibilidade heril do Macho! "Chorando feito criança! Chorando feito mulher!" O Pranto é recurso infantil ao domínio familiar. – "Já parou de chorar?" – "Não, senhora, estou descansando para recomeçar!" As mulheres da Nova Zelândia suspendiam o choro convulsivo e artificial indo preparar a refeição. Depois, serenas e fartas, reatavam o coral lutuoso.[1] "Água dos olhos" é patrimônio animal mas o Homem elevou-a a uma dignidade simbólica na simples eliminação. Quando outros excretos continuam na classe instintiva das expulsões naturais, a lágrima é característica da lamentação racional, flor úmida e ardente do Sofrimento ostensivo e sobretudo recôndito, privativa e distintiva no gênero humano. Identifica o pranto pela insistência. Distância entre *larmes et pleurs.* Dizer-se "Está chorando" é denunciar um "esta-

---

1. Yate, *Account of New Zealand,* 1835.

do de Alma" psicológico, *tout un roman enseveli,* diria Sainte-Beauve. Os animais gritam. O Homem chora. A lágrima autoriza todas as eloqüências adiáveis. Sabemos, com milênios e milênios de experiência, que as lágrimas aliviam mas não solucionam o motivo de sua origem. Diógenes Laércio evoca Solon ante o cadáver do filho, chorando, há vinte e seis séculos, porque as lágrimas eram inúteis.

BAIXAR A CABEÇA

Será um dos mais instintivos na mímica fundamental das afirmações e negativas, do "talvez" e "quem sabe", dubiedades, modulações das assertivas. Não teriam sido os gestos iniciais na convivência grupal? Concordar o discordar com os rumos da marcha ou ímpeto dos acossos enleadores da caça? Seriam as comunicativas de aproximação, reservando as mãos e os dedos eloqüentes para certa distância perceptível. O crânio era a sede do comando e para ele convergiam os ornamentos distintivos da Realeza, amuletos atrativos da abundância cinergética. Os ferimentos na cabeça inutilizavam a sagacidade e fortaleza do caçador-guerreiro. Era o ninho da Voz. Ali nascia o Pensamento, senhor do Mundo! Constituiria o nível da gradação hierárquica. Os iguais irmanavam-se na continuidade poderosa. Ombro a ombro, com a cabeça mais alta, dirigindo. Para erguê-la mais, plumas, dragões, grifos, águias, leões no capacete. A submissão era o desnivelamento, a inferioridade na estatura. Rojar-se ao solo, prosternar-se, ajoelhar-se, dobrar o dorso, curvar a cerviz, foram lógicas expressões da homenagem ao Semelhante que o Poder agigantaria. Evidenciava a notória desproporção física. Era o Maior! Uma excelência de Saul para ser o primeiro Rei de Israel é que "dos ombros para cima sobressaía a todo o Povo!"[1] Assim, procurando as jumentas do seu Pai, encontrou a coroa real. Samuel, por ordem de Iavé, sagra-o Rei, derramando óleo da unção na cabeça. Curvar a cabeça, seria o mais elementar ademane respeitoso, figurando o homenageado de mais avantajado porte. Valeria oferecê-la ao sacrifício voluntário, sem reação defensiva. Conservá-la inclinada traduz obediência ilimitada. "Curvou a cabeça, sujeitou-se!" Ninguém deveria estar coberto diante da Majestade. Em 1580, Montaigne adverte-nos que o

---

1. I – *Samuel,* 9, 2.

Papa Gregório XIII *ne tire jamais le bonnet à qui que ce soit.* Descobrir-se é uma oblação. Todo esse complexo reverencial foi lentamente ampliando-se e o Tempo, alterando os Preceitos padronais, modificou as dimensões das vênias sucessivas e contritas, anulando-as como processo aliciativo. O cerimonial litúrgico resistiu séculos, cedendo aos poucos no impacto das reformas simplificadoras, limitando-o ao essencial. Depois de 1870, a França renunciou às estridentes pompas nas recepções oficiais, como Eduardo VII resumiu a etiqueta meticulosa da Rainha Vitória. Os Romanof em S. Petersburgo vieram até 1916 com as minúcias protocolares que 1917 varreria em sangue e fogo. Restou o Vaticano II, Concílio que conservaria o mínimo substancial. Evaporaram-se as prosternações e beija-pés. No Brasil, o Imperador D. Pedro II aboliu o beija-mão em 1872. Curvar a cabeça em saudação reverente é que está atravessando os séculos dos séculos, intacta e simples, na intenção respeitosa. Rareiam os chapéus para os cumprimentos de estilo. A cabeça inclinada, num movimento rápido e fiel, é a sobrevivência dos milênios asiáticos, talvez nascida nessas civilizações que a Arqueologia vai revelando os escombros aos olhos contemporâneos. Restam vestígios da miraculosa vitalidade, a continência militar, a mão que se ergue à testa, o gesto dirigindo-a numa sucinta recordação das venerações intemporais. Acabrunhar, *caput pronare,* cabeça inclinada.

A MENINA DE HAMATH

A inscrição na pedra de Hamath, Síria do Norte, hoje no Museu de Istambul, é um dos mais antigos documentos da escrita dos hititas. Tem sido amplamente divulgada e não há livro falando sobre Hititas ou arqueologia pela Anatólia que não inclua a reprodução do retângulo maciço de Hamath, até hoje indecifrável no seu conteúdo em hieróglifos simpaticamente pictórico. Há nessa famosa e muda missiva, gravada há lentos trinta séculos, o desenho de uma mulher de perfil, com a mão dobrada, os dedos sobre os lábios, como se fora atirar um beijo. Talvez signifique *eu falo,* ou simplesmente *digo,* mas o interesse de minha curiosidade é a posição em que foi fixada para uma mensagem inoperante e ainda misteriosa. Os arqueólogos poderão "interpretá-la" de mil maneiras. Impressionante é esse gesto ter permanecido nítido e comum na sucessão incontável das Idades. Todos esses reinos, Haiti, Hurri, Harran, Mitani, Alalakh, Kassitas, Egípcios, Babilônios, Assírios, desapareceram etnicamente. Vivem ruínas desafiando um entendimento harmonioso e coerente do tumultuoso passado. Lemos suposições, hipóteses, opiniões. Das criaturas humanas que ali viveram, nem mais restam cinzas. Os timbres, tonalidades, modulações vocais, são segredos imprevisíveis. Todas as coisas vivas sucumbiram. Como dançavam, cantavam, divertiam-se, haverá eterno silêncio. No rebordo da pedra de Hamath, a figurinha põe a mão na boca, numa naturalidade contemporânea. O gesto é vivo, lógico, comunicante. Os Deuses que essa jovem temeu e suplicou morreram também. Resta ela, como foi desenhada, legítima, palpitante, olhando o Tempo...

UMA DEFESA INSTINTIVA

Um dos gestos espontâneos de defesa a uma ameaça acutilante é espalmar as mãos no baixo ventre ou cobri-lo com os dedos entrançados. Região adiposa e flácida, prestando-se aos golpes penetrantes e fáceis, as mãos acodem como um escudo, embaraçando o ataque. As derradeiras ramificações do plexo solar reagem na necessidade de cobertura para a zona desprotegida e fraca. Também significa profundo respeito. *Les Kirghiz, sur deux haies, se tiennent immobiles, les mains croisées sur le ventre, en cette attitude de souffrance qui, dans cette partie de l'Asie Centrale, est le signe d'un respect illimité.*[1] Esse gesto transmitiu-se à mímica dos oradores, à teatralização tribunícia. Amparar a barriga é uma denúncia de que o orador sente as primeiras ondas da contrariedade ambiente, desinteligência, incompreensão do auditório. Porá a mão no peito, afirmando, e no ventre, resguardando-se do público que o ouve sem concordância. Precavendo-se de uma demonstração de antipatia, põe em evidência cautelosa o respeitoso resguardo.

---

1. Prince Louis d'Orléans et Bragance, *A Travers l'Hindu-Kush,* Paris, 1906.

REPOUSANDO A MÃO

Os velhos fazendeiros, chefes políticos provincianos, gente do Alto-Comércio, os homens da aristocracia rural, possuíam uma posição que não desapareceu embora se torne rara: a mão direita metida na abertura do paletó, depois do primeiro botão, na linha do peito. Assim meditavam ou entretinham conversa. O pessoal de reduzidos haveres ou nível humilde, não se atrevia a imitar os invejados figurinos. Era uma herança dos tempos antigos, quando os potentados figuravam como oficiais de Ordenança, depois Milícia, e na Regência do Império, Guarda Nacional, tropas auxiliares, com fardas vistosas e ornamentais, esplendor exibicionista das altas patentes, inofensivas e desejadas. Como as túnicas, jaquetas, dolmans, não tivessem bolsos laterais, os "Comandantes", pesados de orgulho, metiam a destra nos interstícios da abotoadura linheira, conservando a gravidade senhorial do Poder militar. É o Napoleão Bonaparte de Isabey, David, Delaroche, com a mão direita escondida no colete branco.

TIRAR O CHAPÉU

Na farsa "Montdor et Tabarin", aplaudida nas feiras de St. Laurent e St. Germain em Paris, na última década do século XVI, sob Henrique IV, dizia o charlatão ao seu fâmulo: *La coutume d'ôter le chapeau est ancienne, Tabarin: c'est pour témoigner l'honneur, le respect et l'amitié qu'on doit à ceux qu'on salue.* Significava desarmar-se, pôr-se à disposição do homenageado, porque a cabeça era a parte do corpo mais defendida dos golpes agressivos. Sinal de subalternidade seria combater com o rosto visível e o crânio sem cobertura. Entrar na batalha com a viseira erguida, mostrando a face, era o heroísmo incomparável. *Il n'y avait que les vilains qui combattissent à visage découvert: ainsi, il n'y avait qu'eux qui pussent recevoir des coup sur la face,* informa Montesquieu.[1] Saudava-se agitando a mão direita, curvando-se mais ou menos profundamente, dobrando o

---

1. *Esprit des Lois,* 28, 20.

joelho, cruzando os braços no peito. Não se retirava o capacete já emplumado e palaciano, índice dos fidalgos. Seria um sultão sem turbante. O uso vulgar do chapéu (embora conhecido de Gregos e Romanos em viagem) veio da Itália para a França, no Renascimento, de Luís XII a Francisco I, começando a dinastia dos Valois. A Corte centralizou as festas e as maneiras tornaram-se mais polidas e gentis. Corte, cortesia. Requintaram-se no domínio dos Bourbons, cujo esplendor foi Luís XIV, neto de Henrique IV. Nos derradeiros anos do século XVII e primeiros da centúria imediata, nasceu a Etiqueta do Chapéu e sua linguagem mesureira em Versailles, escola de galanteria para a Europa, mesmo adversa. O Duque de Saint-Simon registou, felizmente, o cerimonial do Chapéu, código instituído pelo Rei Sol. *Jamais il n'a passé devant la moindre coiffe sans soulever son chapeau, je dis aux femmes de chambre, et qu'il connoissoit pour telles, comme arrivoit souvent à Marly. Aux dames, il ôtoit son chapeau tout à fait, mais de plus ou moins loin; aux gens titrés, à demi, et le tenoit en l'air ou à son oreille quelques instants plus ou moins marqués. Aux seigneurs, mais qui l'étoient, il se contentoit de mettre la main au chapeau. Il l'ôtoit comme aux dames pour les Princes du sang. S'il abordoit des dames, il ne couvroit qu'après les avoir quittées. Tout cela n'étoit que dehors, car dans la maison il n'étoit jamais couvert.* Durante as refeições *tout le monde étoit couvert; c'eût été un manque de respect dont on vous auroit averti sur-le-champ de n'avoir pas son chapeau sur sa tête. Monseigneur même l'avoit; le Roi seul étoit découvert. On se découvroit quand le Roi vous parloit, ou pour parler à lui, et on se contentoit de mettre la main au chapeau pour ceux qui venoient faire leur cour le repas commencé, et qui étoient de qualité à avoir pu se mettre à table. On se découvroit aussi pour parler à Monseigneur et à Monsieur, ou quand ils vous parloient. S'il y avoit des Princes du sangue, on mettoit seulement la main au chapeau pour leur parler ou s'ils vous parloient. Voilà ce que j'ai vu au siège de Namur, et ce que j'ai vu de toute la Cour.* Entretanto quando o Rei passeava ocorria o contrário: *Il se promenoit dans ses jardins de Versailles, où lui seul était couvert.* "Monseigneur", Louis de France, era o herdeiro da coroa. "Monsieur", Gaston d'Orléans, era irmão do Rei, irmão único. O estilo de Luís XIV fundamentou o monitório do chapéu, incluindo-o nas exigências da Boa Educação. Os séculos XVII-XVIII valorizaram-no, enchendo-o de plumas, fazendo grande efeito nas saudações rasgadas. As plumas tinham sido herança dos elmos decorativos de outrora. *Ralliez-vous à mon panache blanc!* dissera na batalha de Ivry o avô do Rei, sacudindo ao vento o penacho branco do seu capacete. O chapéu era um pormenor destinado aos cumprimentos e não ao conjunto do traje. O essencial-característico estava na imensa cabeleira encanudada, pesada, artificial, imponente. Os fidalgos, a cavalo ou de carruagem, agitavam a mão enluvada. Quem não era fidalgo, parava, curvava-se. Mas o reinado de Luís XIV determinou o *chapeau bas,* chapéu abaixo, na mão, saudador. O chapéu possuiu prestígio durante e depois da Revolução, Diretório, Consulado, Império, invadindo a elegância das ruas, praças, passeios. Acentuou-se a dominação por todo século XIX, onde estar sem chapéu valia estar sem cabeça. A saudação máxima era retirá-lo da cabeça, fazendo com ele um movimento circular. *Pas un baigneur ne m'ôte son chapeau,* magoava-se Victor Hugo na prussiana Altwies. Era a deusa *Reverentia,* indispensável culto em Roma. Agora, entrou em eclipse. *Hatless.* Cabe lembrar Oliver Wendell Holmes (1809-1894): *The hat is the Ultimum Moriens of Respectability.* Como diziam os espanhóis: – *El sombrero, hasta el suelo, y el repelón, hasta el cielo!*

PEGAR NO QUEIXO

Ainda é uma carícia, indiscutivelmente popular. Índice de intimidade afetuosa, comum às crianças e adolescentes. Era uma saudação entre os Gregos clássicos. *La manière de saluer chez les Grecs, étoit de prendre de la main droit, le menton de la personne à laquelle ils adressoient leurs hommages,* informa o Prof. Samuel Pitiscus (1766). Não houve mudança no gesto nem na intenção carinhosa, através de vinte e cinco séculos.

HOMENAGEM DA IMOBILIDADE

Há muitos anos acompanhei um Ministro de Estado em visita oficial às oficinas. Toda movimentação se deteve. Atravessando as salas, via cada operário perfilado junto à sua seção, com as mãos inúteis, hirto, fitando no visitante o olhar respeitoso. Ao sair, com cerimonial, o Diretor fez um sinal e o edifício encheu-se de sonoridade mecânica. Recomeçara o labor normal da colméia imóvel. Em navios e repartições públicas ocorreu o mesmo protocolo. Silêncio. Gravidade. É a homenagem tradicional porque continuar tarefas constituirá falta de respeito ao egrégio hóspede. Sugere desatenção notória. Ninguém percebeu a presença do Eminente. Gravíssima omissão no código das Reverências. Imobilidade ouvindo o Hino Nacional. Perguntei a vários técnicos. Despotismo do Costume! Poder da Repetição consagrada. *Consuetudo est optima legum interpres.* O Costume é o melhor intérprete das Leis, ensinava o Código Canônico (II, 29). *Legem inducit,* induz Legalidade. Suficiente, canonicamente, o usucapião decenário. Persegui o rasto da motivação no Tempo. Psicologicamente será dispor a todas as pessoas às determinações da Autoridade visível. Por que e como se iniciara essa Etiqueta estática? O *Flamen Dialis,* sacerdote de Júpiter em Roma, com poltrona curul e toga pretexta, não devia ver a ninguém trabalhando. Quando andava pelas ruas, o *proclamitator* advertia a todos que cessassem a labutação ordinária enquanto o *Flamen Dialis* passasse. Era um dogma religioso inviolável. Sua augusta presença imobilizava a todos os romanos. Nenhum esforço humano ante seus olhos puros. Antes dessa exigência, criada pelo Rei Numa (714-671, antes de Cristo), nada existe de semelhante na história do Mundo. Foi, há vinte e oito séculos, o primeiro exemplo. A homenagem de Imobilidade a uma criatura humana.

CONSTANTE MÍMICA DE JÚLIO PRESTES

O gesto habitual em Júlio Prestes (1882-1946), era bater com os dedos da mão direita no dorso da esquerda fechada. Registo de Gilberto Amado,[1] companheiro na convivência cordial do Presidente da República, eleito, e que a Revolução de outubro de 1930 impossibilitou a posse e continuidade política. Esse gesto, valendo para o político paulista concordância, reafirmação expressa, é presentemente uma desdenhosa e sofisticada forma de aplaudir para os que não têm a lealdade do silêncio ou não encontram justificativa íntima para bater as palmas, notórias e visíveis. Preferem essa caricatura de aplauso, mera condescendência parcial aos imperativos da Cortesia. Aplaudem por prestação. Victor Hugo (*Choses Vues*) informa ser o *geste expressif* do jurista Dupin Ainé (1783-1865), presidente da Assembléia Nacional.

---

1. *Depois da Política,* 1960.

Pirueta da Liberdade

Estou convencido da sobrevivência de gestos milenários, conservando a significação expressiva da época funcional, mesmo desaparecidas as instituições a cujo cerimonial participavam. Um rapaz confidencia-me a difícil concordância paterna numa situação de seu interesse. Levanta-se para concluir, peremptório: "Enfim, sou livre!". E gira sobre si mesmo num volteio bailador. Exibia o direito de escolher o rumo sem constrangimento. É comum a menção do autodomínio materializar-se numa rápida sucessão de voltas, valendo a frase: "Vou para onde quiser!". Por que essa gesticulação? Constituía um dos processos de alforria em Roma. O Senhor conduzia o Escravo à presença do Pretor e declarava: *Liber esto!* O Magistrado batia com uma vareta, a *festuca*, na cabeça do cativo, repetindo: *Sê livre!* e segurando-o pelos ombros fazia-o dar uma reviravolta. *Vertigae, vertigo*. Estava liberto. Zombava Persio,[1] que uma pirueta fizesse um cidadão romano: *Quiritem vertigo facit*. Mas o voltear imprevisto valia implemento jurídico indispensável e operante. Vinte e cinco séculos depois, na minha salinha, sem saber por que, o rapaz reproduzia na pirueta espontânea a imagem da Liberdade!

Dedinho Provocador

O menor e o mais inocente dos dedos, o único a conservar na maturação fisiológica o aspecto infantil, complica-se nas tradições e heranças confusas e vagas de uma ancianidade consciente na participação humana. Auricular por atender aos reclamos do ouvido, conduziria ao órgão assistido o noticiário agenciado nos ciclos exteriores. É uma credencial européia semeada nas memórias coloniais. Sem a ostentação do Médio, constitui agente valioso na técnica das comunicações e contágios de alta freqüência erotmica e erotômica, estimulante e excitadora. É o mais dissimulado e discreto na transmissão das mensagens, pesadas de combustível induzi-

---

1. *Sátira*, V.

do. É o máximo, apesar de Mínimo. Há mais de vinte séculos o poeta Horácio[1] denunciava a capacidade eletrizante e eficiente: *Minimo me provocat.* Numa festa doméstica divertia-me observar a incansável insistência de uma candidata a noivado ativando, apenas com o dedo mínimo, o interesse intermitente do rapaz pela pessoa ardente e próxima da companheira, revoltada com o emprego da atenção masculina em outro qualquer motivo. Funcionava unicamente o dedo mindinho, denunciando a vibrante presença da proprietária, convenientemente desnuda, insaciável e lógica. *Minimo me provocat.*

DEDO NA VENTA

Gesto agressivo, valendo desmentido formal. "Se ele insistir, meto-lhe o dedo na venta!" Prova evidente. Está reduzida a uma locução, comum e corrente por todo o Brasil, acompanhando a mímica relativa. Nenhuma referência de uso europeu. Nem lembrança de texto informador. Venta é a cavidade nasal, também sinônimo popular de nariz. Venta, por onde passa o vento, é vocábulo português de bom cunho. João Franco Barreto empregou-o na tradução da *Eneida* (1664-1670, Lisboa). Parece-me a expressão de raiz indígena. Em nhengatu, Nariz e Vergonha diz-se *ti* ou *tin:* (Almeida Nogueira, Stradelli). Não ter vergonha equivale a não ter nariz. Seria do colono português o acréscimo digital? Muito raro e fortuito a menção de qualquer gesto indígena, deparado acidentalmente nas leituras. Nem mesmo Karl von den Steinen e Koch Grünberg demoraram no assunto. Com mais de quatro séculos de aculturação, já não é possível precisar a origem coerente. O pesquisador bebe correndo, como os cães do Nilo.

QUE HORAS SÃO?

Meu Pai usava relógio Patek Phillippe, Genève, pesado e garantido, preso na corrente de ouro com berloque, fixa na terceira casa do colete.

---

1. *Sátiras,* I, IV.

Informo que, nos antigos idos em que possuí marcador do Tempo, guardava-o num bolsinho da calça, na altura do cinto. Dizia-se "bolso do relógio". No outro lado havia, idêntico, o "bolso dos níqueis". Ambos praticamente desapareceram nos modelos racionais e práticos da contemporaneidade. Meu filho, como toda a gente, traz o relógio no pulso. Perguntando-se a hora, instintivamente meu Pai levava a mão ao colete. De minha parte calcaria o bolsinho logo abaixo da cintura. Meu filho olha para a munheca. Não sei o gesto reflexo dos meus netos na idade do meu Pai. Enfim são gestos nascidos quando o relógio tornou-se portátil e pessoal. Conhecido a partir da segunda metade do século XV, realmente divulgou-se nos finais do XVIII. Beaumarchais fora *horloger* famoso e até inventor, aprovado pela Académie des Sciences de Paris. Já na época de Luís XIV o relógio era deixado, habitualmente, onde meu Pai guardava o seu "cebolão" suíço.

BELISCÃO DE FRADE

É dado pelo indicador e o médio dobrados, em forma de tenazes. É uma mensagem erótica. A tenaz, aquecida ao rubro, fora instrumento de tortura na Santa Inquisição, entregue aos frades dominicanos. O emprego seria genérico nos processos criminalistas europeus mas o Santo Ofício divulgou-o pela utilização preferencial em Lisboa. Era meio de obter a Verdade pelo suplício, fazendo confessar-se criminoso o inocente débil, impunizando o culpado robusto. Atenazar passou a significar a insistência infatigável, a obstinação incessante, a reiteração feroz. A imagem cruel das tenazes ardentes sugeriu o apertão sexual e fortuito nos dedos dos frades libidinosos. "Frei João, Frei João, estai quedo co'a mão!" cantam na *Farça dos Físicos,* de Gil Vicente, 1519.

CANGAPÉ

Cambapé, Cambadela, em Portugal. Golpe imprevisto com o pé na perna do adversário, desequilibrando-o. Muito vulgar na luta tradicional portuguesa. D. Francisco Manuel de Mello, na segunda metade do século XVII, menciona o *cambapé* no *Apólogos Dialogais*.[1] Recurso na Capoeiragem. Divertimento ginástico nos banhos fluviais. Mergulhando, reviravam o corpo, jogando a perna para alcançar o antagonista com o calcanhar. Decorria um movimentado duelo, com sucessivos e recíprocos cangapés rumorosos. Treta, habilidade, astúcia. Dizer o Cangapé de origem indígena é pura imaginação.

ARMAR O PÉ

Repetir passo de dança, convidando o par. "Armei o pé mas a pequena não topou!" No *Auto da Barca do Purgatório*,[2] diz o Pastor: "Hũa vez armei-lhe o pé, / na chacota em Vilarinho". Entre os Capoeiras é preparar o golpe ofensivo. Pé armado, golpe feito. Pela posição do pé, o adversário antevê o ataque. Predispor a fuga estratégica. "No bafafá, armei o pé e escapuli."

INCHANDO

E o gesto expressando importância, soberba, empáfia. As rãs imitando o boi: *La grenouille qui se veut faire aussi grosse que le boeuf*.[3] A *Rana Rupta*, de Fedro (XXIV), cuja raiz é Esopo. "Que a formiga inchar a elefante", comparava o Padre Antonio Vieira. O latim *inflare*, soprar, sugere o aumento no volume normal do tórax pelos impulsos interiores da emoção determinante. "Inchado" de raiva, orgulho, presunção. *To swell with pride*. Inchando, irando-se, representando rancores. Inchado, cheio de ódio concentrado. *No hinche su deseo*, aconselhava Santa Teresa de Jesus em 1574,[4]

---

1. "Escritório Avarento", 89, "Visita das Fontes", 146, "Hospital das Letras", 312, edição Castilho, Rio de Janeiro, 1920.
2. Gil Vicente, 1518.
3. La Fontaine, *Fables*, I, 111.
4. *Epistolário*, LXV.

advertindo as ampliações da Cobiça. Enfatuado, pedante. *One of the swell mob*. O sertanejo ameaça: "Si eu *inchar nas apragatas*, o Diabo se solta!" Enfurecido, resolver-se à violência do ato desesperado. *Inchar nas cordoveias*, intumescer os tendões e veias jugulares, no prenúncio da cólera. O pastor Joanna, zangado, diz à pastora Caterina: "Catalina, *si eu me incho, paresta que me vá de ida!*".[1] Óbvia a origem européia e lógica a divulgação no Brasil do século XVI.

GESTOS MÁGICOS

Theoretically this is an age of Science! Pois sim. Ciência que não penetrou a mentalidade do Homem, mantendo-o inalterável complexo de Anjo e Demônio. Vivem os resíduos das práticas exorcistas católicas já existentes no primeiro século e renitentes, apesar das restrições conciliares do Vaticano II; das purificações da Grécia e Roma: dos cultos da Caldéia derramados entre os romanos e semeados pela Europa sob as legiões do Império; da Bruxaria medieval; dos processos feiticeiros dos séculos XV ao XVIII, patrimônio da Credulidade eterna, resistindo, soberano, entre os edifícios de cinqüenta andares. A Bruxa não viaja cavalgando um cabo de vassoura mas sentada numa poltrona de avião a jato. *The civilized man has a moral obligation to be skeptical!* Pois sim. Quando falamos nesses assuntos aos europeus e norte-americanos do Alto Progresso Mecânico, têm um sorriso de compreensão apiedado para os Povos que não pertencem às Nacionalidades Determinantes. Estão completamente esquecidos da poderosa existência da Superstição entre os seus valorizados conterrâneos. As Cidades crescem mas seus habitantes são criaturas humanas, orgulhosas da maquinaria e temerosas do inevitável Sobrenatural. Bergen Evan[2] e os ingleses Edwin e Mona Radford[3] pesquisaram e colheram documentário nos Estados Unidos e Grã-Bretanha anterior, em volume e extensão, ao dilúvio de Angústia e Sexuália desabando sobre a Humanidade eletrônica. Completará o painel *The Folk-lore of Sex* (New York, 1951), do

---

1. Gil Vicente, *Auto Pastoril Português,* 1523.
2. *The Natural History of Nonsense,* New York, 1946.
3. *Encyclopaedia of Superstitions,* New York, 1949.

doutor em Filosofia Albert Ellis. Verificar-se-á a Cidade-Grande constituir convergência de todos os escoadouros supersticiosos do Mundo na surpreendente *widespread diffusion of superstitious beliefs,* divulga Sir John Hammerton em plena contemporaneidade astronáutica. Onde a *moda* consagrou os colares de abundantes amuletos para o pescoço dos três sexos? Os pretos africanos ornamentam-se sabendo a história de cada objeto mágico aparentemente decorativo. Os elegantes ocidentais obedecem jubilosos às imposições exteriores, alheias à escolha submissa dos usuários. Sem que tenham Fé religiosa, mantêm a disponibilidade crédula e na maioria a repetição maquinal dos gestos propiciatórios do Bem ou afastadores do Mal. Muito mais acreditam nos Efeitos do que nas Causas. Não mais havendo hierarquia no confuso e difuso Culto personalíssimo onde Deus é uma informe névoa luminosa como fora sarça flamejante, amuletos e gestos caracterizam a liturgia intermitente e desordenada. Há mais profissionais do Pavor na Califórnia que no Rio de Janeiro e Buenos Aires reunidos. Os gestos mágicos são diariamente vistos na consciência ou insciência das origens mais abundantes e naturais na mímica cotidiana: Bater palmas, tocar o solo, tocar madeira, erguer a mão aberta, fazer figas, fazer Isola (indicador e mínimo estendidos, os demais presos sob o polegar), varrer os ares com os dez dedos espaçados, balançar a cabeça, soprar, ajoelhar-se, indicador e médio afastados em ângulo, fechar os olhos em concentração, entrar com o pé direito, abanar a mão como dispersando mau cheiro, escarrar afastando imagens opressivas, abençoar com o sinal da Cruz ou a mão na cabeça, beijar a unha do polegar (final de benzer-se em Roma), curto sopro dizendo "Livra!", mãos postas, mão curvada batendo o ar como se ferisse alguma coisa viva, cruz com os indicadores ou polegares, tantos, tantos... *This is an age of Science!*

CADA UM COM SEU JEITO

Os antigos fotógrafos poderiam informar com segurança sobre a predileção dos grupos sociais por determinadas atitudes físicas. *Qui se ressemble s'assemble.* Não somente reúnem-se como possuem o formalismo inseparável da classe, refletindo-se em cada indivíduo. Cada um com seu jeito, mas esse jeito figurava no patrimônio dos preconceitos grupais. Um gambá cheira o outro. Um grande comerciante não se fotografava como um funcionário público. Um militar, mesmo sem farda, não se confundia entre os "paisanos". Mesmo andando, a ave não oculta as asas. A indistinção da indumentária contemporânea faz desaparecer a *allure* espontânea das classes sociais ainda que isoladas em facção. Havia uma *Positional Portliness,* defendida pelos participantes, ciumentos do restritivo privilégio. Antes da confusão delirante determinada pela facilidade das comunicações, poder-se-ia afirmar que cada nível social mantinha seu passo, o ritmo de andar, olhar e mímica, intransferíveis.

BUNDACANASTRA

Bumba-canastra. Bundacanasca. Virar Bundacanastra é fazer cambalhota, apoiando a cabeça no solo, impelindo o corpo em sentido contrário. Divertimento ginástico infantil, vindo de Portugal. Imagem da irresponsabilidade vadia – virar bundacanastra no capim. Era o *cernuare* romano, participando dos folguedos populares ao deus *Consus,* de onde nos veio o verbo *Consoar.*

JEITO DE DORMIR

Tentei estudar as posições humanas durante o sono[1] na dependência climatérica, o círculo ao derredor do lume, guarda aos acessos *(fragmose),* ou a livre disposição nas regiões tropicais, apenas conservando as precauções defensivas contra as surpresas da noite. Naturalmente incluí quanto sabia sobre o descanso africano e ameríndio, com as conclusões ocorrentes. A hora da sesta (a sexta hora romana) nas galerias dos sanatórios, *decks* dos transatlânticos, acampamentos militares, *campings* de excursionistas, evidenciavam o regresso ao primário abandono físico, o relaxamen-

---

1. *Civilização e Cultura,* VII.

to muscular libertado dos padrões do comportamento grupal, a inconsciente preferência por determinadas atitudes de imobilidade. As posições de pronação, ressupinas, laterais, intermeiam-se de colocações imprevisíveis com as pernas, braços, cabeças, na amplitude que o sono determina. A posição legítima é a lateral, a mais antiga e comum. *Decúbito* é quem está deitado, de *cúbito*, o osso do cotovelo, a cabeça repousando na curva do braço dobrado, instintivamente fletindo os membros posteriores. Reproduz a atitude do feto no útero materno. Assim descansa quase a totalidade mamífera. Exporá menores superfícies ao frio noturno. Para os nômades, adormecendo com as armas ao alcance das mãos, facilitava empunhá-las rapidamente. É um tema que não interessou aos mestres etnógrafos. Santiago Ramón y Cajal (1852-1934, Prêmio Nobel de Medicina em 1906) não o incluiu, como deveria, no clássico *El Mundo Visto a los Ochenta Años,* escrito na derradeira fase vivida, fixando quanto o seduzia no panorama evocado. Os vários processos de acomodamento para dormir permitem interpretações plausíveis do temperamento pessoal. Exausta, a criança adormece em qualquer postura, mas insensivelmente readquire uma situação de relativo conforto, embora não pareça ao observador. Semelhantemente ocorre ao adulto. Nem todos, porém, exercitam a mesma solução ajustadora. Interferem obscuras predileções do mecanismo muscular ou o corpo obedece inconsciente ao reflexo nervoso, procurando colocação idônea ao conjunto físico? Um meu contemporâneo na Faculdade de Direito do Recife, falecido Juiz de Direito em Natal, adormecia com a mão no bolso. Se não o fizesse, obstinadamente o faria durante o sono, na inconsciência total, ao que deduzíamos. Não aludo ao Sonho, Alucinação, Sonambulismo, denunciando o trabalho cerebral, comunicação nervosa, disciplina muscular nas profundezas do sono, expressão de uma vontade determinante independente da percepção cinestésica. A caverna paleolítica aproximava no repouso homens e mulheres que o dia dispersava na caça e colheita de frutos ácidos. Alguns dormiam à entrada do abrigo, dificultando o regresso das feras às antigas moradas de onde haviam sido desalojadas. O cão reforçou a vigilância nas trevas. A casa familiar surgiu no Neolítico, erguida na encosta onde a lavoura terminava. Mas não seria a fórmula unitária porque a residência coletiva vivia normal no Brasil indígena. O sono desarmava o Homem, obrigando-o a defender o corpo inerme pela custódia das rochas e ramagens intencionalmente enlaçadas. A limitação do recinto e a situação do fogo sugeriam a aglomeração, quanto mais confiada quanto o refúgio fosse maciço e sólido. O afastamento das feras e a relativa abundância alimentar deram o sono mais longo e tranqüilo. Já existiam portas. Alguns dormiam nas escavações parietais e as peles de animais isolavam do solo úmido e áspero outros companheiros. Dormiam aconchegados, imitando as conchas no mesmo assento de pedra marítima. Os homens espalharam-se pelo recinto na proporção da segurança oferecida pelo material manejado. O grupamento, modo inicial, resiste na tendência dos acampamentos, ranchos de estrada, caravanas rurais. A posição lateral melhor aquecia e não ocupava espaço como ficar em pronação ou ressupino. Foram formas posteriores, sugeridas pela impressão da garantia abrigadora. Imagens do conforto, ainda nas locuções populares, *dormir de papo para o ar,* e também confiança que o aparecimento do Leito universalizaria. Forma dos enfermos hospitalizados, entregues à assistência alheia. Os Povos da Rede, hamaca, regressariam ao primitivismo paleolítico, adormecendo *de banda.* A Rede de dormir condiciona o jeito do corpo na transversal. Irradiando-se da América Meridional e insulana, traçaria sua geografia utilitária até as ilhas dos mares do Sul (*Rede de Dormir,* 2003), conquistando o colono português e a descendência mestiça, devotada, fanática, fiel. Conjugavam-se o embalo essencial, a renovação do ar, o leito suspenso que se amolda ao dormente e não este a ele, como a Cama. Silva Mello escreveu ensaio magistral sobre o assunto: (*Rede de Dormir,* 169-181). Adelmar Tavares (1888-1936) divulga em trova a técnica:

> *Para dormir n'uma rede,*
> *Cumpre logo prevenir*
> *Não é chegar, e deitar,*
> *Nem é deitar, e dormir.*
>
> *Tem de procurar o jeito*
> *de dormir enviesado,*
> *pois não dando esse jeitinho,*
> *não está, em regra, deitado.*

A Rede vai do Brasil para a África Ocidental, não objeto de repouso, mas adaptado ao transporte, como as liteiras e andas (*stilts*) anteriores, havidas dos mouros.[1] De uso turístico na Madeira, tipóia. Como o preto africano dorme em cama, esteira, estrado, no estilo oriental e oceânico, a

---

1. K. G. Lindblom, *The Use of the Hammock in Africa,* Stockholm, 1928.

posição ressupina, "de peito para cima", é a normal nas residências. Nas primeiras décadas do século XX, durante as expedições de caça, dormiam, preferencialmente, de lado, ao redor da fogueira, tendo sentinelas que se revezavam, talqualmente na Índia. A Rede transporte possuiu uso no Brasil (além da condução de feridos e defuntos), notadamente nas regiões canavieiras, luxo da aristocracia rural.[1] Na sucessão, *highly probable,* das posições no sono, teríamos: A) a lateral esquerda; B) a lateral direita; C) barriga para cima; D) de bruços, peito para baixo, atitude incomum que se originaria de expiação ou humilhação religiosa ou, segundo Silva Mello, *quase sempre sinal de oposição ao meio ambiente, de querer virar-lhe as costas, não raro desde os primeiros anos de vida.* Denúncia de obstinação e teimosia em relação à família e à sociedade. Visitei várias vezes dormitórios coletivos pelo Mundo que viajei, verificando a quase unidade posicional. Os que se deitam sobre o ventre, voltam-se durante o sono, permanecendo de lado longo tempo. Raros se encontram ao despertar na mesma posição em que adormeceram. A dormida, mesmo ocasional, em pronação, de bruços, é excepcional.

BEIJAR A UNHA DO POLEGAR

Os católicos benziam-se fazendo o sinal da Cruz, da testa ao peito, e aos dois ombros. "Em nome do Padre! Do Filho! E do Espírito Santo!" Em alguns povos dizia-se o "Amém", tocando os lábios com o polegar. Foi a fórmula portuguesa que o Brasil conheceu no século XVII e que, séculos, conservou-se no maquinalismo das populações rurais. No polegar beijavam a unha. Assim faziam os romanos católicos pela Idade Média e Renascença. Jean Richepin (1849-1926) registou a característica num *Roman historique,* muito pouco histórico.[2] *Madame Vannozza se signa en baisant son pouce, à la mode romaine,* documentada numa aquarela de A. Calbet. O gesto não morreu.

---

1. *Sociologia do Açúcar,* 1971.
2. *Les Débouts de César Borgia,* IV.

MUXOXO EM ANGOLA

O ilustre etnógrafo de Angola, Prof. Oscar Bento Ribas, informa-me em 31-12-1972 de Luanda. "Ainda sobre o Muxoxo lhe quero dizer que o português metropolitano não usa tal trejeito. Só a mulher nascida cá, intensamente convivendo com o nativo, é que o pratica. Mas segundo me informaram, o Muxoxo já está decaindo, apenas usado pelas mulheres de uma certa idade, a partir da casa dos quarenta. Sobretudo nos centros urbanos, por influência do Progresso. Entretanto senhoras africanas novas ainda não hesitam em soltar o seu muxoxo. Ao passo que o das camadas populacionais é repenicado, bem chiante, o destas é discreto, menos aparatoso. Tal aconteceu com o Cafuné, que está caindo em desuso, outrossim se verifica com o Muxoxo. Em quimbundo, o vocábulo apenas existe como substantivo. Mas em umbundo, a língua falada na zona meridional e central do planalto de Benguela, é em forma verbal que figura: *Okuxopa*. Quer dizer: pôr muxoxo. Em correspondência quimbunda, dir-se-ia: *kuta muxoxo*. Vou abrir um parêntese acerca do termo *Quimbundo*. Em função adjetiva, o Povo só emprega a flexão uniforme. Portanto, com os demais adjetivos. Acabo de falar com a minha lavadeira, que é do Bailundo, pertencente ao Povo Umbundo. Informou-me que lá ainda se dão livremente muxoxos. Como é uma área pouco evoluída, tal prática ainda não envergonha quem a observe. Com o tempo, também deve desaparecer."

BABAU!

Passar rapidamente o dorso da mão sob o queixo, dizendo *Babau!* Acabou-se, perdeu-se, sumiu! Alude a uma perda decepcionante, irrecuperável, positiva. No *Dicionário do Folclore Brasileiro* (2000), Babau é sinônimo de Mamulengo, João Redondo, teatro popular de fantoches e marionetes, sem que constitua personagem. Influência de *Gagau? Babau* proveria de *baba* e o gesto de enxugar o queixo possivelmente referisse a situação de quem se babou e não comeu.

CABEÇA OSCILANTE

Todo possesso, homem furioso, iaô atuada pelo seu orixá, "acostamento" de Espírito nos Catimbós, agora convergidos e complicados em Umbandas e Candomblés de Cablocos, feiticeiros e bruxas em transe de Macumba, tem o movimento convulsivo do pescoço, giro lateral ou vertical, numa impressionante insistência. É a denúncia milenar da incorporação sobrenatural. *Par la doctrine des antiques philosophes, par les cérémonies des mages et observations des jurisconsultes, povez jugez que ce mouvement estoit suscité à la venue et inspiration de l'esprit fatidiques*,[1] onde Pantagruel citava Lampridio, Plauto, Catulo, Tito Lívio, Virgílio através da erudição de Guillaume Bude, anotando as *Pandectas* (1508). Rabelais era médico e tinha a Ciência da época. Essa agitação cervical, sacudindo a cabeça desordenadamente, evidenciava a perda de orientação individual e a responsabilidade do elemento mágico intercorrente e dominador. Quanto fizesse ou dissesse, estaria "fora de si", sem a consciência normal da ação volitiva. Compreende-se que esse gesto sintomático de fase neurótica, não coincida com a mímica da Reiteração exagerada ou comum em certos temperamentos mais ou menos frenéticos. Ver *Cabeça Balançando no Bailado*.

AMEAÇANDO

Há uma mímica da ameaça, inesquecível, para os ameaçados. A severidade do olhar une-se ao timbre verbal, graduado pela falsa ou legítima irritação, finalizada no gesto intimativo, anunciando a penalidade vindoura ao criminoso em potencial. O mais característico é o dedo indicador, energicamente apontado, agitando-se na marcação das frases indignadas. Ou a mão em lâmina, na direção do acusado, escandindo o ritmo em que se denuncia o delito, dividindo em fatias a motivação reprovada. "Ameaçar com o dedo" é fórmula dos Povos arianos, vestígio de aceno religioso em ritual acusativo. Todas as divindades do Castigo e da Vingança, Eumênides, Erínias, Nêmesis, fixavam o acusado designando-o com o dedo indi-

---

1. Rabelais, *Le Tiers Livre*, XLV.

cador, *in digitu,* tornando-o o *indigitado,* suspito, réu, incluído na evidência culpável pelo dedo infalível das Deusas punidoras, as Fúrias inexoráveis, espetando *le doigt menaçant*. As Deusas morreram, mas o dedo ficou. Outro tradicional gesto de Ameaça era o *Arremangado,* arregaçar as mangas, anúncio de luta corporal, vulgar no Portugal do século XVI. *Arreganhar os dentes,* pelo encolhimento ou compressão dos lábios, exibindo a dentadura, advertência da agressão nos felinos, imitada pelos homens. Gil Vicente no *Clérigo da Beira* (1526) lembra Nuno Ribeiro que *sempre arreganha os dentes* quando lhe falam em satisfazer dívidas.

Fazer as pazes

Creio que o gesto mais antigo significando "as pazes" teria sido apertar a mão do adversário. Exibição inconcussa e recíproca de estar desarmado. Intercomunicação de concordância afetiva na continuidade pacífica do comportamento individual, manifestada na pressão enérgica das mãos estreitadas e comprimidas, limpas de qualquer agressividade material. Ainda menino assisti a uma cena de pazes. Vila de Augusto Severo. Dois irmãos de minha Mãe, Zumba (José Cornélio) e Chico Pimenta (Francisco José Fernandes Pimenta), estavam desavindos, arrufados, "políticos". Minha Mãe falou-lhes enérgica e comovida. Uniram as destras num compromisso de reconciliação. O Rei Salomão fala nesse gesto,[1] o *defigunt manus suas* da Vulgata. Século e meio antes de Salomão nascer, Diomedes e Glauco davam-se as mãos, jurando fidelidade no tumulto de combate de gregos e troianos.[2] Há quem ensine gravemente esse aperto de mão ter-se originado em Roma, fundada duzentos anos depois de Salomão haver falecido. Esaú e Jacó fizeram as pazes com abraços e não apertando as mãos.[3] Entre os resplandecentes guerreiros das Eddas deparei todos os gestos, exceto o aperto de mão.[4] As pazes indígenas obrigavam a permuta das armas, como na Ilíada. Valia um pacto, que os antigos bandoleiros do Nordeste praticavam. Dindenault e Panurge *touchèrent les mans ensemble*.[5]

1. *Provérbios,* 22, 26.
2. *Ilíada,* V, 233-234.
3. *Gênesis,* 33, 4.
4. Laveleye, Paris, 1866.
5. Rabelais, *Le Quarte Livre,* V.

Os meus dois tios pacificados apertaram as mãos, e cada um bateu no ombro direito do outro. Proclamavam-se iguais, sem distância e diferença. Ombro, ombrear-se, ombridade.

GAGAU

O dorso da mão passando rapidamente sob o mento exprime a idéia de fracasso, submissão, derrota. Diz-se com o gesto – *Gagau!* que talvez originasse o idêntico *Babau*. Ver *Dicionário do Folclore Brasileiro* (2000). Era jogo de dados muito popular em Portugal do século XVIII, com o dois e o az valendo pontos maiores. Os republicanos da revolução de 1817 jogavam o Gagau nas prisões do Recife e Salvador. *Tomar gagau* era perder a partida e dizia-se relativamente a qualquer insucesso, acompanhando a frase com o gesto de limpar a região submentodiana.

COÇAR A CABEÇA

Traduz impaciência, inconformação, perplexidade. Procura ansiosa de solução como se o ato terminasse a angústia sem o prurido provocador. No simbólico complexo dos Cabelos,[1] a intenção inicial do sacrifício votivo seria esse coçamento, arrepelação em potencial, pedindo a influência auxiliadora sobrenatural. Coçar a cabeça não é forma de culto mas vestígio de forma rogatória. Ver *Mãos na Cabeça* e *Puxar os Cabelos*. Nota a Rainha da Quinta-Essência a Pantagruel *la teste d'un doigt grattée* como índice de reflexão, raciocínio tenaz.[2] A imprevista fricção talvez acelere a orientação no plano resolutivo. Recorre-se à cabeça, "caixa-do-juízo", sede intransferível dos pensamentos benéficos, na súplica instintiva pela deliberação útil. A solução do problema talvez esteja na raiz dos cabelos. Coçá-los aumenta a marcha ascensional e prática. Para toda Antigüidade, Egito e Ásia, o Cabelo possui importância supersticiosa, atributo penitencial e oblativo, ainda em prestígio contemporâneo nos ex-votos. Coçar a

1. *Dicionário do Folclore Brasileiro,* 2000.
2. Rabelais, *Le Cinquième Livre,* XX.

cabeça seria o primeiro movimento para atrair colaboração imprevisível e suficiente. O gesto denuncia o apelo mágico na extensão da crendice imemorial.

PONTAPÉ

As primeiras armas foram as mãos, as unhas, os dentes, as pedras e ramos de árvore: *Arma antiqua, manus, ungues, dentes que fuerunt, / Et lapides, et item sylvarum fragmina rami,* ensinou Lucrécio.[1] Era quanto se sabia em Roma. Ainda pensamos na imagem "unhas e dentes", *ungibus et rostro,* sugerindo tenacidade pugnaz. Os golpes de perna foram técnica posterior, aprendida na observação dos animais coiceiros. Permitiam o pontapé no pugilato olímpico? Pollux pergunta ao atleta Amicus, com quem se vai bater a murro, se poderá ferir-lhe as pernas com os pés. O antagonista responde negativamente.[2] Na Índia, o deus Indra feriu aos pontapés o demônio Namuci.[3] Pertenciam funcionalmente ao sexo masculino. Mulher não luta com os pés. A tradição preferencial é o emprego das unhas, arranhar o rosto adversário, sobretudo puxar os cabelos da contendora. A vulgarização do pontapé originar-se-ia das lutas livres onde a agilidade supre a força muscular, como no Jiu-Jitsu, Capoeira, notadamente na *savate* francesa que é uma esgrima de pontapés, popular no século XVIII mas evidentemente muito anterior. É profundamente humilhante para o agredido. Desmoralizante. Não aludo ao glorioso pontapé numa bola de couro.

MÃO FECHADA, MURRO FEITO

Expressão do instinto defensivo imediato, ato reflexo à esboçada agressão. A mão fechada é o primeiro gesto maquinal da própria defensão. Houve Política do Murro na mesa e do *big-stick,* cacetão. Autoridade.

---

1. *De Natura Rerum,* V, 58 anos antes de Cristo.
2. Teócrito, XXII.
3. *Mahabharata,* I.

Intimidação. Ameaça. *Diplomatie du coup de poing sur la table.* A mão que se contrai é força em potencial. Os antigos Chefes políticos tinham quase sempre a mão cerrada. Os exemplos padrões em Cromwell, Napoleão, Bismarck. São normalmente de acenos mínimos, sugerindo tácita concentração de energia rancorosa, ávida de ação. Os dedos comprimem a pressão íntima, ansiosa de atuação. O punho cerrado era atributo das Divindades supremas, ostentando cetro, lança, espada, insígnias da Realeza. Na variedade morfológica das representações do Zeus-Júpiter, a destra onipotente apresenta-se apertando esses emblemas privativos da Potestade. Quando em fragmento, a mão conserva-se contraída como sustentando símbolos do Poder. O *Murro,* pancada de mão fechada, sempre constituiu golpe de luta, figurando nos Jogos Olímpicos desde sua sistematização em 776 antes de Cristo, até a proibição do Imperador Teodósio, 393 da Era Cristã, ao realizarem o 293º festival ginástico na Élida. Até 688 lutava-se com a mão nua. Nessa data, também anterior a Cristo, regulamentou-se o uso do *cestus,* tiras de couro com fios metálicos entre os dedos ou luva espessa chapeada de ferro para embate sádico e bruto. O murro é a grande arma natural do atleta, ainda consagrada nos filmes norte-americanos. Aquiles abateu Tersistes com um murro. Pollux derrubou o Rei Amicus, dos Bébrices cabeludos, numa luta feroz de punhadas que Teócrito (310-267 a.C.) descreveu.[1] Os Imperadores Tibério, Domiciano, Cômodo orgulhavam-se das mãos possantes. "Murraça", diriam em Portugal.

A DISPUTA POR ACENOS

Sobre a diversidade das interpretações referentes aos mesmos gestos, dependendo da mentalidade, interesse, cultura de cada inteligência receptora, circula um conto popular na literatura oral do Brasil, episódio que estudei no *Trinta Estórias Brasileiras* (Porto, 1955). As versões utilizadas tive-as de meu Pai (1863-1935) e Luiza Freire (1870-1953), a Velha Bibi, octogenária, branca, analfabeta, a quem devo o material analisado no livro impresso e esgotado em Portugal. Um sábio oferecia vultuoso prêmio a quem disputasse com ele por acenos. Vários letrados concorreram inutilmente. Uns estudantes convenceram a um pobre leiteiro que devia

---

1. *Idílio,* XXII.

enfrentar o prélio e muita gente compareceu para assistir à solução dos sucessivos enigmas. O sábio mostrou um dedo e o labrego os dois. O sábio estendeu três e o leiteiro fechou a mão como para esmurrar. O sábio exibiu uma laranja e o leiteiro um pedaço de pão. Foi proclamado vencedor, recebendo uma bolsa com moedas de ouro. Aos estudantes o leiteiro explicou a contenda. O sábio quis vazar-lhe um olho e ele ameaçou aos dois. O sábio pretendeu arranhar-lhe o rosto com os três dedos e o camponês cerrou a mão para o murro da represália. O sábio, para abrandá-lo, ofereceu uma laranja, e ele provou não ter fome pois guardara um bocado de pão. Aos seus amigos, o sábio esclareceu a simbologia mímica. Acenara que Deus é Uno e o contraditor lembrou as duas espécies no Deus-Homem. Eram três pessoas distintas e o campônio reuniu-as num só Deus verdadeiro. Perdera-se o Paraíso por uma fruta, e o antagonista avisou que o Paraíso fora reconquistado por Jesus Cristo tornado pão na hóstia consagrada. Indubitavelmente vencera. O mais antigo modelo europeu, ocidental, pertence ao Arcipreste de Hita (Juan Ruiz, 1283-1350, conjecturais), no *Libro de Buen Amor,* incessantemente reeditado. Título: *Aqui fabla de como todo ome entre los sus cuydados se deve alegrar é de la disputacion que los griegos é los romanos en uno ovieron.* Os Romanos receando as astúcias retóricas dos Gregos fizeram-se representar por um ribaldo, aldeão, *vellaco muy grand é muy ardid*. Sentados em cátedras, iniciaram a discussão. O doutor grego apresentou o indicador e o rústico os três dedos: *Eu pulgar é otros dos, que con él son contenidos. Em manera de arpón, los otros encogidos.* O grego estendeu *la palma llana* e o ribaldo *mostró puño çerrado.* Ganhara a porfia. Deus era Único e também Trino. Deus era *todo à la su voluntad.* O romano replicara que Deus é Poder, expressando a mão fechada, com energia. Merecera vitória. O ribaldo traduziu, por seu lado. Ameaçara-lhe o grego arrebatar um olho. Respondeu que romperia os dois, com os dois dedos e com o polegar quebraria os dentes. Disse que lhe daria uma palmada. Receberia uma punhada feroz. No século XVI o tema fora tratado por François Rabelais (1494-1553) no *Gargantua et Pantagruel,* cap. XIX: *Comment Panurge fit quinault l'Anglois qui arguait par signes.* O mudo e sugestivo duelo entre Thaumaste e Panurge é uma sátira *terriblement joyeuse* aos derradeiros escolásticos encurralados na Sorbone. Afasta-se do critério temático dos modelos antecedentes e não há tradução às perguntas e respostas silenciosas. Apenas reaparece o processo sem as características que têm resistido ao Tempo. Repete-se o caso na controvérsia mímica entre Panurga e

Nazdecabre.[1] Fora da Europa, René Basset,[2] resume o mais velho registo árabe, *La Language des Signes,* manuscrito de Ibn Asim, *Hádaíq el Azhar.* Um Soberano muçulmano enviou embaixador ao Rei dos Gregos, temendo uma invasão armada. O emissário era desembaraçado mas simples portador de letras primárias. Para o Rei ouvir-lhe a missão seria indispensável uma demonstração de habilidade mental num concurso por acenos. O grego mostrou-lhe o Céu com o dedo. O maometano designa a Terra e o Céu. O grego apontou o indicador contra o rosto do mensageiro e este dirigiu dois dedos à face do cristão. Este exibe uma azeitona e o islamita um ovo. Declarado vitorioso, pôde tratar dos negócios com simpatia e êxito. Para o grego seus gestos significavam: Deus está no Céu: pensas que Adão é a ordem única dos homens? A azeitona diria – como este fruto é admirável! Entendera as respostas do muçulmano: Deus está na Terra e no Céu. Também Eva é origem dos homens. O ovo é mais extraordinário porque dele nasce um ser vivo! O embaixador compreendera: Levar-te-ei às alturas na ponta deste dedo. Retorquira: Também te erguerei para o alto e te trarei para baixo. Arrancar-te-ei um olho. Farei o mesmo aos teus dois! Só te posso dar essa azeitona sobrante do almoço. Recuso! Tenho este ovo restante da refeição! Ibn Asim lera o Arcipreste de Hita ou este a um original árabe ainda ignorado? Hipóteses. René Basset recenseou bibliografia hindu, notadamente da Índia meridional, mas todo documentário é posterior a Juan Ruiz, cuja redação do século XIV parece ter sido a inicial síntese de elementos esparsos nas memórias orientais. O Arcipreste de Hita conhecia o árabe, versejando nesse idioma. Fonte oriental coeva e semelhante a Juan Ruiz, não apareceu ainda. Depois de Rabelais divulgou-se *Le Moyen de Parvenir,* em 1620, de Beroalde de Verville (1558-1623) onde a disputa reproduz-se parcialmente no cap. C. "Attestation" (ed. Paris, 1874), sem interesse revelador no plano da formação temática. Victor Chauvin[3] inclui um resumo do conto "Togroul", da coleção turca dos *Quarenta Visires,* simples variante no gênero. O monge ergueu a mão, dedos abertos, e depois baixou-a. O dervixe responde fechando o punho, elevando a mão com os dedos espaçados. Consideraram-no vencedor. O dervixe entendera que o monge queria bater-lhe na cara, e por sua vez ameaçou agarrá-lo pelo pescoço. O monge acenou visando-lhe a garganta e teve a

---

1. *Le Tiers Livre,* XX.
2. *Mille et un Contes, Récits & Légendes Arabes,* I, nº 36, Paris, 1924.
3. *Bibliographie de Ouvrages Arabes,* VIII, Liège, 1904.

réplica de ser apanhado no mesmo local, pela parte inferior, mais sensível. O monge declarou ter aludido às cinco orações obrigatórias e o derviche confirmara, fechando o punho. Perguntou por que caía a chuva. O muçulmano acenou que se destinava à sustentação das plantas. E vencera o pleito. Esses *folktales* não pertencem ao ciclo das Adivinhações mas a um sugestivo exercício da Mímica entre duas inteligências de níveis desiguais, aplicando cada gesto à significação lógica do entendimento pessoal. Em 1943 uma nossa empregada, mulatinha de olhos coriscantes e andar rebolado, voltou indignada do Mercado Público por um soldado norte-americano ter-lhe dirigido um sinal *muito feio*. Havia-se queixado ao Guarda Municipal. O americano mostrara-lhe, sorrindo, as extremidades do polegar e do indicador unidas em anel. Para ele era uma comunicação prazerosa do *o. k. all correct,* exprimindo admiração. Para todos os olhos brasileiros o gesto ostentava revoltante obscenidade. Feito publicamente em sua intenção, a mulatinha revoltou-se, ofendida na intermitente pudicícia. Ambos confiavam na própria interpretação, consagrada pelo uso vulgar, talqualmente os personagens da disputa por acenos.

A PERCUSSÃO DA SURPRESA

A visão súbita do inesperado provoca uma reação exterior imediata. Gesto ou interjeição. Um dos gestos mais instintivos e populares na decepção ou júbilo imprevistos, é bater as palmas. Presença do amigo julgado em paragem longínqua, notícia do ilogismo desagradável, inopinada, parecem atrair o apelo milenar ao auxílio divino pelo breve estrépito percutório. Ainda Pátroclo insepulto, Aquiles ouve-lhe em sonho a voz reclamando os funerais. Não se deixa abraçar, dissipando-se como uma sombra. Aquiles desperta, angustiado, *palma com palma, atônito batendo!* na versão de Manuel Odorico Mendes.[1] A princesa Gudrun *frappe les mains l'une contre l'autre* em violenta surpresa mas jamais aplaudindo.[2]

---

1. *Ilíada*, XXIII, 102.
2. Laveleye, *La Saga des Nibelungen dans les Eddas et dans le Nord Scandinave*, Paris, 1866.

SAUDAR PALÁCIO

O Professor Panqueca (Joaquim Lourival Soares da Câmara, 1849-1926) sabia evocar como ninguém os usos e costumes do Brasil Velho. Dizia-me que os indivíduos de grandes cortesias espalhafatosas, descobrindo-se de arranco e fazendo o chapéu descrever um semicírculo no ar, eram apelidados *Salva Palácio* ou *Salva Paço,* e ainda *Espanador* ou *Caiador,* reminiscências da obrigação protocolar, aposentada e esquecida pelo desuso. A mais espetacular era a saudação à sentinela, notadamente a que estivesse à porta principal do Palácio do Governo, vestígio do dever de saudar a Casa onde vivia o Delegado d'El-Rei, depois justificado como uma vênia ao soldado de vigilância, para não lembrar a servidão de cumprimentar um edifício! O aceno respeitoso dirigido à Casa do Rei viera da Espanha e Portugal, e os Vice-Reis no Rio de Janeiro fiscalizavam sua exata execução. Dois governadores do Maranhão, o famoso "Cabrinha" (D. Francisco de Melo Manuel da Câmara, 1806-1809), e D. José Tomás de Menezes (1809-1811), foram exemplos de petulante exagero humilhador. O Rio Grande do Norte lembra o Governador Lopo Joaquim de Almeida Henriques (1802-1806), tão insolente e pedante que o enxotaram a toque-de-caixa para fora da cidade do Natal. Ninguém atravessava de cabeça coberta a praça onde se erguia o convencional Palácio. Quando desapareceu o costume, a vênia coube às Casas Grandes dos Engenhos, diante das quais todos se descobriam.[1] Os estrangeiros recalcitravam. Já no período regencial do Príncipe D. João os ingleses recusaram submeter-se a *this dreadful mark of submission to military power,* como escrevia o contemporâneo Henry Koster. Foram os britânicos gentilmente dispensados e a barretada passou de Moda ao iniciar-se o Império, embora muita gente continuasse, por devoção ou velocidade adquirida, a saudar a sentinela que nem sorria à homenagem. A origem fora oriental e reservada ao conjunto residencial do Soberano, dando título ao Rei, como ocorrera no Japão, *Mi-kado,* e Egito, *Faraó,* significando Grande, Excelsa, Alta Porta. Até 1918 o governo da Turquia denominava-se "Sublime Porta", *Bab'i-houmayoun.* Referia-se ao monumental ingresso ao salão das audiências. Os Faraós egípcios tiveram a vaidade de mandar construir minaretes, os

---

1. *Sociologia do Açúcar,* IAA, 1971.

Ghoryan, diante dos quais haveria saudação sob pena de morte. Os mouros devem ter levado a etiqueta para Espanha. "Pelos Santos se beijam os altares!" Não seria crível que se passasse pela frente de uma Igreja sem saudá-la. A função que o gesto expressava vai sendo substituída sem modificação mímica. A luva é a mesma em mão diferente. Ao inverso do axioma escolástico do século XV, a Forma independente da Substância imutável. No *Vida y Lechos de Estebanillo Gonzáres, hombre di buen humor* (Amberes, 1646), alude-se a quem vá *haciendo reverencias a las puertas y cortesias a las ventanas*.

NO DEDO

Diz-se dos astutos indolentes cuja inércia sorridente e servil levam-nos aos altos postos burocráticos sem credenciais de esforço e possibilidade de realização. Passam docilmente de dedo em dedo na marcha ascensional da preguiça concordante e proveitosa. Referindo-se às sucessivas promoções obtidas pelo misterioso mérito, explicam dobrando o indicador, gesto de pedir o pé aos psitáceas, aproveitadores da escravidão deleitosa. Ver *Um Gesto Brasileiro*. As extremidades em garra permitem o movimento preensor em qualquer saliência projetada. Quem vive *no dedo* exerce a profissão rastejante dos parasitas sugadores. Sob esse aspecto interpretei gesto e locução. Advirto-me a dedução seria natural nas regiões tropicais onde é possível a existência dessa avifauna e não na Europa onde circulam as frases *At finger, avoir sur les doigts,* no mesmo sentido de servidão abúlica e regalada, sem que a imagem houvesse origem ornitológica. Creio ocorrer então, no plano da sujeição integral, a herança das Fúrias, Eumênides, Nêmesis, Deusas da Punição implacável. A criatura apontada pelo dedo sagrado ficava *in digitu, indigitado* criminoso, sem personalidade civil, entregue aos interesses da Justiça, sem vontade própria, "à disposição da Lei". Ver *Ameaçando*.

BULU-BULU

Momice para entreter crianças, passando a polpa dos dedos sobre seus lábios, num leve atrito de cima para baixo, enquanto dizem *Bulu-bulu, bulu-bulu,* onomatopaicos, distraindo a curiosidade pueril. Figura dos que se contentam com futilidades. Qualquer "Bulu-bulu" engana os néscios. A gravidade dos etnógrafos tem desviado atenção e pesquisa sobre esses processos instintivos, surgidos no ambiente doméstico, dispersando a zanga efêmera dos pequerruchos. Dizem também *Bubu-bubu.* Variante do *Baboit* em França. *Panurge luy feist la babou, en signe de dérision.*[1] Jacques Boulenger, anotando, informa: *En Anjou, faire babu, c'est faire claquer à l'aide du doigt la lèvre inférieure contre la supérieure, ce qui produit le son babu. La babu est un des jeux de Gargantua.* Não alude ao emprego infantil, sugerindo antes um gesto adulto de desprezo, zombaria, pouco-caso. Outro nome do *Bulu-bulu* é *Biro-biro.* Não recordo como denominam em Portugal.

QUEIXO LEVANTADO

Bruscamente é interrogação. Parece inquirir o rumo do acontecimento porque o Povo indica orientação com o movimento do vértice do mento, talqualmente praticam os mouros da Argélia e Marrocos. Muito notado quando a tropa militar cumpre o *Olhar à direita* sugerindo a ponta do queixo ser o ponteiro de guia. Ademane de orgulho popular, sublimação dos mestiços pobres, equilibrando o complexo de inferioridade, muito natural estímulo e reforço evitador do sentimento de subalternidade pessoal em ambiente socialmente superior. "Queixo levantado" é atitude insubmissa e libertadora, procurando desfazer o nível diferencial, utilizando o erguimento da mandíbula. De fácil constatação nos programas de TV, concorridos pela gente com mais melanina e menos pecúnia. "Andar de queixo trepado / Fazendo Bicho Doutor!", cantava Fabião das Queimadas.

---

1. Rabelais, *Le Quarte Livre,* LVI.

Índice visual de auto-importância. Impregnação de energia suficiente no plano da intenção valorizante. Desdobramento inconsciente da estatura normal e verídica. Publicidade muda. Em maio de 1945, depois de assinar a rendição do Exército Alemão, o "Marechal Keitel levantou-se novamente, num movimento rápido, fez uma saudação com o bastão e dirigiu-se para a saída da sala, com o queixo bem erguido".[1] Queixo dos nossos Presidentes Epitácio Pessoa e Washington Luís. De Woodrow Wilson, Clemenceau, Winston Churchill. A explicação psicológica é a mesma dos sapatos altos de Luís XIV, barba do Imperador Adriano, saia-balão da Imperatriz Eugênia, gargantilhas de pérolas da rainha Margarida. Gesto banal nas nédias matronas e solteironas feias entrando em salão de baile. Disfarce dos prejuízos. Compensação inconsciente.

Levado pelo pescoço

Muito popular o gesto de fingir-se arrastado pelo pescoço, simulando tração irresistível e violenta. Amarrados pela garganta os prisioneiros eram conduzidos ao seu destino. Sugestivo é o grande baixo-relevo gravado numa montanha de Behistum, no Kurdistão, documentando a vitória do Rei Dario (521-485 a.C.) sobre os nove Soberanos rebeldes, jungidos à mesma corda humilhadora, no processo normal de segurança no comportamento dos vencidos, viajando em fila entre os locais de concentração. Os Romanos preferiam a manietação, tornada vulgar pela Ásia. A "corda no pescoço" não será referência ao enforcamento mas à condição constrangedora e brutal dos indefesos. O gesto contemporâneo atualiza a imagem milenar.

Mão na cintura

A mímica apoiada na cintura colabora vivamente no processo da comunicação inverbal. Os homens abraçam pela espádua e as mulheres

---

1. John Toland, *The Last 100 Days,* 1965.

pela cinta. A mão no cinto é airosa, leve, grácil. As duas, no nível dos quadris, sob o modelo do açucareiro, evocam a figura da Varina "alfacinha", vendedora de peixes em Lisboa, de plástica harmoniosa e linguagem virulenta e acre, feita de brasas e cacos de vidro. "Mãos nos quartos" significam indolência, lazer, lentidão, e também violência verbal, disputadora, escatológica. É a posição clássica da mulher desaforada, agressiva, malcriada. "Boca-suja." "Rapariga de soldado na porta do mercado." Mão na cintura é confiança, intimidade, convivência familiar. Os jovens namorados exibem-se enlaçados. O rapaz invariavelmente segura a "inocente" pelo ombro, e a "menina" agarra o seu homem pelo meio do corpo. "Pegar pela cintura" é posse sexual. Como comparação de esbelteza, o sertanejo não diz "cintura de vespa" mas "cintura de pilão". O excesso adiposo é a "sem-cintura". Antiga saudação feminina, abraço sintético, era "passar a mão na cintura". Cintura de mulher não bota a mão quem quer. Ver *Mãos nas Ancas*.

EM PÉ!

Impressionante o movimento instintivo de uma assembléia de milhares e milhares de assistentes ficar de pé, uma multidão tomando a atitude vertical ao iniciar-se a cerimônia. É a posição de respeito, expectativa, disciplina. No Espaço e no Tempo históricos não se compreende alguém permanecendo sentado à vista do Superior. É uma atitude que se tornou maquinal pela antigüidade do costume universal ininterrupto. Todas as Revoluções sociais têm-na reforçado, indispensável, característica, fundamental nas relações hierárquicas. Vinte e dois séculos antes de Cristo já constituía norma reverente mesmo no convívio doméstico. Raquel furtara os ídolos do Pai Labão, quando o esposo Jacó abandonara o serviço do sogro. Perseguindo este ao genro, pesquisava-lhe o acampamento. Raquel sentou-se sobre a albarda do camelo, onde escondera os ídolos paternos. Labão entreabrindo as cortinas da tenda avistou a filha, imóvel. A desculpa de Raquel é um dos mais antigos documentos na espécie. "Não se agaste o meu Senhor, se eu me não posso levantar na tua presença, porque presentemente me acho com a indisposição que costuma vir às mulheres."[1] Se era obrigação ante o Pai, não seria menor ante Deus. "Foi, pois, Moisés e referiu ao Povo as palavras do Senhor, e, juntando setenta homens dos anciões de Israel, fê-lo estar de pé junto ao Tabernáculo".[2] Depois de recebida a missão divina, quando Moisés atravessava o acampamento "todo o Povo se levantava e cada um ficou em pé à porta da sua tenda".[3] Saudação ao Velho anterior à piedosa etiqueta de Sparta: "Levanta-te diante de uma cabeça encanecida!".[4] No momento dos cânticos organizados pelo Rei Davi, ante os cantores os sacerdotes tocavam as trombetas "e todo Israel estava de pé".[5] Quando o pérfido Aod diz ao Rei Eglon de Moab que lhe traz uma palavra de Deus, "o Rei levantou-se logo do trono".[6] Esdras tomou o Livro da Lei "e logo que o abriu, todo o Povo se pôs em pé".[7] Prefiro a documentação do Antigo Testamento porque resume a mentalidade oriental antes de Roma nascer (21-4-754) e a cultura pré-helênica e helênica derramar-se pelas ilhas do Mediterrâneo e Egeu. Não se evidenciará Difusão ou Paralelismo culturais mas o império lógico de conceitos primários, ocorrendo desde que o clima funcional provocasse o natural aparecimento. Os Homens de pé facilmente tomariam movimento ao gesto ou voz de comando, e seria a verificação dos apetrechos de caça ou guerra de mais simples constatação. Será a inicial atitude de Respeito quando surja uma Autoridade para a percepção humana.

NA PORTA DA RUA

Esses desocupados, de pé ou sentados à porta das lojas, alguns de inspiração animada pelo álcool, constituem um coro de maldizentes, inventadores ou rancorosos, demolindo os que deixaram de mandar. Pertencem a uma galeria universal e local, popular e comum em recanto

---

1. *Gênesis*, 31, 35.
2. *Números*, 11, 24.
3. *Êxodo*, 33, 8.
4. *Levítico*, 19, 32.
5. *Segundo Livro dos Paralipômenos*, 7, 6.
6. *Juízes*, 3, 20.
7. *Segundo Livro de Esdras*, 8, 5.

de qualquer contemporaneidade. Os vestígios são visíveis nos poetas de Atenas e Roma. O Salmo 68, v-12, será do tempo do Rei Ezequias, de Jerusalém, 717-689 antes de Cristo. O padre João Ferreira de Almeida assim traduziu, ampliando o latim: "Aqueles que se assentam à porta falam contra mim; sou a canção dos bebedores de bebida forte." Desta forma passava ao português o *et in me psallebant qui bibebant vinum*. Mais nítida é a do padre oratoriano Antonio Pereira de Figueiredo, que Menéndez Pelayo dizia ser *la mejor que tienen los portugueses*. "Murmuram contra mim os que se assentam à porta. E escarnecem-me os que bebem vinho." O sacerdote fora canonista do Marquês de Pombal. Falecendo muito depois do deposto e exilado Ministro, estaria profetizando ao traduzir o versículo 12 do Salmo 68, na Bíblia publicada em 1797, ano em que morrera. O seu "escarnecer" incluiria o versinho pérfido. As figuras, gesticulantes e difamadoras, vivem ainda.

DEDOS EM CRUZ

Os indicadores cruzados afugentam espectros e demônios, em sua direção. Divulgou-se no Brasil caboclo com a catequese missionária. Materializava em duração o "Sinal-da-Cruz", valendo proteção individual mas sendo inoperante para a dispersão dos fantasmas que apenas estariam inibidos da ofensiva temerosa. O "Sinal-da-Cruz", entretanto, goza de tradição prestigiosa. No Piauí o "Curador de Cobra" poderia evitar a morte do enfermo, morando longe, fazendo o "Santo Sinal" no rumo residencial do consulente, informa Francisco de Assis Iglesias. Os velhos pregadores capuchinhos amavam repetir o gesto cruciforme quando das narrativas apavorantes e doutrinais. Os dedos em cruz possuem ação agressiva, antidiabólica, quando apontados contra o inimigo sobrenatural como uma arma irresistível. Entre os catecúmenos indígenas não teve projeção e sim na descendência mestiça. Com os antecedentes de instrumento de suplício oprobrioso, a Cruz não se divulgou como símbolo religioso senão transcorrendo o século IV. O Crucifixo é do século X. Entre gregos cismáticos, coptos, ortodoxos, etíopes, os "Dedos em Cruz" não se popularizaram como na Europa latina e Américas, castelhana e portuguesa. Nos sertões brasileiros mereceram confiança integral. Os próprios ofídios detinham a marcha vendo os "Dedos em Cruz". Era de rigor mostrar-se a Cruz digital simultaneamente ao dizer em voz alta: *Cruz! Cruz! Cruz!* pregão de exorcismo, valorizado pela energia da Fé. A Cruz com os polegares constitui juramento íntimo, decisão pessoal. Rabelais registou-a.[1] O médio sobre o indicador é um exorcismo silencioso.

LAVA-PÉS

Significava a adulação interesseira e cínica, e o Bajulador profissional, cujo caminho é feito em cima da própria língua. Na sábia fumegação lubrificante do incenso verbal, guia-se entre a multidão concorrente. Outrora quase todos os Governadores de Estado e o Presidente da República costumavam receber os amigos ao anoitecer, durante a ocorrência do despacho administrativo. Apelidavam essas reuniões *Lava-pés de palácio*, conquista de êxitos pela lisonja oportuna e blandiciosa, tão constante quanto falsa. O *Lambedor* é irresistível. Em inglês *to like* é lamber e vencer. O *Lava-pés* fora cerimônia inicial da hospitalidade, acolhida, boas-vindas, indispensável por todo Oriente. Abrão e Lot lavaram os pés dos hóspedes, que eram Anjos, e os irmãos de José tiveram esse agrado no Egito.[2] Jesus Cristo praticara semelhantemente com os Discípulos.[3] Em Roma, o *Pedilúvio* fora o primeiro dever prestado ao estrangeiro. Tornou-se tradição nos Povos neolatinos. O naturalista Sainte-Hilaire, visitando demoradamente o Brasil meridional e central (1816-1822), regista a insistência do costume, às vezes praticado pelo próprio dono da casa ao viajante desconhecido. Esse uso, desaparecido e lembrado na locução pejorativa, constituía também um Rito de Passagem infantil. Lavar os pés antes de dormir! De "pés lavados" as crianças não podiam continuar a brincar. Terminara o dia! Água do pedilúvio era morna, *calida aqua,* tépida, agradável como a linguagem louvaminheira e hábil, começando a ser útil pelas extremidades inferiores.

---

1. *Le Quart Livre,* III.
2. *Gênesis,* 18,4; 19,2; 43, 24.
3. *João,* 13, 4-12.

JURO!

Instintivamente, o braço se estende, dedos da mão unidos, como se fosse tocar as folhas da Bíblia. É um ato ostensivo de promessa ante Deus pela fidelidade da conduta pessoal, exatamente nos limites do compromisso. O efeito jurídico é do liame contratual com a própria Dignidade da Justiça. A omissão constitui crime. Sabemos o Juramento compromisso legal antes da posse de uma função pública, seja qual for sua importância e o Juramento militar, ante o Pavilhão Nacional, com o braço na horizontal, incorporando-se às Forças Armadas. Etiqueta infalível em todos os recantos da contemporaneidade. Na Grécia e Roma o juramento, *Sacramentum,* participava do formalismo forense e militar. Jurava-se pelos Deuses, pela Boa Fé. No Império, pelo nome sagrado do Imperador, imprecando-se castigo em caso de violação perjuratória. O braço ficava na diagonal, dirigido aos Altares. E assim atravessou vulgaridade indispensável, com os vários juramentos a Deus, ao Rei e ao Senhor feudal. O braço sugeria uma espada apontada em saudação ao vulto da Autoridade, como os romanos e gregos às insígnias da Legião e da Corte. Mesmo ritual para os Povos germânicos, jurando ante a tenda do Rei, orlada de atributos religiosos. Com a oficialização do Cristianismo, os Evangelhos constituíram o objeto material do pacto moral, pondo-se a destra no livro aberto. A mais remota posição foi o braço direito na diagonal. Atitude invocatória aos Deuses, implorando proteção, suplicando-lhes auxílios defensivos em troca da *Dedicatio* individual. "O campo está eriçado de mãos direitas!" exclama Danaus nas *Suplicantes,* a mais antiga das tragédias de Ésquilo, 475 anos antes de Cristo.

REFORÇO CORDIAL

Na zona percorrida da Bahia, Pernambuco e Piauí, existe curioso modo de saudação entre os recém-chegados; apertam as mãos e em seguida pousam uma das mãos sobre o ombro do amigo, enquanto fazem perguntas de estilo. É cumprimento obrigatório e provavelmente representa hábito de etiqueta usada em outras épocas.[1] Tocar no ombro é demonstração de igualdade, ombrear-se, notoriedade de confiança íntima. Ver *Símbolos no Ombro*. Parentesco social. *Ticar* no ombro ou conversar com a destra na espádua do interlocutor, além do aperto de mão, atestam amizade pública ou extrema cordialidade.

PUXAR OS CABELOS

É gesto universal de desespero, inconformidade delirante, desatino. Naturalmente não ocorre nos Povos usando coberturas na cabeça, turbantes ou panos amarrados. No Antigo Testamento significava protesto moral contra as iniqüidades, injustiças, sacrilégios. "E quando ouvi estas palavras rasguei a minha capa e a minha túnica, e arranquei os cabelos da minha cabeça e da minha barba".[2] Esdras indignava-se porque o Povo de Israel tomara por esposas mulheres estrangeiras. O protesto tradicional era romper a roupa exterior, mesmo não determinando efeito doloroso, demonstrava a reação ortodoxa, como fizeram inicialmente Josué e Caleb.[3] Arrancar os cabelos seria tradução mais profunda, incluindo sofrimento físico e eliminação pilosa, símbolos de potência e força pessoal, da própria dignidade hierárquica, quando referente às barbas. A significação decorrente do culto desapareceu há muitos séculos. Resta arrancar os cabelos como expressão desesperada ante uma situação pessoal, insuportável, aflitiva, enlouquecedora. A provocação dolorosa atenuaria a intensidade nervosa pela diversidade da sensação. Funcionaria como revulsivo, derivatório, antipasis. A extenuação física pelo cansaço, as caminhadas intermináveis dos aflitos, constituem sedativo adormecedor da opressão íntima. Os gregos puxando os cabelos ante o cadáver de Aquiles.[4] Índice notório da impaciência no Imperador Carlos Magno era puxar os cabelos da barba,

---

1. *Viagem Científica pelo Norte da Bahia, Sudoeste de Pernambuco, Sul do Piauí e de Norte a Sul de Goiás,* Drs. Arthur Neiva e Belisário Penna, Memórias do Instituto Oswaldo Cruz, tomo VIII, fascículo III, Rio de Janeiro, Manguinhos, 1916.
2. *Primeiro Livro de Esdras,* 9, 3.
3. *Números,* 14, 6.
4. *Odisséia,* XXXIV, 48.

informa *La Chanson de Roland,* escrita no ano de 818. As mulheres dos Kauravas e Pandavas mortos na batalha de Kuruksetra desgrenhavam os cabelos para mostrar a dor acerba que as pungia.[1] Equivalia ao Arrepelão, Depenar, o puxar repetidamente os cabelos, pranteando defuntos, e que uma postura da Câmara de Lisboa proibiu em 1385.

PÉ NO PESCOÇO

Bate-se na nuca e afirma-se – "Aqui não se bota o pé!". Independência ou Morte! Em centenas e centenas de desenhos expostos no Museu Britânico, em Londres, é de fatal encontro um Faraó, Rei Assírio ou Caldeu, pondo o pé no pescoço vencido e rasteiro de um ex-guerreiro inimigo. *Rex Assirae inimicum devictum calcat.* Ato típico de submissão abjeta, reduzindo a criatura humana nos valores produtivos de um corpo sem direitos. O Rei David (110-963 a.C.) cantara no Salmo 18, versículo 40: "Deste-me também o pescoço dos meus inimigos!". Não os destinava a espada mas aguardava a promessa do Senhor: – "Até que ponha teus inimigos por escabelo dos teus pés!".[2] Como realmente ocorreu. "O Senhor os pôs debaixo das plantas dos pés",[3] informava o filho Salomão ao Rei de Tiro. Descansar as extremidades inferiores sobre o adversário subjugado constituía a suprema ambição dos Soberanos asiáticos. O banquinho podálico era objeto de adoração: "Prostrai-vos diante do escabelo de seus pés!".[4] Sapor, Rei da Pérsia, montava seu cavalo no ano 258 depois de Cristo pisando o dorso humilde de Valeriano, que fora Imperador em Roma. Os mais temerosos da Morte ou mais ávidos da Vida punham no próprio pescoço o pé do Rei, proclamando-se escravos sem vontade. O ato parece-me ter desaparecido mas a imagem cruel resiste na alusão do gesto que o perpetua.

---

1. *Mahabharata,* IX.
2. *Salmo* 110, v. 11.
3. I *Reis,* 5, 3.
4. *Salmo* 99, v. 5.

PASSAR POR BAIXO DA MESA

Esqueceu o horário da comida. Perdeu o mastigo. Esfriou a gororoba. Errou o pirão. Derramou a farinha. Escapuliu o fungi. O braço faz o movimento de mergulho oblíquo e profundo mas sem alcançar a horizontalidade. Gesto europeu porque ameríndios e africanos não utilizavam a mesa para refeições.

PEDIR E EVITAR

Braços estendidos, palmas das mãos voltadas para fora, em vertical, valiam fórmula clássica de súplica no antigo Egito. Não vi o original mas me reporto e dou fé ao desenho divulgado pelo abade Vigouroux na sua *Bible Polyglotte*, sob o título: *Aegyptii regem adorantes*. O grupo reverente, de pé, ajoelhado, curvado, cabeças ao rés do solo, mostra o côncavo das mãos exibidas como se esperassem incenso. São os impetrantes à divina generosidade do Faraó, filho dos Deuses, Deus pessoal. O gesto, inalterado, possui interpretação contemporânea bem diversa. Pertence, mesmo no plano universal, ao complexo mímico da evitação, parança, afastamento. Para que implorem é indispensável que as mãos estejam com as palmas na horizontal e não na perpendicular.

MÃO NAS ANCAS

Os desenhistas do século XIX popularizaram essa posição vulgar na Europa, saxônica e neolatina, de mãos nas ilhargas, desafiadoras e atrevidas, do vadio valentão, inútil e falastrão, *les poings sur les hanches,* provocando brigas e duelos de palavrões. No mundo rural é atitude bonachona de conversa inconfidencial nas intimidades públicas. É a técnica favorita das antigas Varinas de Lisboa, *arreando o gigo* no desabafo diluvial. Do ornamental mendigo espanhol em sua altiva miséria de *hidalgo sin plata*. Era o modelo originário do fanfarrão faminto nas comédias de Menandro,

Terêncio e Plauto. No Brasil, a figura típica será o antigo Capoeira, gigante, derramando insolências, veterano de proezas imaginárias, como o Leôntico de Luciano de Samosata.[1] Dos petulantes "Mignons" de Henrique III. Quando cruzar os braços sobre o peito, meneando a cabeça, é prenúncio de ação imediata e contundente, as mãos nas ancas é a derradeira forma entre a estática da vociferação e a dinâmica preliadora. A exposição verbal dos rancores pessoais integra-se, num sugestivo reforço plástico "mão nos quartos", de comunicante decisão belicosa. Por ambivalência, "mão na cinta", praticamente idêntica, é posição graciosa, elegante, jovial, denunciando mocidade, alegria. A distinção está no arranjo dos dedos. "Mãos na anca", posam as mãos fechadas, próprias ao deferimento dos murros. "Mão na cinta", recebe-a de dedos abertos, como pétalas de flor. Ver *Mão na Cintura*.

CUSPIR NA CARA

Maior injúria, humilhação aviltante. O rosto é a parte sagrada do homem, repetindo as divinas feições. Na Espanha, as *Partidas*,[2] aboliram as penas deformantes da fisionomia porque *la cara del home fizo Deus à su semejança*. Jesus Cristo sofreu esse opróbrio.[3] Em Roma constava das *oPenae Navales*. O marinheiro criminoso sofria o castigo de *lui faire cracher au visage par toute la troupe*.[4] Quevedo[5] informa ser *trote* entre os estudantes, em Alcalá de Henares, escarrarem sobre o *novato* recém-vindo. Alude-se ao ato com o gesto inconfundível.

BATER NO ROSTO

Humilhação, opróbrio, degradação ao nível da escravaria abjeta. Não existe maior aviltamento humano em submissão e inércia. Os escravos fer-

---

1. *Diálogos das Cortesãs,* XIII.
2. Ley 6, Tit. 31, Partida 7.
3. *Mateus,* 27-30; *Marcos,* 14-65.
4. Samuel Pitiscus, Paris, 1766.
5. *El Buscon,* V.

rados nas faces pertenciam à baixa classificação entre os cativos degredados, reduzidos às condições de animais. Mão na cara ou pé na cara constituíam agressões inomináveis de injúria e violência. Na Espanha, as *Partidas*[1] aboliram as penalidades deformantes da fisionomia atendendo que *la cara del home fijó Deus à su semejança*. Compreende-se Júlio César na manhã da batalha de Farsália mandando ferir no rosto os elegantes partidários de Pompeu – *Miles, faciem feri!* para inutilizar-lhes o garbo, imprimindo o estigma indelével da derrota. A bofetada do Conde Gomes em D. Diogo (I, IV) inspira a Corneille (1636) toda a intensidade trágica do *Le Cid*. "A cara é sagrada!", diz o Povo. Numa das redações da *Imperatriz Porcina* (séc. XIII), conservada em latim na Biblioteca Nacional de Paris (lat. 14463), o Imperador de Roma proclama seu arrependimento e contrição: "O Imperador no meio de sentido choro e batendo no próprio rosto e peito com os punhos expressou toda a sua infelicidade".[2] "Bofetada, mão cortada!" Bater no rosto conserva-se na mentalidade popular como um gesto de rebaixamento moral bem mais traduzindo afronta aos brios do Homem que sofrimento físico. Esbofetear-se seria a grande penitência, notadamente entre gente fidalga. Para o Povo, a impressão é a mesma por todas as regiões do Mundo. O rosto é a dignidade do indivíduo.

UM GESTO BRASILEIRO

Os Psitacídios, de toda avifauna brasileira, foram os grandes colaboradores do linguajar corrente e vulgar, também compreendendo vegetais, peixes, enfermidades. Os vocábulos nascidos do Papagaio são numerosos. Há mesmo uma exclamação de surpresa, *Papagaio!* verdadeira consagração etimológica porque nenhuma outra espécie denominou um desabafo. Deu nome no século XVI ao país: *Insula papagalorum!* Foi a ave mais desenhada, citada, exportada (constara do carregamento da Nau Bretoa em Cabo Frio, 1511), caracterizando a região do Pau-Brasil. Determinou um ciclo anedótico, vencendo pela contemporaneidade aos macacos, jabutis e coelhos astutos. Poderia ter sido plasticamente industrializado como o Pato Donald, mas a Preguiça interferiu na expansão artística. Um gesto

---

1. Lei 6, título 31, Partida 7.
2. *Cinco Livro do Povo*, 1953.

nacional é raríssimo, sabendo-se a universalidade e velhice deles. O Papagaio falador é o doméstico. O bravio emite apenas um grasnado desagradável e rouco. O convívio humano é responsável pela verborréia papagaia. Sua eloqüência é a imitação deturpadora e cínica. A mentalidade papagaial repete sem criar. Ganha fama e proveito, multiplicando a sugestão alheia. O gesto, *made in Brazil,* é dobrar o indicador em anzol, dirigindo-o ao palavroso plagiador, "pedindo o pé", destinando-o à gaiola onde há poleiro e quenga, repouso e manutenção, garantindo a continuidade funcional do sabidinho.

UM GUIA DE GOIÁS

Agosto de 1912. "Nessa viagem de Duro a Porto Nacional acompanhava a tropa um guia, velho sertanejo contratado em S. José do Duro. Para encurtar caminho, a certa altura do percurso, foi galgada uma serra, nunca trafegada, e aí chegada a tropa, verificou-se uma *errada*. O velho guia ficou vexado, dizendo que isso nunca lhe acontecera. Irritado com os comentários dos cavaleiros e camaradas, voltou-se para todos e gritou imperiosamente: *Cala a boca, deixa eu matutar.* Baixou a cabeça, concentrou-se por alguns minutos, e quando a levantou de novo, olhou em torno e categoricamente, sem hesitação, estendeu o braço numa certa direção e disse: *Podemos seguir, o rumo é este!* e era mesmo."[1]

ATUALIDADES DE TEOFRASTO

Teofrasto é do Século IV (372-287 a.C.). Faz-me companhia o seu *Caractères* na versão de La Bruyère, 1688. Escreveu meio milhar de volumes. Diógenes Laércio cita 462, os essenciais, ainda por ele vistos na

---

1. *Viagem Científica pelo Norte da Bahia, Sudoeste de Pernambuco, Sul do Piauí e de Norte a Sul de Goiás,* pelos Drs. Arthur Neiva e Belisário Penna. Memórias do Instituto Oswaldo Cruz. Tomo VIII, Fascículo III. Ano 1916. Rio de Janeiro. Manguinhos.

primeira metade da terceira centúria na Era Cristã. 230.808 versos. Restam fragmentos de três estudos. O sucessor e divulgador de Aristóteles no Liceu faleceu além de centenário e sem nenhuma vontade de morrer, justamente quando começava a aprender a ser sábio. Não havia então sábio de nascença ou nomeação. Os temperamentos humanos foram motivos de atenção preferencial. As 28 mentalidades fixadas até o ano 314 antes de Cristo são nossas contemporâneas. Não apenas o genérico psicológico, que é imutável, mas determinados aspectos íntimos, que pensava peculiaridades do meu tempo, constituíam expressões cotidianas na vida coletiva de Atenas. Numerei os *Caractères* e mantive o francês de La Bruyère, fiel ao raro critério de *Les plus grandes choses n'ont besoin que d'être dites simplement*. A gesticulação decorrente não diferia da Era Eletrônica. Um "facadista" abraça Emílio de Menezes (1866-1918), ajeita-lhe a gravata, sacode o pó, retira um fiapo na gola do paletó, e pede vinte mil réis emprestado. – "Bote o fiapo onde estava!", responde o poeta. Havia em Atenas a semelhança funcional: *Il affecte d'apercevois le moindre duvet qui se sera attaché à votre habit, de le prendre, et de le souffler à terre* (II). Fingir conter dificilmente o acesso de riso pela frase de banal humorismo de amigo poderoso: *Et quoiqu'il n'ait nulle envie de rire, il port à sa bouche l'un des bouts de son manteau, comme s'il ne pouvoit se contenir et qu'il voulût s'empêcher d'éclater* (II). O irreversível tenor de banheiro? *Ce sont ces mêmes personnes que l'on entend chanter dans le bain!* (IV) E a pergunta tão carioca e fatal. "Que há de novo?", já caracterizando um personagem da comédia *Verso e Reverso*, de José de Alencar em 1857, motivando as ironias de Machado de Assis em 1893? Reaparece na *Pantagrueline Prognastication* (1533), de Rabelais. Lá está a réplica ateniense, tal e qual: *Que nous direz-vous de bon? N'y a-t-il rien de nouveau?* (VIII). Era atividade normal em Atenas. "Pois todos os atenienses e estrangeiros residentes, de nenhuma outra coisa se ocupavam, senão de dizer e ouvir alguma novidade", registava-se três séculos depois.[1] O dorminhoco durante a representação, acordando ao ruído final do espetáculo, tem seu sósia: *Il endort à une espectacle, et ne se réveille que longtemps après qu'il est fini* (XIV). O palavrão inevitável depois do imprevisto tropeção? *Il ne lui arrive jamais de se huerter à une pierre qu'il rencontre en son chemin, sans lui donner de grandes malédictions*. Vivem as imitações tropicais. Maus sonhos, angustiosos, opressivos pela visão dos Mortos obrigam as confidências e tentativas interpretativas, incluindo Psicanálise. Os sonhos serão

---

1. *Atos dos Apóstolos*, 17, 21.

mensagens sobrenaturais, merecendo entendimento. *Lorsqu'il lui arrive d'avoir, pendant son sommeil, quelque vision, il va trouver les intérpretes des songes* (XVI). É milenar a má educação de escarrar, assoar-se, falar com a boca cheia, entre comensais. *Ce n'est pas tout: il crache ou se mouche en mangeant, il parle la bouche pleine* (XIX). Ou teimar em assuntos repugnantes durante a refeição. *Choisit le temps du repas pour dire qu'ayant pris médecine depuis deux jours, il est allé par haut et par bas, et qu'une bile noir et recuit étoit mêlée dans ses déjections* (XX). O barbeiro de Aracati, convidado a participar da Marujada pelo Natal, fardou-se de Almirante logo pela manhã e passou o dia em grande gala, sem atender os fregueses. Teofrasto conhece um figurante de cavalgata pomposa que *ne garde qu'un riche robe dont il est habillé, et qu'il traîne le reste du jour dans la place publique* (XXI). Ao sórdido avarento grego *il n'est permis à personne de cueiller une figue ou quelquer olives qui seront tombées de l'arbre* (X), bem recordará a réplica brasileira do usuário vil, negando dar uma barata morta por destiná-la ao almoço de um canário. *Il sait éviter dans la place la rencontre d'un ami pauvre qui pourroit lui demander quelque secours* (XXII), afastando a oportunidade melancólica de auxiliar quem teria sido obsequioso conviva. *O parler haut, et ne pouvoir se réduire à un ton de voix moderé* (IV), é vulto comum de rusticidade ou petulância insolente. Aquele que vemos *offrir à servir de guide dans un chemin détourné qu'il ne connaît pas, et dont il ne peut ensuite trouver l'issue* (XIII) é usual na falsa prestimosidade interesseira. O maldizente insaciável dos pecados alheios, excluindo os circunstantes, integra-se no saboroso pormenor: *Si alors quel'un de ceux qui l'écoutent se lève et se retire, il parle de lui presque dans les mêmes termes* (XXVIII). Os personagens de Teofrasto já eram velhos há vinte e três séculos...

BEIJAR A PRÓPRIA MÃO

Lembro-me das velhas devotas estendendo o braço, pedindo bênção aos Santos do altar. Depois beijavam a própria mão onde a Fé condensara os eflúvios benéficos emanados das imagens. A tradição nos veio de Portugal, obtendo dessa forma a proteção dos graves "Santinhos" nas severas Igrejas, notadamente nas populações entre Douro e Minho, compreendendo as Beiras, regiões ricas de patrimônio religioso e popular. De existência lógica na Madre-España, porque vi na Galícia. Fonte e reforço borbulham no Oriente Próximo, a moura África do Mediterrâneo. *Aux saints chrétiens ont succédé les saints musulmans,* observara René Basset. Da Tunísia a Marrocos, ainda em 1938, os mouros saudavam os túmulos dos venerados marabutos, a pequena cúpula branca das *quobbahs,* osculando o dorso da mão que os indicara. Já, em setembro de 1618, o doutor Melchior de Bragança, judeu marroquino, informara na cidade do Salvador esse processo como vulgar pela Berberia. Ruy da Câmara[1] descreve um duelo em Larache: "Bem surrados e bem cheios de sangue um e outro, o heraldo interpôs-se entre os combatentes. Estes deram a mão e cada um beijou a sua." Pequenina série diferencial: "O europeu mostra o seu respeito tirando o chapéu, beijando a mão alheia e passando por detrás. O Mouro tirando as babuxas ou chinelas, beijando a própria mão e passando por diante." Em maio de 1823, a escritora inglesa Maria Graham visitando os escravos expostos no mercado do Valongo, no Rio de Janeiro, recordava: "Fiz um esforço para lhes sorrir com alegria e beijei minha mão para eles".[2] O beijo das fiéis velhinhas no Bom Jesus das Dores na Ribeira, em Natal, os dos *sokhars,* condutores na Argélia, para o de Maria Graham e das "meninas" beijando a mão fitando os namorados, vai a distância entre uma reverência e uma saudação, desdobramento posterior. Em junho de 1968, o *garçon* do Bar Potengi beijou a mão, numa vênia, agradecendo gorjeta mais avantajada pelo São João.

AMARRANDO PEDRO

Dia de São Pedro é 29 de junho e uma tradição de facécia e cordialidade consiste em amarrar uma fitinha de seda no braço de quem tenha o nome do Santo do Dia. Também é o onomástico de São Paulo mas o Apóstolo dos Gentios não é muito lembrado. O Chaveiro do Céu é que está na memória popular embora sofresse morte no mesmo dia que Paulo de Tarso. O Pedro "amarrado" terá de "pagar prenda", dando um presente a quem o amarrou. A iniciativa cabe às jovens senhoras desembaraçadas e às candidatas ao título de esposas. Os "amarrados" serão Pedros solteiros

---

1. *Viagens em Marrocos,* 1879.
2. *Journal of a Voyage to Brazil,* 1824.

e também casados pecuniosos e de presença social. Recordo o farmacêutico Pedro Medeiros em Santa Cruz, RN, 1920, com o muque coberto de fitinhas jubilosas. É um sinal de sujeição, talvez tão velho como as mais antigas civilizações. Está solto e convencionalmente submisso, pela insígnia visível. Milhares de desenhos glorificam as vitórias egípcias, assírias, babilônicas, persas. Os vencidos que se libertam tornando-se tributários, os Príncipes dependentes, os Reis vassalos, recebidos pelo Soberano triunfador, todos ostentam, não correntes de ouro mas correias de couro, como braçadeiras, tendo extremidades pendentes na altura do deltóide. Não eram conduzidos presos pelos jarretes, cinturas ou pulsos, mas ligados acima do cotovelo até a zona muscular dos úmeros, os humilhados em filas pelo pescoço. Há vinte séculos antes da Era Cristã o atilho simbólico colocava-se exatamente no mesmo local da fitinha amável no braço do Pedro Contemporâneo, durante o aniversário de 29 de junho.

ATIRAR PARA TRÁS

Movimento de quem atira um objeto para trás das costas. Gesto mágico provocando esquecimento dos motivos desagradáveis por associação. Materializa as contrariedades, afastando-as de agir maleficamente, distanciando-as do "campo operatório". Todas as coisas jogadas para trás destinam-se a permanecer no Passado. Perdem o efeito no Presente. Dezenas de "simpatias" populares no Brasil terminam com este gesto. Atirava-se para trás a cabeça dos animais sacrificados aos Deuses.

BARBEIRO!

Na gíria automobilística "Barbeiro!" é o mau *chauffeur*, dirigindo o carro desastradamente. Fazendo *barbeiragem*. O gesto de barbear-se, feito na intenção de um motorista, é uma agressão feroz, proclamando a incompetência total. Provoca reação lógica. Na França vale apenas o *Je m'ennuie*. Os barbeiros de outrora sangravam, aplicavam sanguessugas e ventosas, afiavam espadas, extraíam dentes. "Quem lhe dói o dente vai à casa do barbeiro!" Eram legalmente autorizados ao exercício da Flebotomia. Ainda alcancei em Natal o velho barbeiro José Antônio Areias praticando sangria, então aconselhadas e regulares à volta de 1905-1910. Armando Nogueira China (1891-1969), médico, farmacêutico, filho de médico, de inesquecido convívio, dizia-me que a acepção insultuosa do epíteto nascera dos médicos novos, na primeira década do século XX, satirizando os velhos policlínicos patas-de-boi, fiéis às tradições arcaicas da Terapêutica. No seu tempo de estudante na Bahia referiam-se aos antigos doutores com ironia e desdém: "Aquilo é um Barbeiro!" Quando alguém informava ter consultado a um deles, fazia-se o gesto de passar a navalha no rosto. Parece-me, entretanto, que o centro irradiante fora o Rio de Janeiro e que o título faceto surgira quando popularizou-se a frase "Mão e Contramão". Não sabendo "aguentar a mão", vindo ao enviés, ao contrário da direção, sugeria-se a raspagem da barba às avessas da implantação dos pêlos, pelos barbeiros aprendizes, praticando na cara dos fregueses. A partir de 1900, informa Dauzat, divulgou-se o *chauffeur* no sentido contemporâneo. A mão do barbeiro daria a imagem sensível da indispensável competência. Ele e o *chauffeur* dependeriam da habilidade manual. Qualquer erro provocaria protesto notório. Não obtive explicação cabal, mas o gesto ficou, na aplicação zombeteira do falso profissional.

CABEÇA NO CORAÇÃO

Durante o abraço, pôr a cabeça na altura do coração do abraçado é um requinte de amizade e ternura. Momento de abandono carinhoso, de confiança infantil, de esperança numa força infalível e protetora. É pormenor de amplexo tranqüilizante e patrocinador. Abraço paternal, garantindo homizio e perdão futuros, prodigalizado pelo patriarcalismo dos velhos Chefes políticos de outrora. Não lhe deparei antigüidade comprovada mas o sei usual e comum no século XVII, mesmo no Versailles de Luís XIV. Entre os usuários do costume havia quem ignorasse o nome a quem fizera a distinção emocional: *Il lui prèsse la tête contra sa poitrine; il demande ensuite qui est celui qu'il a embrassé,* anotou La Bruyère, à volta de 1688, quando publicou *Les Caractères.*

ABRAÇAR O PESCOÇO

Na escala dos abraços é o mais significativo, denunciador de espontaneidade afetuosa. Abraçar pelo pescoço é demonstração de intimidade familiar, arrebatada e profunda. Assim Esaú abraçou Jacó em comovedora pacificação; *stringensque collum eius*. Desta maneira José abraçou seu jovem irmão Benjamim, *amplexatus in collum*, e chorou ao avistar-se com o velho Jacó, seu Pai, hóspede na terra do Egito.[1] Esaú e Jacó, gêmeos, nasceram 2.206 anos antes de Cristo. Há mais de quarenta e dois séculos constitui carinhosa e afirmativa manifestação de confiança e júbilo pela pessoa merecedora da oferenda mímica. É a forma irreprimível da expansão infantil para os adultos de sua convivência. Com essa respeitável antigüidade, o gesto não mudou a mensagem devocional nem a técnica da aplicação. Puro símbolo do Bem-Querer.

MATANDO PIOLHO

Atritar as unhas dos polegares como se esmagasse parasitos. Gesto satírico alusivo aos obstinados, irredutíveis à razão evidente e formal. Refere-se ao conto da "Mulher do Piolho", cuja teimosia tornou-se proverbial desde o século XIII pela Europa. Ver *Contos Tradicionais do Brasil* (2003), com bibliografia suficiente. É um gesto de origem literária, incluído na memória popular.

UM GESTO DE ESCOLHA

Uma das mais antigas e populares fórmulas de escolha é "tirar a sorte", retirando uma do molho de palhinhas, varetas, flechas, com dimensões variadas. Coincidindo ficar com a menor, perdeu a parada no jogo

---

1. *Gênesis*, 33, 4:45, 14:46, 29.

infantil. É a *Courte paille* francesa que ainda vive no Canadá. Recebemos de Portugal que a teve de mouros ou judeus na indeterminação cronológica. Seis séculos antes de Cristo, o Profeta Ezequiel (XX, 21), exilado em Babilônia, via o Rei Nabucodonosor, ano de 587, consultando a sorte numa encruzilhada, local clássico, misturando as setas, *commiscens sagittas*, para decidir-se se assaltaria Rabat, cidade dos Amonitas, ou Jerusalém, capital de Judá. Preferiu Jerusalém, que devastou, abatendo a dinastia de David que reinara quatro séculos. Treze séculos depois, o jogo continuava favorito pelo Oriente, denominado *azlan, maisirou, maisar*, proibido pelo profeta Maomé, comparando-o ao vinho na periculosidade.[1] Permanece contemporânea uma forma de escolha familiar ao Rei Nabucodonosor.

NÃO SAIR POR ONDE ENTROU

Uma tradição árabe, anteior a Maomé, determinava ao peregrino voltando de Meca não entrar em casa pela porta por onde saíra. Faziam uma abertura nas traseiras da residência, respeitando o preceito. O Profeta condenava o costume com reminiscência idólatra:[2] "A piedade não consiste em que entreis em vossas casas por uma abertura feita atrás delas!". Ano 624 de Cristo. Não desapareceu no Mundo islâmico e foi plantada na península Ibérica durante o domínio mouro. Resiste no Brasil, com as naturais adaptações. Nas residências amigas, simulando distração, atina-se com outra porta para despedir-se. Em Portugal não é raro sair-se de costas, pretextando cortesias, permitindo a ilusão de reentrar. Não apenas nos fâmulos mas em visitantes letrados repetia-se o processo, evitando ingresso e regresso pela entrada única. No Rio de Janeiro vivem devotos dessa superstição milenar. No Minho, e outrora em muitas localidades brasileiras, o pequeno cortejo conduzindo a Extrema-Unção, o Santo Viático aos moribundos, não voltava à Igreja pelo mesmo caminho da ida. Coincidindo o itinerário, estava decretada a morte do agonizante. Havia a precaução de afastar o agouro. Rabelais, *Cinquième Livre*, cita a procissão dos "Frères Fredons": *Ils se sont bien gardés d'entrer par où ils sont issus*. O cuidado atencioso em sair às recuadas, não dando as costas ao visitado, pode ter

---

1. Surata de Vitela, 2,216; Surata da Mesa Servida, 5,5,92.
2. Surata de Vitela, 2,185.

essa origem, possivelmente inconsciente na atualidade. "Nunca mais voltareis por esse caminho", afirmou o Senhor.[1]

BEIJO NO AR

Não é tocar com os dedos nos lábios e fazer a menção de arremessar o beijo ao afastado destinatário. Essa constitui a forma usual e antiqüíssima da minha e de qualquer geração antepassada. Vejo agora o movimento de lábios produzindo o ósculo mas desacompanhado de qualquer aplicação material. Beijo audível que o olhar orienta no rumo útil. Vale correspondência na saudação entre damas e donzelas que não se aproximam o suficiente para o contato regular e assim simplificam a obrigação da cortesia. Também significa exaltação e carícia amorosa. Esse beijo sem o gesto complementar é Árabe, Beduíno, aristocracia pastoril, gente de tenda e rebanho, substituindo o beijo fraternal que é dado entre amigos e hóspedes. Pierre Loti registou entre os nômades da Arábia Pétrea: "Abordamo-nos com o cerimonial de uso tocando-nos o turbante de cada um e *dando no espaço um beijo da boa chegada... Os Pastores trocam conosco saudações e beijos no espaço*".[2] Não pertence ao patrimônio da tradição brasileira recebida de Portugal. Divulgou-se à volta de 1940. Veículos da disseminação: os rapazes norte-americanos (que deviam ter conhecido através dos ingleses) e as atrizes temperamentais de Hollywood.

MORDENDO OS DEDOS

É mímica de gente zangada. Notadamente nas crianças mas já vi num Ministro de Estado, gordo, sereno, de constante bom-humor, expansivo. Parecia-me gesto sem História mas encontrei-o no *Alcorão*, tradução francesa do Prof. Edouard Montet (1958). Surata da Família d'Imram, 3,115: *Mais, lorsqu'ils s'en vont, de rage ils mordent le bout de leurs doigts, à votre*

---

1. *Deuteronômio,* 17, 16.
2. *Le Desert,* 1894.

intention. Datará entre 627-629 depois de Cristo. Maomé repete na Surata de Abraão, 14,10: *Mais ils ont fourré leurs mains dans leurs bouches!* Raiva, decepção, despeito. Continua... Rabelais,[1] regista *voz ongles morde,* julgado pelo anotador Jacques Boulenger *geste de l'homme plongé dans ses réflexions.*

OUSHEBTIS E ASTRONAUTAS

Quem visitou sem pressa as seções egípcias, chinesas e japonesas do British Museum ou do Louvre, deve ter admirado os *Oushebtis,* figurinhas de calcário, mármore, esteatite, madeira, representando a famulagem que deveria acompanhar os Soberanos, seus ricos familiares, para o outro Mundo. De princípio sacrificavam os personagens vivos, guerreiros, açafatas, camareiros, harpistas, escravos, escribas, carreiros cavalos, bois, cães, para que continuassem a servir ao Senhor entre as sombras dos Mortos. Esses defuntos não podiam dispensar cerimonial e conforto e assim carregavam para o túmulo os elementos do seu luxo, como Woolley encontrou no sepulcro da rainha Shoubad em Ur, na poeira de cinqüenta séculos. Depois, misericordiosamente, as criaturas humanas que deveriam sucumbir, substituídas pelos simulacros em pedra, barro e pau. Nos últimos tempos, segunda metade do século XIX, limitavam-se a recortar os servidores em pano e papel. Assim sucedeu na época da Imperatriz Tseu-Hsi (1834-1908), de venerável memória sádica. O visitante aos *Oushebtis* constatará a contemporaneidade dos milênios. Nada morreu na gesticulação. Aguardam ordens com os braços ao longo do corpo cruzados no peito. Pedem, suplicam, arrumam a carga na cabeça ou nos ombros, saúdam, recebem castigos, dançam, andam, correm, brigam às punhadas ou pontapés, sentam-se para comer, dormem, como vemos no Brasil nos nossos dias. Nem mesmo os resumidos trajes são novidades para as predileções atuais. Não será a mímica ligada às profissões, regente de orquestra, passista de Frevo no Recife, os que lidam com máquinas, capoeiras, sambistas, cavalo de Santo, "inocentes" na praia, mas as atitudes normais no cotidiano vulgar reproduzem-se numa fidelidade surpreendente, como se fossem peças do artesanato local. Há soldados imóveis em linha ou desfilando, orgulhosos de suas armas. Músicos. Até uma mulher bate palmas

---

1. *Le Cinquième Livre,* Cap. XX, 1564.

animando o compasso. O deus Bsou estira a língua como menino mal-criado. Ficam sentados, ajoelhados, de cócoras, deitados. Nenhuma exceção ao nosso comportamento físico. Há uma estatueta, de um palmo de altura, erguendo o braço direito, mão aberta, num ar triunfal, exatamente como depois de 1969 os astronautas agradecem aos aplausos.

MÃOS NA CABEÇA

Estou olhando linda publicação do Museu do Cairo, com registo de uma estela da XXI dinastia. Constou de nove faraós de escassa saliência histórica, notando-se Sheshonq I, Chechonk, Sesac (945-924 anos antes da Era Cristã), saqueador de Jerusalém no tempo do rei Roboão, mandando pintar um mural consagrador da proeza no templo de Carnac, em Tebas, para constatação permanente da violência predatória. A estela que vejo fora erguida em louvor pacífico da defunta sacerdotisa. Zadamonefônuku, que deve significar coisas graciosas e veneráveis. Um pormenor continua contemporâneo nos momentos de exaltação desesperada: bater com as mãos na cabeça, num autocastigo misterioso à Memória e à Vida, ante a Dor irreparável. Uma mulher egípcia, ajoelhada, assim carpe a imobilidade perpétua da religiosa a quem servira. A imagem verbal é corrente. "Estar com as mãos na cabeça!" Todo o imenso Egito da sacerdotisa Zadamone-fônuku *n'appartient déjà plus à notre Monde,* como escrevia Maspéro. O gesto é que é imortal.

FALANDO NO BAFO

A presença do personagem superior também se denuncia na distân-cia que não deve ser transposta pelos assistentes. Um círculo permanecerá vazio ao derredor da entidade privilegiada, como se fora ocupado pelos atributos do Poder, imponderáveis e sensíveis aos circunstantes. Não ape-nas o trono, a poltrona, o sólio, afastam-no da maior aproximação banalizante, como a etiqueta milenar determina conservar a cautelosa área de respeito, defendida pela timidez cerimoniosa. A guarda pessoal vigiava pela disciplina protetora. Séculos e séculos passados, ainda os vestígios desses cânones do formalismo resistem mesmo nos últimos degraus da escala hierárquica. É preciso não tentar permanecer encostado, junto ao indivíduo de Autoridade, no halo da irradiante figura, num desagradável testa-a-testa. Falar de pé, quase respirando o hálito alheio é a mais positiva demonstração de unidade moral. Maspéro informa ser essa a fórmula entre as supremas potências, Deuses e Faraós. Onze séculos antes de Cristo muitos Soberanos do Egito, da XI dinastia, representam-se desta forma nas estátuas grupais. Escreve Maspéro: *Le Pharaon et le dieu Phtah debout, nez contre nez, y aspirent l'haleine l'un de l'autre selon l'etiquette entre personnes de rang égal qui se saluent,* como se vê nos murais de Carnac. Corresponde à frase popular *Falar no bafo,* confundindo-se as respectivas respirações pela estreiteza do contato. Tocando as cabeças como saúdam fraternalmente os beduínos. Todas as Notabilidades procuram evitar esse *tête-à-tête* demasiado unificador, exibindo o mesmo nível soberano.

DENÚNCIA DE PATERNIDADE NHAMBIQUARA

Para mostrar que um certo menino é filho de um índio, usam de um gesto expressivo que, na sua inocência, repetem: curvam o polegar e o indicador esquerdos, em forma de anel, ao redor do outro indicador em extensão. Batem, depois, no ombro do filho e no do pai, dizendo: — *"Uétu!* Filho".[1] Em maio de 1935 acompanhei o Interventor Federal Mário Câmara em visita ao interior do Rio Grande do Norte. Em certa vila, hoje cidade, depois de festiva refeição, um dos circunstantes indicou o retrato de um frade que parecia presidir a sala, e apontando o dono da casa repetiu o gesto da mulher nhambiquara da Serra do Norte em Mato Grosso.

---

1. Roquette-Pinto, *Rondônia,* 1917.

GESTOS INDÍGENAS NA SERRA DO NORTE

Mato Grosso. – "Ora, todos os índios da Serra do Norte dormem diretamente sobre o solo. Nada, nem folhas, nem palhas, nem esteiras, nem couros, colocam sobrem o chão em que se deitam. Deitam-se, quase sempre, em decúbito lateral, pondo o antebraço debaixo da cabeça para servir de travesseiro. Os homens raro se sentam diretamente sobre o chão. Em geral, acocoram-se. As mulheres fazem o contrário. Se estão de pé, no fim de alguns instantes, os homens, habitualmente, flexionam uma das pernas sobre a coxa apoiando o pé respectivo sobre o joelho do outro lado; as mulheres tomam atitude característica, que nunca vi descrita e se acha bem clara nos instantâneos colhidos. Cruzam as coxas, adiantando o membro pelviano direito em simples adução, enquanto colocam o membro pelviano esquerdo mais atrás, em adução forçada. O grande eixo do pé direito, prolongado, corta o do esquerdo quase em ângulo reto. Freqüentemente cruzam os braços. Quando estão excitados, animados pela alegria, ou pelo temor, batem continuamente com a mão direita espalmada sobre a região occipital. Se estão descontentes, fazem esse gesto característico, exclamando: *'Ikátnerá!*.'"[1] As notas referem-se a 1912. Ver *Posição de Socó*.

MÃOS AO ALTO

Clássica atitude de rendição, renúncia à luta, exibindo as mãos desarmadas, inúteis para a represália. Inertes. Entregues. Na estela do Rei Naran-Sin, de Agadés na Caldéia, 375 anos antes de Cristo, os vencidos são identificados por esse gesto de submissão à força irresistível. A estela está no museu do Louvre. Já seria tradicional e milenar. Teócrito (310-267 a.C.) descreve em poema o duelo feroz entre Pollux e Amicos, o possante Rei dos Bébrices. Luta a punhadas heróicas, sem escudo, espada e lança. Ferido na testa, nariz e boca, a mandíbula despedaçada pelos golpes do impetuoso Dioscuro, "Amicos, desfeito em seu orgulho, jazia por terra,

---

1. Roquette-Pinto, *Rondônia*, 1917.

renunciando o embate, elevou ao mesmo tempo as duas mãos, sentindo-se morrer!"[1] Exatamente o *Kamerad!* alemão de 1918. *Hands up!*

ENROLANDO AS MÃOS

O inglês diz *hand over hand*, a mão envolvendo a outra, como interpretação expressiva do indivíduo sem preocupações, sem cuidados, sossegado. Era um gesto favorito e normal no Presidente Getúlio Vargas (1883-1954), desejo íntimo pela tranqüilidade que sempre lhe faltou depois de 1930, concluindo pelo trágico suicídio no dia de São Bartolomeu, quando todos os Demônios estão ausentes do Inferno. É índice do temperamento pacato, otimista, bonachão. Também dos astutos, dissimulados, sabendo esperar. Fora justamente a posição manual de Lamgi-Mari, o risonho e sereno Rei de Mari, no Eufrates, cujo domínio seria destruído pelo vandalismo do Rei Hamurabi de Babilônia, autor de um código do bom procedimento. O reino de Mari desapareceu dezessete séculos antes da Era Cristã. Duzentos anos depois da catástrofe nasceria Moisés. A estátua do Rei Lamgi-Mari, desenterrada em Tell-Hariri, apresenta-o *hand over hand*, despreocupado e feliz, como o Presidente Getúlio queria parecer...

A CRUZ ENFEITE

Nas "meninas" que me visitam, ansiosas e núbeis estudantes da Universidade, vejo cruzes artísticas nos airosos pescoços. Mera decoração despida de qualquer sugestão mental. Jóia figurativa completando a variedade do colar moderno. As pobres acanhadas que diariamente são atendidas pela minha cunhada Maria Leonor Freire (Iaiá), em momentos de exaltação imploradora fazem cruzes com os indicadores, declamando: "Por esta aqui!". Fé imóvel e vivência do exorcismo antiqüíssimo e banal, afastando fantasmas e tentações. "Cruz, Canhoto!". Canhoto é sinônimo diabólico, denunciando a suspeita da anormalidade em que eram tidos os

---

1. *Idílio*, XXII.

ambidestros. A Cruz, mesmo em sua simplificação no *Tau* grego, inicial de *Thanatos,* a Morte, é um símbolo religioso milênios anteriores à crucificação de Jesus Cristo em suplício regular de Roma e entre judeus.[1] Adán Quiroga (1863-1904), recensiou a insígnia cruciforme na América précolombiana,[2] resumindo: *La Lluvia es el motivo fundamental de la religión, y la Cruz su simbolo.* Tenho um remo dos Tarianas, indígenas aruacos do Rio Negro, Amazonas, com a Cruz Gamada. No Egito a Cruz Ansata anunciava a Imortalidade. Dezoito séculos antes da Era Cristã, a rainha egípcia Khnoumouit ostentava no diadema de fios dourados com estrelas de cinco pontas imitando flores, seis cruzes de Malta, de ouro, e não repetindo a forma vulgar no simbolismo egípcio, com as ansatas. Documento inapreciável guardado no museu do Cairo e divulgado pelo clichê de Brugsch.[3] As cruzes teriam para a rainha Khnoumouit a função defensiva do amuleto, exibido no alto da cabeça. Naquele tempo todos os ornamentos pessoais valiam forças custodiantes, lutando contra adversários invisíveis e poderosos. Fosse uma imagem de representação devota, a soberana traria as ansatas e não as maltezas. Estariam valendo pela sedução estética e não mística. A Cruz impressionante de vitalidade é a que reaparece nos indicadores plebeus e magros, fiéis à que se ergueu no Gólgota, repetida nos monumentos cristãos do século IV.

CARTA BEIJADA E TOCADA NA CABEÇA

Rapaz, estudando medicina no Rio de Janeiro, 1919, ao receber cartas da família instintivamente beijava e tocava o envelope na cabeça. Por que? Imitava, inconsciente, minha Mãe e tias, que faziam o mesmo gesto tendo correspondência dos velhos parentes do Sertão. Não seriam as únicas nessa misteriosa manifestação de júbilo. No *Mouros, Franceses e Judeus* (2001), pesquisei a origem, aqui em resumida reprodução. Uma etiqueta oriental, milenar e simbólica, atravessou quinze séculos, mais ou menos íntegra. Ainda nos resta, contemporaneamente, um visível resquí-

---

1. II – *Samuel,* 21, 5 e 9.
2. *La Cruz en America,* Buenos Aires, 1901.
3. G. Maspéro, *Egypte,* Paris, 1912.

cio de sua existência funcional. Desde os califas Omíadas e Abássidas, o documento assinado pelo Comendador dos Crentes obrigava o destinatário, depois da leitura, a beijá-lo e pô-lo um instante sobre a cabeça. O beijo era homenagem de veneração submissa. A missiva na altura da cabeça significava a disposição de perder a vida antes que desobedecesse e não cumprisse, fiel e completamente, tudo quanto a ordem contivesse. Esses gestos se tornaram instintivos, maquinais, inevitáveis. Do Pasquitão, Pérsia, toda a Ásia Menor e África do Norte, conheceram e acataram a praxe que se transmitiu ao Império Bizantino. Árabes e mouros levaram-no à península Ibérica. Veio ter, oficialmente, ao Brasil. É de fácil encontro nas coleções das *Mil e Uma Noites,* repositário de usos e costumes do Mundo islâmico desde o século X. Da primeira *Visitação do Santo Ofício* às partes do Brasil, julho de 1591, apresenta-se a provisão do Cardeal Inquisidor-Mor, Arquiduque Alberto, ao Bispo do Brasil, Dom Antonio Barreiros, e o *ditto senhor Bispo leo e despois de lida a beijou*. Levada a provisão ao Paço do Conselho da Bahia, Martim Afonso Moreira, juiz mais velho, *leo e lida a beijou e pôs na cabeça.* Em outubro de 1593 repete-se o cerimonial na vila de Olinda. O licenciado Diogo do Couto, Ouvidor Eclesiástico de Pernambuco, Itamaracá e Paraíba, *leo tôda e despois de lida a beijou e pôs na cabeça.* Na Câmara, Francisco de Barros, juiz mais velho, *leo tôda em voz que todos ouvirão e despois de lida todos a beijarão e poserão na cabeça,* prometendo obediência e fervor. Mesmo ato em Itamaracá e Paraíba. Na *Relaçam da Aclamação* de Dom João IV, na Capitania do Rio de Janeiro, em 1º de março de 1641, recebendo cartas o governador Salvador Correa de Sá e Benevides, *reconhecendo por o sobrescristo serem de sua Majestade, levantando-se em pé abrio hua, e beijando, e pôdo sobre sua cabeça a Real firma, que nelle vio,* não duvidou em reconhecer e proclamar o Duque de Bragança legítimo Rei de Portugal. Nesse 1641, na cidade do Salvador, o governador D. Jorge de Mascarenhas, Marquês de Montalvão, lê a Ordem Real de sua destituição, e *vendo a ordem de Sua Majestade a beijou, e a pôs sobre a cabeça, e largou o cargo com alegre semblante.*[1] Da missiva enviada a Dulcinea del Toboso, pergunta D. Quijote ao mensageiro Sancho Panza: *"Cuando le diste mi carta, bésola? Púsosela sobre la cabeza?":* (I, XXXI). Não creio ter havido uma lei árabe, moura, turca, determinando ósculo e toque na cabeça com a sigla califal. Seria um dever consuetudinário, fiel à pragmática do Oriente. Resta-nos o gesto de beijar a carta cuja letra é uma projeção afetuosa.

---

1. Frei Manuel Calado, *O Valeroso Lucideno,* II, Lisboa, 1648.

La maja vestida

Rio de Janeiro. Copacabana. 1950. Casal sem filhos educava o sobrinho, cursando Engenharia, morando na Cidade e os fins de semana com os tios, praticamente ao sol, areia e mar da praia viva. Domingo sonoro com um patrulha de oceânides eletrônicas, amostra de biquíni e vestígios de calcinhas, ressaltando a ginástica da tentação adolescente. Cantigas, batucada, carreiras, alegrias. Libido infixável na multidão provocante, dispersando a concentração erótica. Findando o ano, o tritão distribuiu convites para o baile de formatura no Hotel Glória. Pela primeira vez percebeu as nereides tornadas jovens demais; sapato alto, vestido longo, penteadas, maquiladas, manicuradas, perfumadas, ornadas nas supremas técnicas da atração enleante. Linguagem, gestos, atitudes, andar, não lembravam o euforismo da movimentação praieira. Eram lentos, cautos, magnéticos. As anadiômenas expunham-se iniciadas nos segredos da sedução serena, infiltrante, perturbadora. Revelação irresistível. Noivado e casamento. Episódio contado pelo meu amigo Duó (Laurentino Duodécimo Rosado Maia, 1895-1954), vizinho cordial dos personagens verídicos. Ocasional derrota da *Maja Desnuda,* final e não início da ascensão amorosa.

DAR A PROVA

Popularíssimo o gesto de atirar, antes ou depois de beber, um pouco do líquido ao solo. *Dar a Prova!* É a *Libatio* romana. Caracteristicamente a *Libatio in Epulis,* feita nas refeições, durante o segundo serviço, quando os convivas jogavam vinho na mesa e no chão, homenageando Mercúrio, ao Gênio de cada pessoa presente, a Baco e aos Lares, protetores da casa e família. Roma utilizava comumente a *Libatio in Funere,* no nono dia dos funerais, e a *Libatio in Sacris,* pertencendo ao cerimonial dos sacrifícios, também denominada *Immolatio.* Transmitiu-se à antiga liturgia cristã com o nome de *Refrigerium, o libazione fatta in onore degli apostoli.*[1] Ninguém

---

1. O. Marrucchi, *Guida dal Cemetero di Domitilla,* Roma, 1925.

sabe mais a razão do gesto. É apenas o automatismo do hábito. Despotismo do Costume, como dizia John Stuart Mill. Já não recordam que a pequenina cerimônia é uma oferenda das primícias *ad Patres,* aos antepassados do bebedor.

GESTOS NO TRÂNSITO

O guarda, no cruzamento das ruas, apita e estende a mão. Os automóveis param, roncando baixo, e sob os mesmos sinais, movimentam-se na circulação incessante. O braço na diagonal mostra a palma da mão. Pare! O dorso, voltado para os motoristas, a palma para o guarda, autoriza o deslocamento. Siga! A mão pode ou não agitar-se. O efeito é o mesmo. Mais ou menos maquinalmente, o aceno reproduz-se pelo Mundo, povoado de automóveis. É um quadro normal do Século-Ofegante. Em 1296 anos antes de Cristo, o soberbo faraó Ramsés II do Egito e Murwatalis, Rei dos Hititas, enfrentaram-se na furiosa batalha de Kadesh, junto ao Rio Orontes, na Síria, decidindo o rumo daqueles Povos sôfregos de violência e famintos de saque. Nos templos de Abu-Simbel, Abidos, Luxor, Carnac, estão os murais glorificando a vitória do heróico Ramsés II, integralmente derrotado pelo soberano hitita. É de fácil verificação o sinal contemporâneo do trânsito motorizado repetido pelos egípcios no acampamento militar, ante as carretas de bois e filas de cavalos árdegos que iam lutar e perder nos arredores da próxima cidade de Kadesh... há mais de trinta e dois séculos.

BOLINAR

Navegar à bolina é trazer a proa para o mais perto possível da linha do vento. Pode ser bolina *cochada* ou *folgada,* conforme o vento estiver perto ou mais afastado da proa. Bolineiro é o navio que navega bem à bolina, aproveitando todo o vento. Lição do Almirante Amphiloquio Reis.[1] Sem água e vento, era o processo de utilizar demoradamente o voluptuoso contato das vizinhas pernas e pés, do joelho para baixo, em recanto idôneo, penumbra e obstinação fricativa. Manobrar para não perder o impulso propulsor da aragem concordante, associada ocasional. 1920-1930 decorreu a grande década bolineira no Rio de Janeiro. Depois, a liberdade da convivência ridicularizou as fórmulas aperientes da Excitação. Que necessidade cretina justificará a fricção de perna em perna num cinema ou apalpação, quando existe a amplitude permissiva de um "programa" variado num "Inferninho", com o polimento recíproco de todas as superfícies? Quando nasceu a Bolinagem terrestre? Júlio Dantas patrioticamente indica Lisboa: "Uma grande mesa de xarão vermelho, hirsuta de candelabros de prata, colorida de naipes e de figuras, tilintante de dobras e peças de oiro, por cima da qual, em plena luz, sessenta, setenta homens e mulheres jogavam com indiferença, – e por debaixo da qual, no mistério e na sombra, cento e vinte, cento e quarenta pés se entrelaçavam, se confundiam, se pisavam quatro a quatro, mornos, palpitantes, amorosos. O amor às pisadelas, eminentemente nacional, é, como o Arco da Rua Augusta, uma criação pombalina. Foi debaixo duma mesa de faraó, gravemente presidida pelo beiço austríaco de el-rei D. José, que nasceu essa flor de ternura portuguesa de 1760, prima-coirmã do beliscão visgótico dos Lausperenes." Esquecera as confidências de Antoine Hamilton nas *Memórias du Comte de Gramont,* Londres sob Carlos II Stuart, 1666-1685, expressas e suficientes não para a prioridade, mas para uma antecipação. Também havia o lento cerimonial dos jogos de baralho, cuja sedução maior estava debaixo da mesa. O Duque de Saint-Simon fora demasiado *Duc-et-Pair* para anotar essas estimulantes atividades em Versailles. Não compareceu a Bolina onde faltou ambiente sugestivo e convergente. Seria indispensável reunir o elegante e *the opposite sex* em situação de possibilidade funcional, com decência e relativa facilidade nas explorações cautas, restritas, confortáveis. Com as pernas expostas era incompatível a vitalidade bolineira. No jogo, sentados, tranqüilos, derredor da grande mesa de xarão, com espaço acolhedor adequado, despertar-se-ia a imaginação para o esforço ansioso e sublimador. A Bolina inspirou canções de Carnaval, desenhos e anedotário, derramados pelo Brasil jovial, informa-me o sempre exato amigo Edgar de Alencar. Agora é tão inatual como um minuto e dispensável como uma sobrecasaca de gola de seda. A *Bolina* (denominação brasileira) certa-

---

1. *Dicionário Técnico de Marinha,* 1947.

mente não surgiu sob Carlos II da Inglaterra ou el-rei D. José de Portugal. Bourbons em França ou Espanha. Dois séculos e meio antes de Cristo, os velhos poetas de Roma, Plauto e Ennius, na segunda guerra contra Cartago, já aludiam aos pés que se premiam intencionalmente na linguagem pressionada: *Pedem homini premat* ou *Perpellit pedem,* significativos. Apenas os Povos em efervescência belicosa não podem cultivar esses demorados requintes acelerativos. Arremessam-se ao assalto em massa e frontal. A *Bolina,* feita de experiência e intuições psicológicas, destina-se aos temperamentos de colheita e não de saque. Paladar de licor em cálice e não cerveja em copázios. Completar pelo devaneio transfigurador a sugestão obtida nas fricções inspiradoras. Não será técnica de aldeão e labrego aceso em cio mas de homem da cidade, retardando a deglutição para saborear as essenciais sápidas. Aproveitar a monção fértil. Conservar a proa na área dos estímulos intermitentes e úteis. Não perder o contato da impulsão motora, discreta e proveitosa.

PESCOÇO MORDIDO

Jantar íntimo com um casal feliz. Filhos. Lua-de-mel. Conforto. Fora testemunha do namoro, cúmplice no noivado, padrinho de casamento. Rindo, a esposa revela-nos haver identificado na garganta conjugal vestígios iniludíveis de uma dentada, ardente e clandestina. Até então julgara-se com o monopólio dessa carícia, perturbadora e canina. O marido insistia por uma irrupção misteriosa de brotoejas anômalas. Requeri, defendi e obtive *sursis* para o criminoso primário, havendo as senhoras recusado a preliminar das brotoejas. Alegria, bom-humor charuto e café no terracinho. A Terra girou à volta do Sol muitas vezes. Relendo Propertius, anos e anos depois, revejo o episódio registado umas duas décadas antes de Jesus Cristo nascer. Sextus Aurelius Propertius (50-16 a.C.) imagina uma missiva da jovem Aretusa ao esposo Licoto, ausente, combatendo os Partas. Num dos trechos suspicazes, sugere: *quam dentibus ulle puella / Det mihi plorandas per tua colla notas* (IV-III). "Que jamais uma outra mulher imprima com seus dentes sobre teu pescoço marcas que não verei sem chorar!" Justamente o caso da minha afilhada. "Essa história é verdadeira!", como dizia Pausanias.

ENCONTRO NOTURNO

Estudante no Recife (1924-1928), a pensão na Rua do Imperador ficava num quarto andar. A janelinha do alojamento olhava, do alto, o quintal vizinho. No escuro da noite tropical, quantas vezes via a criadinha da casa própria descer as escadas e procurar o namorado no casebre de taipa junto ao muro, cercado de arbustos e melões de São Caetano! Era aos meus olhos de rapaz um episódio vulgar de luxúria comum, insusceptível de valorização literária, apenas percebido na moça curiosidade, maquinal e lógica. Recordo seus gestos na marcha cautelosa, identificando as referências topográficas do percurso. Pensava na linguagem pernambucana: "Menina de cebola quente!" Aulus Albius Tibulo (54-19 antes de Cristo), evoca com nitidez verídica o movimento de uma jovem indo ao encontro do amante, sozinha, no meio das trevas de Roma. Levava um pé adiante, experimentando o confuso caminho, o coração temeroso, reconhecendo o rumo com o braço estendido. *Et pedibus praetentat iter, suspensa timore / Explorat caecas cui manus ante vias.*[1] Empurrada pelo impaciente Amor, a criadinha anônima também motivara, há mais de vinte séculos, um poema a Tibulo.

BOCA COSÍDA

Faz-se o gesto de costurar os lábios, cerrando a boca, para traduzir o silêncio obrigatório, a mudez imposta. "Anda tudo caladinho, de boca cosida!" Reminiscência de Bruxaria européia, já vulgar na Idade Média, cosendo a boca do sapo, com alimentos mastigados por quem se desejava emudecer. A vítima sucumbira de inanição, por inapetência invencível, anorexia, fastio total, ou impossibilidade da deglutição. Como era fórmula usual dos feiticeiros negros, dizia-se de origem africana. Nasceu em Roma. Informa Ovídio (*Os Fastos*) que no dia 18 de fevereiro, último das comemorações aos Parentais, realizavam a homenagem à deusa Muta, ou Tácita, cujo símbolo é o indicador verticalmente posto nos lábios, égide

---

1. *Elegias*, II, I.

do Silêncio decoroso ou litúrgico. Cobriam de pez uma anchova, pespontando-lhe a boca. Torrada ao lume, era saboreada com vinho. Valia encantamento contra as línguas vadias e maldizentes. Essa operação de costurar a boca a um peixe, reforçando-lhe a mudez, destinada a silenciar, associativamente, aos pérfidos tagarelas, sugeriu a técnica bruxa, vitimando os sapos, atraídos pela dimensão da cavidade bucal e insistência desagradável do coaxar.

O CORDÃO DA VIRGEM

Antiqüíssima superstição, corrente no velho Nordeste no primeiro terço do século XX. Certamente conhecida noutras paragens brasileiras. Com um duplo cordel media-se da ponta do queixo ao alto da testa. Depois, servindo de colar enfiava-se pelo pescoço da mocinha. Passando, era donzela. Se não, não! Valia facécia hilariante e não fórmula verificatória da virgindade. Referindo-se às suspeitas do exercício amoroso, diziam: "Será que passa o cordão?", fazendo-se o gesto alusivo. O poeta Catullo (87-54 antes de Cristo) refere-se à tradição popular em Roma de Júlio César "Amanhã voltando a aurora, sua ama, revendo-a, já não poderá cingir-lhe o pescoço com o mesmo fio da véspera!". *Non illam nutrix orienti luce revisens, hesterno collum poterit circumdare filo (Epitalâmio de Tétis e Peleu,* LXIV). De memória em memória, atravessando Espaço e Tempo, estava vivendo quando fui rapaz.

MÃO ESQUERDA

Era em Roma a mão do furto. Ficava quase sempre oculta sob a túnica ou toga, excitando desconfiança. *Furtifica manus*. Na oportunidade, deixava o esconderijo, agindo, passando os dedos infatigáveis, surrupiando habilmente "sob a mão", *Summanus,* fixa Plauto no *Circulior* (ano 195 antes de Cristo), dizendo que o manto e a bolsa dos ébrios eram propriedade dos larápios. (Catullo XII) acusa a *manu sinistra* de Asinus, escamoteando lenços e bagatelas dos convivas. Porcius e Socration eram as *duas mãos esquerdas* de Pison, que Cícero acusaria. Thesprion mostrava a mão esquerda ao amigo Epidico, exibindo o ventre túmido, explicando: – *Huic gratia,* devo a esta![1] A destra, exposta, policiável, visível, é responsável pela ação direta e pública, atributos que a esquerda dispensa na clandestinidade astuta. Obra da canhota é a posse indébita. Olho viu, a mão andou. Passou a mão, roubou, é técnica da esquerda. Todo ambidestro era malfadado na antiguidade clássica. Canhoto é sinônimo satânico. "Cruz! Canhoto!" é um exorcismo vulgar. O Homem Musteriano, um neandertalóide, *était déjà droitier,* informou Marcellin Boule. Fama que acompanha o "canhoto" contemporâneo. Clima de Roma quando o cartaginês Aníbal ameaçava seus muros e Catão era Censor. Daniel Fryklund ensina que a noção do "direito e esquerdo" decorre dos nomes dados às nossas mãos.[2]

TOPADO!

A palma da mão direita bate sonoramente na do interlocutor, seguindo-se enérgico e cordial aperto. Exprime concordância irrevogável, compromisso público, acordo mútuo e definitivo. Comum nas populações rurais da Europa. *C'est ce qu'on appelle Toper* na França, com a mesma significação simbólica no Centro e Sul-América. Sugere o movimento do carimbo cartorário, a chancela judiciária, homologando o contrato.

ESCARRAR

Defesa mágica ao feitiço. Manifestação notória de menoscabo e desprezo.[3] Escarrar pelo encontro de imundícies à sua simples menção ou

---

1. Plauto, *Epidicus.*
2. *Les changements de signification des expressions de droit et de gauche,* Upsala, 1907.
3. *Anubis e Outros Ensaios,* "Superstições da Saliva", 1951: *Dicionário do Folclore Brasileiro,* "Saliva", 2000.

imagem mental, equipara-se ao nome ou alusão ao desafeto, provocando o mesmo mecanismo evitador da presença indesejável ao excesso da matéria mucosa. Em Doliola, recanto do Forum de Roma, era proibido escarrar: *Ubis non licet despuere, a doliolis,* avisava Varrão, 116-27 antes de Cristo. Supremo desprezo. Eulalia, de 12 anos, queimada viva em Mérida, Espanha, em 12 de fevereiro de 308, perseguição do Imperador Diocleciano, escarrou nos olhos do carrasco: *Tyranni oculos sputa iacit,* registou Prudêncio, o primeiro poeta cristão. Escarrar constitui linguagem, índice de advertência, sinal de presença, aviso amoroso, popular em Roma, três séculos antes de Cristo.[1] "Passa de noite e escarra", informa Luís de Camões, na redondilha "Disparates na Índia". Era o "Escarrinho" dos namorados portugueses do século XVII-XVIII. Idêntico na Espanha: *Et tout Espagnol qui n'est pas enrhumé ne saurait passer pour galant.*[2] O Pigarro, "temperar a garganta", vale ameaça, desde Roma republicana. Ver *Pigarro e Tosse*.

O SOBROLHO

Armar sobrolho, arrepiar o couro da testa, para o Povo é fingir importância, alardear poderio, marcando distância entre o interlocutor, dando-se ares de superioridade, olhando de cima para baixo. Intimação maquinal de autoridade zelosa. Teócrito, três séculos antes de Cristo, regista os "sobrolhos ameaçadores". Maurice Rat, tradutor dos "Epigramas Amorosos e Votivos" na *Antologia Grega,* recorda essa mesma impressão contemporânea nos poetas dos séculos V a VI da Era Cristã; de Agatias Escolástico a Rufino, sensíveis aos "sobrolhos insolentes" ou "ela levanta para responder-me seus sobrolhos desdenhosos". O Padre José Agostinho de Macedo alude ao "sobrolho austero", fazendo-me lembrar o Presidente Artur Bernardes. É arma constante do arsenal administrativo da alta burocracia. Olho de Chefe. Olho de Patrão. Olho de Feitor. Fiscalizante, penetrador, exigente, julgando-se Júpiter, movendo o Universo quando arqueava as sobrancelhas. *Cuncta supercilio moventis,* como supunha Horácio. Na

---

1. Plauto, *Asinaria,* III ato, *Persa,* ato II, Tibulo, *Elegia,* VI do 1º Livro; *Superstições e Costumes,* "Linguagem do Pigarro e da Tosse", Antunes Ed., Rio de Janeiro, 1958.
2. Montesquieu, *Lettres Persannes,* LXXVIII, 1715.

surata 80 do Alcorão – *il a froncé le sourcil,* impaciência do Profeta que Alá admoestou.

VÁ NA FRENTE!

Comando e gesto resumindo todo um critério de comportamento social imutável. Em Cidade-Grande o prévio entendimento com uma *Venus Vaga,* como dizia o Conselheiro Ruy Barbosa, termina no automóvel levando o casal para o suficiente alívio. Em Cidade-Pequena não será permitido ver o cavalheiro com uma Dama de contrabando, atravessando locais freqüentados na miúda fiscalização do Preconceito fundamental. "Passadas as falas", concordantes, é tradicional a cauta recomendação. "Vá na frente, que vou seguindo! Pode ir que já irei acompanhando!" Frases regulamentares, inalteráveis e consagradas pela prática milenar. Juntos, é que não! "Não convém a um Príncipe como este, ir pela rua junto com a amiga", advertia Pitias, no *Eunuco,* de Terêncio (185-159, a.C.), defendendo doutrina ortodoxa Filodemo foi poeta no tempo de Cícero e de Júlio César. Como tantos outros mereceu sua hora de notoriedade e aplauso. Vive escondido em algumas antologias eruditas porque versejava em grego e não em latim. No epigrama 46, traduzido por Maurice Rat reaparece ditando a instrução prudente: *Marche devant!* Vá andando na frente, adiante, antes de mim, para não comprometer-se a Moral...

BOLSO!

Faz-se o gesto de embolsar. Mímica do interesse prático, utilitário, realístico, insaciável. O bolso participando do traje é dos finais do século XVII. Antes era peça independente, bolsa, algibeira, escarcela, de couro, seda, malha espessa, presa à cintura ou pendente do cinto. As menores destinavam-se às moedas metálicas, lembrando as "bolsinhas de níqueis", de voga desaparecida. O bolso começou por um pequeno saco de pano resistente cosido no interior da roupa, com uma abertura para passagem da mão. Divulgou-se, com modificações de tamanho, número e posição, pelo século XVIII. O gesto contemporâneo refere-se a esse último estágio do bolso.

MORDER O POLEGAR ERA DESAFIO

Sampson, Fâmulo dos Capuletos, encontrou-se numa praça de Verona com Abraham, *servant to Montague,* a grande família rival. Resolve provocá-lo com um gesto que não veio ao Brasil e creio desaparecido na Itália. O irresistível despique constava de morder o polegar. *I will bite my thumb at them!* O servo dos Montagues reagiu. *Do you bite your thumb at us, sir?* A solução confiou-se às espadas e o duelo principia. *They fight.* É a primeira cena do primeiro ato do *Romeo and Juliet,* que Shakespeare publicou em 1597. Os comentadores da tragédia limitam-se a informar o gesto de Sampson como uma forma usual de desafio. Esquecem de explicar por que morder o polegar atraía refrega. Um grande médico do Recife, Eduardo Wanderley, proclamando-me *Alquimista do Cotidiano,* motivou a indagação. Aqueles que em Roma temiam as agruras da vida militar decepavam os polegares, evitando empunhar espada ou lança. Era o *Polleo truncus,* polegar cortado, o poltrão. Crime contra a dignidade romana, segundo Suetônio e Amiano Marcelino. Epíteto de desonra e vilta, determinando desafronta imediata. Morder o polegar era alusão irônica à pusilanimidade e timidez covarde do apontado pelo gesto. Por isso Sampson e Abraham foram às espadas na primeira cena do primeiro ato do *Romeu e Julieta.*

NARIZ

Parecendo complementar a expressão da face no jogo mímico, o nariz às vezes comanda a movimentação fisionômica na mensagem comunicativa. Franzido em desdém, erguido em orgulho, palpitante na inquietação, afilando-se no fracasso, arfando na impaciência, torna-se eloqüente e acolhedor como o nariz de Silvestre Bonnard, desafiador e brigão em Cyrano de Bergerac, sereno e cético em Ernest Renan, que o atrevido León Daudet dizia ser *large face d'éléphant sans trompe.* O rosto humano aloja o pudor e mesmo a dignidade do sexo. Para o brasileiro do Povo, como ocorria aos indígenas do idioma tupi, *nariz* e *vergonha* eram sinônimos; *tin* ou *ti,* informa o conde de Stradelli: *Inti perecô será tin?* não tendes nariz, pois não tendes vergonha. Dizem "ventas", por onde passa o vento, às narinas, constituindo área do pundonor másculo. "Meter o dedo na venta de alguém" é humilhá-lo publicamente. "Dizer verdades nas ventas" é proclamação de supremo desabafo pessoal. "Abanar as ventas", gesticulando nas proximidades, é desafio clássico. "Senhor do seu nariz" é ser livre, autônomo, soberano. Cortavam-no aos prisioneiros, indicando cativeiro total. Narra Damião de Goes que Afonso de Albuquerque, o "Albuquerque terríbil", fora devoto mutilador desses apêndices em Goa. O assaltante das caravanas comerciais perdia o nariz. Desorelhavam o ladrão vulgar. O etíope Actisanés, faraó do Egito, fundou na fronteira da Síria uma colônia unicamente povoada pelos bandoleiros desnarigados. Denominava-se *Rinkoloyros* ou *Rhinocolure,* a tal cidade que Deodoro da Sicília (I, LX), registou. A integridade nasal denunciava independência física. "Levado pelo nariz" era o conduzido sem protesto, alusão ao aro de ferro no focinho bovino e técnica egípcia para os vencidos nas guerras. Havia um anel de ouro, pendente da cartilagem, o *Nedzen,* ornamento oriental e não signo escravo. "Furado na venta" era o exaltado, irascível, opinioso, demandando o recurso da angola no tabique divisor das narinas, vale dizer, uma reação disciplinar enérgica. Ver *Franzir a venta* e *Mordidinha no nariz.*

JOÃO COTOCO

"Gesto desaforado feito com o dedo maior-de-todos estirado e dobrados o indicador e o anelar, como que lembrando o pênis e os testículos (cruzamento de coto e toco)."[1]

---

1. Raimundo Girão, *Vocabulário Popular Cearense,* Fortaleza, Imprensa Universitária do Ceará,1967.

SURRA DE COTOVELO

Os sertanejos chamam surra de cotovelo as pequenas pancadas com o cotovelo que, na rede ou na cama, depois de certo amuo, as mulheres dão nos maridos, instigando-os à fala e conseqüente reconciliação. Ex.: *Eu vou pra casa cedo, senão a mulher se agasta e, depois, temos surra de cotovelo.*[1]

CATUCAR, CUTUCAR

Sinal comunicativo de advertência (Pereira da Costa) com qualquer extremidade. Toque rápido com intensidade perceptível. *Cutuca,* do tupi, picar, tocar de leve (Beaurepaire Rohan). Tocar com a ponta (Couto de Magalhães). Cutucamento, insistência do aviso, alertando atenção. O mais típico é com o cotovelo no vizinho. Artur Neiva (1880-1943) escreveu um estudo primoroso no assunto.[2]

REBANADA

Virar brusca e violentamente o rosto, evitando identificar alguém. Voltar-se num ímpeto, impossibilitando aproximação. Técnica feminina, agressiva, notória, vulgar, entre gente moça de sangue quente. Os dicionários portugueses e brasileiros registam a pancada com o rabo, o golpe de vento e certa iguaria do Natal.

---

1. Leonardo Mota, *Sertão Alegre,* Belo Horizonte, 1928.
2. *Estudos de Língua Nacional,* 196-197. Brasiliana – 178. São Paulo, 1940. Horácio, *Sátiras,* II, V. regista *cubito stantem...*

CARAPINHÉ

Brinquedo infantil que consiste em pegar uma pessoa, com dois dedos de uma das mãos, a pele das costas de outra mão, puxando-a ao mesmo tempo que eleva e abaixa repetidamente os braços, dizendo: *cará, cará, carapinhééé!* É, evidentemente, um arremedo dos movimentos do gavião a arrebatar a vítima no bico. Este brinquedo, popularíssimo em todo o Estado de São Paulo, fazem-no os adultos, ou crianças maiores, para divertir as pequeninas.[1] É um dos raros centros de interesse infantil autenticamente brasileiro.

PURRUTE

É a manifestação mais grosseira e popular de arrasante humilhação desprezível e plebéia. A língua é estendida, acompanhada de um sopro, sugerindo o *Flatus ventris,* intencionalmente zombeteiro e escarnecedor. Emitir o *crepitus* voluntário é proclamar opinião pessoal de mofa e vilta. Assim procedeu o insubmisso Amasis com o enviado do faraó Apries.[2] O Código de Manu (Mânava-Dharma-Castra, art. 274, 1.300 anos antes de Cristo) mandava mutilar o ânus divulgador do *obscenus sonus* perante um Brahmane.[3] O filósofo Metrocles, quando discípulo de Crates, deixou escapar, durante a lição, um *crepitus ventris,* e de envergonhado pretendeu morrer de fome. Crates, para desoprimi-lo do vexame, aliviou-se ruidosamente.[4] A denominação *Purrute* parece-me onomatopaica.

---

1. Amadeu Amaral, *O Dialeto Caipira,* São Paulo, 1955.
2. Heródoto, *Euterpe,* CLXII.
3. *Dante Alighieri e a Tradição Popular no Brasil,* "A trombeta de Barbariccia", PURGS, Porto Alegre, 1963.
4. Diógenes Laércio, *Metrocles.*

MUXOXO

Som breve e seco, semelhando estalido, obtida pela contração do terço médio da língua sobre a abóbada palatina, num brusco movimento de sucção, soltando-a imediatamente para que o som repercuta na garganta. Amadeu Amaral[1] alude ao *Trejeito com os beiços esticados,* que não ocorre nas regiões onde observei o Muxoxo, Nordeste, Bahia e Rio de Janeiro. Tradicional e popular, exprime desprezo, indiferença sobretudo dúvida. Põem a cabeça de lado ao muxoxear. Quase monopólio feminino. Diz-se também *Tum* e *Tuco* ao Muxoxo. "Ficou *dando tuco,* feito cascavel." Veio de Angola, com as escravas negras e continua vulgar entre certos grupos bantos. Mestre Oscar Bento Ribas, de Luanda, elucida-me (4-XI-1972): "Muxoxo é termo quimbundo, largamente preferido e praticado pela gente da esfera popular. Significa *chio de boca,* manifestando desprezo. Produzido por compressão do ar nas bochechas. Deriva de *kuxoxa* (escarnecer). Como demonstração de rancor ou desprezo, ainda há quem pratique o reviramento dos olhos, como a coruja. A esse gesto grosseiro, geralmente acompanhado do Muxoxo, dá-se o nome de *xucululamento*. A quem dá um Muxoxo, responde-se-lhe: – 'Para a sua boca, malcriada!'. Ordinariamente, são as mulheres que usam tal manifestação de desdém ou desprezo". O Muxoxo, atravessando o Zaire, já se faz ouvir nos candomblés sudaneses. Ver *Muxoxo em Angola.*

FIM DE CONVERSA

Facilmente encontrada em Terencio (Eunuco, Andria) e no anterior e poderoso Plauto (Amphitryon, Cestellaria), uns 190 anos antes da Era Cristã, a fórmula terminal da conversação em Roma republicana. *Nunquid vis?* Nada mais desejas? *Ut valeas!* Passe bem. *Licet!* Com licença. Agitava-se a mão, despedindo-se. Nada mais? Passe bem! Com licença! não constituem atualidades? Usos 1690 anos antes do Brasil nascer.

---

1. *O Dialeto Caipira,* São Paulo, 1955.

COTOVELADAS

É a técnica de abrir passagem na multidão. Com menor trânsito, bastam as mãos, manejadas com insistente energia. Nem é mais preciso, como outrora, dizer: "Caminho! Com licença!". *Date viam, licet!* rosnavam os romanos apressados. Os cotovelos conseguem um túnel na maciça montanha transeunte. Quem não sabe acotovelar, não pode morar em New York e cidades desse gabarito demográfico. O jovem Dinacion do *Stichus*, de Plauto, composição da maturidade mental do comediógrafo, gritava, consciente da eficácia funcional: *Cubitis depulsa de via,* expulsa com os cotovelos os concorrentes andantes! Adianta-te através dos braços e flancos contundidos. Surdo, obstinado, na marcha incessante, segue tua missão, Dinacion. O protesto surge dos cotovelos inúteis.

APERTE ESTA MÃO!

Gesto de solidariedade, apoio cordial, concordância jubilosa na atitude do amigo. Não significa uma saudação comum, diária, habitual. Manifesta regozijo e participação psicológica, valendo um voto pessoal de aprovação notória, quase um compromisso e, n'algumas ocasiões, confirmação de contrato verbal, tornado sério e válido. Copo de vinho e aperto de mão obrigam moralmente o pactuado como se fora escrito em cartório, diz-se em Portugal. Nesse sentido Plauto incluiu em várias comédias documentais, *Aulularia, Cordage, Cativos, Pseudolus,* na fórmula usual do *Cedo fortunatam manum,* expressiva e vulgar no Brasil.

GESTOS DO CHAPÉU

Com cinco séculos de uso, o chapéu, mesmo ausente, vive na gesticulação que o perpetua. Cinco séculos de uso coletivo porque o seu conhecimento individual é de idade imprevisível. Para aqueles em que representava *a Cabeça,* o Decoro, a própria compostura hierárquica, ainda motiva a mímica da saudação na insistente cortesia indispensável. Instintivamente a mão se ergue na altura da fronte para retirá-lo. Procurar tocar na aba, *mettre la main au chapeau,* consistindo vênia na etiqueta de Luís XIV, confunde-se na intenção de uma simbólica continência militar. Nesse ciclo da *Hatless* contemporânea, o comando é o *Hats off!* imperioso. A História do Chapéu no plano do valimento social, como nenhuma outra peça do vestuário, daria movimentado e sugestivo ensaio evocador na evolução protocolar e vasta participação paremiológica. No jantar do Rei-Sol em Versailles *tout le monde étoit couvert, le Roi seul étoit découvert,* informa o duque de Saint-Simon. Em 1947 uma grave comissão israelita, de passagem para Londres, não foi servida na Portela de Sacavem por teimar, conservando os chapéus, imóveis como turbantes, nas obstinadas cabeças, no restaurante do aeroporto de Lisboa. O judeu, coberto na Sinagoga, não entendia o obsequioso português local. Saudavam os Deuses em Atenas e Roma cobrindo e não descobrindo a cabeça. *Quis hic est, qui operto capite, Aesculapium salutat?* Quem é este que cobre a cabeça para saudar Esculápio?[1] A vênia *rasgada,* o chapéu em giro hemicircular, paralelo à testa, talvez motivasse o movimento da mão saudadora, sem o sombreiro essencial. Das nuvens aos pés, como na tradição da *Vieja España.* O Chapéu explica boa percentagem mímica na variedade das saudações.

MISTURAR OS PÉS

As duas mãos, uma sobre a outra, fazem um movimento envolvente, com os dedos meio afastados. Sugerem a confusa dinâmica da junção carnal. "Anda misturando os pés com todo Mundo!" Incontinência sexual. Há mais de vinte e cinco séculos o gesto deveria existir em Roma como era vulgar a frase: *Contur babunt pedes,* dita por Chalinus na comédia *Casini,* de Plauto. Valia alvoroçar, confundir, misturar os pés, numa atividade demasiada expressiva para a imagem verbal.

---

1. Plauto, *Curculior.*

A BOCA EM BICO

Acanudar os lábios estendidos é gesto de pouco caso, escárnio, desdém. Desfaz o equilíbrio fisionômico nas pessoas adultas. O "biquinho" infantil é um amuo adorável, falsa zanga, provocando carícias. Em gente raciocinante é ostentação de crítica desprezível. Coincide com a posição labial de quem sopra flauta. A deusa Minerva, vendo-se no espelho das águas, atirou fora o instrumento que enfeiava seu rosto lindo. O elegante Alcibíades, ainda rapaz, repetiu a repulsa.[1] Em Roma, sendo Marco Aurélio imperador, o jovem Aulu Gelio estudava com o sábio Sulpicius Apolinaris, enfrentando o pedantismo literário com a *facetissmae dissimulationis* de Sócrates aos sofistas de Atenas. Consultando um desses professores de mentira enfatuada sobre um trecho de Salustio, viu o fingido erudito entreabrir a boca, alongando os lábios, sinal de desprezo pela questão e pelo consulente: *Rictu oris labiarumque ductu contemni a se ostendens,*[2] em pura ignorância sobre o significado de *Vanitor* e *Stolidior,* motivos da pergunta. A boca imitará o sapo-bufão, "sopra-búzios", no apelido popular às criaturas de beiços projetados, sugerindo focinho reduzido. Já no tempo de Palas-Atenas o gesto era antipático. Continua sendo. O rei Davi cita-o no Salmo 22, v. 7. "A tromba em bico, não faz o rico!", dizem em Portugal.

GESTOS MAQUINAIS

O motivo justificador não mais existe mas o gesto recorda a função desaparecida. Usando óculos, apertar a mola ao inexistente, pince-nez. Escanhoado, agradar o invisível bigode. Cofiar a barba rapada. Segurar no pescoço o lenço ausente. Sem farda, ajustar a bandoleira ao ombro. Pianista com os dedos no imponderável teclado. O queixo mantendo um violino que ninguém vê. Procurar na cabeça o chapéu de abandonado uso. Consultar as horas num pulso sem relógio. Reger orquestra imaginária. Rir sozinho de anedotas velhas. O amargor do antigo remédio ainda

---

1. Plutarco, *Alcebíades,* III, notas 7-8.
2. *Noites Áticas,* XVIII, 4.

provoca a defensiva careta. A lembrança do sabor provocando saliva. A visão do desleal personagem atrai o cortejo das perfídias cometidas. A continência do oficial à paisana. Uso do cachimbo põe a boca torta. O movimento dos braços na marcha denuncia o temperamento.

SAUDAÇÕES

Saudar, salvar, cumprimentar, pertencem a um longo patrimônio mímico, outrora religioso e depois profano, prerrogativas dos Soberanos, alto Sacerdócio, os senhores das terras e das gentes, representantes dos Deuses, de ilimitado poder. A nossa maior percentagem irradiou-se de Roma, invocação à deusa *Salus,* Saúde, filha de Esculápio, *quae matutina est Salutatio.* Saudar era pedir que a deusa Salus protegesse o amigo interlocutor. O instintivo movimento do braço, elevando-se, com a mão agitada, ainda guarda a forma ritual dirigindo-se idealmente ao altar ou aos Céus, onde as divindades vivem. Os ademanes das despedidas denominamos *adeus, A Deus,* entregando à Onipotência a oportunidade do futuro encontro. O *cumprimento* é satisfazer, cumprir a obrigação cordial da vênia. Dever cumprido. Missão cumprida. Não se saúda sem erguer o braço. Levantá-lo na diagonal era a imagem de mostrar a lança, simbolicamente em serviço do saudado. Sobrevivências de Povos guerreiros e caçadores, ainda visíveis nas cortesias entre os nativos da África Oriental. É a origem radicular da saudação fascista, nazista, e dos "Spartakos" alemães, anteriores a Mussolini e Hitler. Foi a raiz da saudação romana, preferencialmente entre legionários duzentos anos antes da Era Cristã. Mas nessa época saudava-se em Roma levantando o indicador, como ainda se vê. E era vulgar o aperto de mão, conhecido na Ásia Menor antes de Roma nascer. As saudações tocando a fronte ou as têmporas com os dedos, "continências, meneios e ações de veneração", como escrevia o historiador João de Barros (1495-1570), sempre possuíram caráter militar, e um camafeu do tempo do imperador Vespasiano (1º século depois de Cristo), mostra um legionário saudando desta forma a um centurião. Não oferecia os pensamentos mas a cabeça, sede de toda vontade. Tanto na persignação católica como no salamaleque árabe, toca-se inicialmente na cabeça. Descobri-la, retirando o chapéu, séculos e séculos depois, ou curvá-la, nos variados graus da inclinação, valiam vestígios de submissão oriental, pondo-se em nível inferior a quem se saudava. Para Mittin, *c'est le residu de la prosternation. Originellement c'était sans dout le gest d'offrir, en signe d'absolue soumisson, sa tête à couper ou son dos à fouetter (prosternation)*. Esse aparato de apavorada subserviência penetrou o Ocidente depois das campanhas de Alexandre Magno na Ásia (século IV antes de Cristo). A influência asiática na Europa não fora menor que a difusão grega nos Povos dominados pelo conquistador macedônio. A presença de Roma nessas regiões provocou o mesmo processo aculturativo, interpenetrante, entre vencidos e vencedores. Os israelitas jamais se libertaram totalmente da sedução mental dos 430 anos de Egito,[1] notadamente no cerimonial aos Reis e Sacerdotes, antecipando a veneração militar. Das prosternações, genuflexões, areia na cabeça, beijo nos pés, para o aperto de mão e simples vênia cortês, muito Tempo passou para que o Homem se libertasse da adoração servil ao seu imperioso semelhante. As inclinações começaram na curva dos 45 graus até a leve, quase imperceptível dobradura no pescoço. As exigências protocolares nas audiências oficiais, mesmo no Brasil Reino, Império, República, constituem a história da espinha dorsal relativamente à verticalidade. O símbolo milenar é afirmar-se com dimensões inferiores, nunca proclamação notória de subalternidade, ante a figura que a bajulação agigantava. A vitaliciedade das funções impunha a reverência maquinal, como um ato reflexo. Era indispensável *savior tourner le compliment!* A partir do século XV as danças na Corte, origem convencional de Cortesia, cortesão, cortesã, incluíam as vênias donairosas entre os pares: Pavana, Minueto, Quadrilha, Lanceiros: *Chevalier au milieu et compliment! Faire le compliment!* Versailles, Trianon, Tuileries, Compiègue. *Incroyables* e *Merveilleuses* do Diretório. Peraltas e Sécias de Dona Maria Primeira de Portugal. Serenins de Queluz. Jardins de Aranjuez ao redor de Madrid. White Chapel de Carlos II. Windsor de Eduardo VII. Apesar das elegantes evocações de Wanderley Pinho (1890-1967), o Imperador D. Pedro II aboliu o "Beija-mão" em 7 de abril de 1872, apagando a motivação cerimoniosa da recepção glacial, banalmente cinzenta. A saudação era a credencial aristocrática. Saber como, onde e quando saudar! Vênias orientais sob os pneumáticos do Progresso. Samurais do Japão, mandarins da China, nos palácios do Mikado ou do Dragão de Ouro. Exceto para muçulmanos do velho estilo, o sentido religioso da saudação desapareceu. É um mero aceno comum de reaproximação social. Nenhuma associação divina. Os gestos de mão, braço a meia altura descrevendo breve arco de

---

1. *Êxodo*, 12, 40.

círculo, e de cabeça, meneada com curto sorriso, são suficientes despesas preliminares ao convívio sob a égide do Interesse.

IMITANDO O DIABO

Nas manifestações da "massas" em Moscou, 8 de março de 1969, ante a Embaixada da China, "arremedam o Diabo-Chinês, deformando os olhos e colocando os indicadores sobre a testa, a maneira de chifres", divulgam os telegramas. Num momento de expansão, emerge o inalterável basalto da Terra humana. Eternidade da mímica popular.[1] As gerações soviéticas nascidas depois de 1917, educadas em ambiente diverso e tecnicamente adverso ao clima *tzarista*, na hora sublimadora da reação satírica, recorrem à antiqüíssimas imagens da zombaria simbólica, comparando os adversários às figuras milenárias de um Satanás estrábico e chifrudo, tão vivo na cultura coletiva russa, através da influência de Bizâncio, como distante das concepções chinesas no plano demoníaco da evocação morfológica. Aqueles diabinhos não seriam compreendidos em Pequim.

É UMA FLOR!

Os dedos unidos em cálice, abrem-se numa flor de cinco pétalas. Olegário Mariano (1889-1958), que morreu sempre jovem Poeta, dizia-me ser o gesto mais intencionalmente sentimental da mímica brasileira, embora exportado de Portugal. Gesto onde a rusticidade humana ameiga-se reproduzindo o milagre vegetal na fórmula mais tentadora da continuidade da espécie organizada. Apenas seria impossível acompanhar na recriação humana os atributos miríficos do perfume e da cor, na estonteante exibição das formas feiticeiras da sedução floral. É um gesto privativo de sensibilidade, aparecendo em momentos emocionais de comparação feliz.

---

1. *Na Ronda do Tempo*, 1971.

Há quem tenha vivido triunfalmente sem jamais imitar uma flor com os dedos pecadores. A simples coincidência do símbolo digital é um índice delicado de possibilidades poéticas. Uma higiene mental com obscuras repercussões imprevisíveis, permanentes e poderosas de abstração cordial, muito mais penetrante que um *whisky*.

ÉRICO VERÍSSIMO E OS GESTOS MEXICANOS

"Tenho um interesse especial pelos gestos folclóricos. No México observei alguns que não encontrei em nenhum outro dos países que até agora tenho visitado. Devo esclarecer que o mexicano em geral é uma pessoa que gesticula pouco; quanto ao índio puro, este às vezes não parece mais rico em gestos que uma estátua. Com que mímica nós os brasileiros designamos o dinheiro? Esfregando repetidamente o indicador contra o polegar. Creio que é um gesto quase universal. Pois no México se designa o dinheiro, o peso, formando um círculo com esses dois mesmos dedos, na configuração da moeda. Muitas vezes quando um brasileiro convida outro, de longe, para tomar um cafezinho ou um trago, é natural que estique o polegar e o indicador, formando linhas paralelas, e a distância entre uma e outra indicará a quantidade do líquido. O mexicano usa desse mesmo gesto para dar idéia de tempo ou de volume. Se de longe grito a um amigo: *Vamos, hombre!* ele poderá fazer esse mesmo gesto para dizer: *Esperame un poquito!* E usará ainda a mesma mímica para indicar a quantidade de *tequila* que deseja em seu copo. Há um gesto de cortesia, de agradecimento, que consiste em erguer a mão aberta e dar-lhe uma volta rápida de um quarto de círculo, mantendo-a nessa postura. Significa: *Gracias!* No seu saboroso livro *Cornucopia de México,* José Moreno Villa faz referência às três maneiras com que o mexicano indica a altura de pessoas, animais e coisas. No primeiro, dobra e apinha os dedos mínimo, anular e médio, esticando o indicador apoiado no polegar, como a reproduzir as linhas dum revólver. No segundo, ele abre bem a mão, com todos os dedos juntos, e projeta-a no ar, como uma faca ou uma serra. No último caso, quando se trata de coisas, usa a mão da mesma maneira, mas com a palma voltada para baixo, como se fosse pousá-la sobre uma superfície plana. Todos esses gestos talvez não tenham muita importância nem ajudem a compreender melhor o mexicano; menciono-os por achá-los curiosos. É possível que outro, com mais argúcia que eu, possa descobrir neles um sentido oculto, a chave ou, melhor, uma das muitas chaves dos incontáveis cofres secretos da alma mexicana."[1]

ALGUNS JOGOS INFANTIS NO BRASIL

Dizemos no Brasil "brinquedo" e "brincadeira" na mesma acepção. Brinquedo é também objeto com que se brinca. "Jogo", no plano do *ludus*, é uma imposição pedagógica que vai avançando devagar, através de gerações novas, alunas de cursos primários. Há vinte anos jogo era sinônimo de passatempo com baralho, bolas, dados. Já estavam confundidos quase na literatura do século XVI, e Gil Vicente empregava "jogar" e "brincar" na mesma identificação divertida. Nos domínios da psicologia, da dinâmica fisiológica, memória, inteligência, raciocínio, vontade, virtudes de honra, disciplina, lealdade, obediência às regras, a brincadeira é o processo iniciador do menino. Ensina-lhes as primeiras normas da vida, acomoda-o na sociedade, revela-lhe os princípios vivos do homem, sacode-lhe os músculos, desenvolve-lhe o sistema nervoso, acentua-lhe a decisão, a rapidez do conhecimento, põe-lhe ao alcance o direito do comando, da improvisação, da criação mental. Já tanta gente ilustre escreveu sobre o brinquedo, valorizando o jogo infantil, ensinando aos grandes a respeitá-lo e facilitá-lo ao menino, futuro grande, que se formou um novo conceito ao redor da brincadeira e de sua valorização. A velha, clássica e sisuda impressão do brinquedo ser uma inútil vadiagem, deseducadora e palerma, evapora-se lentamente. No brinquedo material, o objeto de brincar, a utilidade pedagógica não é menor nem menos preciosa. Espécie de lâmpada de Aladino, o brinquedo se transforma nas mãos da criança numa diversidade incontável, imprevista e maravilhosa. Esse poder da inteligência infantil materializar a imaginação no imediatismo da forma sensível será tanto mais ajustador do menino no mundo social, quanto mais espontâneas tenham sido as aproximações entre a criança e o seu universo

---

1. Érico Veríssimo, *México,* História duma viagem, 262-263. Editora Globo. Porto Alegre, 1957 (1905-1975).

pequenino. Num livro de Monteiro Lobato, uma criança entre um sabugo de milho e um Polichinelo para brincar, escolhe o sabugo. Polichinelo é Polichinelo sempre. Sabugo pode ser rei, rainha, máquina, casa, moça, avião, carro e também Polichinelo. A criança estava apenas elegendo a massa plástica, apta a receber forma e nome de suas mãos. O marechal Bugeaud perguntava a um pequeno príncipe d'Orléans qual presente preferia para a Páscoa: um general bordado de ouro, ou um colibri numa caixa doirada, cantando duas valsas e uma canção patriótica? O pequeno Orléans respondeu, coerente: *Je préférerais un petit cochon de bois peint en rouge avec un sifflet dans le ventre.* É uma estória contada por Loys Brueyre. Se este é o ângulo para a educação física pela rítmica, estimulando o companheirismo, a solidariedade, o movimento harmônico de conjunto, para o folclore há outra campanha. É a utilização das velhas brincadeiras tradicionais nos programas da ginástica escolar moderna, sob o critério da seleção e do aproveitamento de seus elementos dinâmicos. Se esses jogos vieram atravessando os séculos, resistindo, defendidos e guardados pelo povo para seus filhos, provam claramente uma vitalidade real e um poder quase mágico (não dando ao brinquedo o sentido mágico de Frobenius) de adaptação e de conservação na simpatia infantil. Ninguém aposenta a cabra-cega, o chicote-queimado, a dona-de-calçada, a galinha-gorda-dentro-d'água, a série de brincadeiras para todas as idades, desde o pinica-inho-para-barra-de-vinte-e-cinco até as jornadas cantadas e dialogadas da La Condessa, de que João Ribeiro estudou uma variante. O estudo da antiguidade dos jogos infantis, origem, viagens, áreas geográficas do conhecimento, processos de escolha inicial, final, evolução, está apaixonando professores do campo e da cidade. Há também para o folclore a linha melódica, a rítmica, adaptações, características, sobrevivências. Para a dinâmica calistênica, os vários tipos de marcha, o desenho das figuras fixadas no jogo, saltos, carreiras, pulos, aceleramentos, fórmulas de substituições nos extremos ou meios, círculos, paralelos, fileiras, enfim a plenitude sugestiva do jogo-motor na escala das gradações, são dados essenciais. Para o educador, todos esses aspectos são faces do mesmo tema, apreciações naturais, ricas, inesgotavelmente utilizáveis. Quais os jogos que divertem o menino brasileiro? Os atuais e vivos, brincados pelos ricos e pobres, em todos os recantos do território nacional? Os vindos de Portugal, que são quase universais. Os africanos, que desconhecemos. Os de possível fonte ameríndia. São de número sem fim. As músicas. As fórmulas de escolha que iniciam a brincadeira. Jogos de mão. Parados ou em movimento geral. Rondas. Parlendas. Mnemônicas, que são cantigas com ou sem sentido, para decorar números, nomes e datas. Enredo das brincadeiras dialogadas. Estas, em parte mais alta e final, representadas por meninas que se fazem de senhoras, mães, princesas, com pedido de casamento, amor, matrimônio, vinda de cavaleiros, quase orçando pelo limite do teatro infantil, um teatro de mímica espontânea e poderosa, em que todos nós fomos personagens, atores e atrizes, sinceríssimos. Alguma coisa registei em *Literatura oral* (cap. II, nº 2) e nos vários verbetes do *Dicionário do Folclore Brasileiro*. Uma impressão do brinquedo no tempo só se dará pela pesquisa. Há brinquedos de 10.000 anos. E alguns mais antigos. O pião rodador, puxado a cordel, strombos grego, turbo romano, são encontrados nos túmulos mais velhos de Micenas, na quinta e nona Tróia e continuam presentes, vistos em qualquer local, na mesma função que lhe davam escravos númidas e gladiadores, crianças de Atenas e de Roma, há mais de cinqüenta séculos. Um dos brinquedos ginásticos mais populares do meu tempo de colégio era uma luta, um duelo, onde cada lutador enfrentava seu adversário trepado nos ombros de um colega. Vencia quem fizesse desequilibrar o antagonista. Nunca esquecerei a surpresa quando vi o meu jogo de menino repetido num alto-relevo egípcio, de alta antiguidade, como jogo tradicional nas terras do delta. No *Onomastikón* de Júlio Pólux, mestre do imperador Cômodo, alude-se freqüentemente a brincadeiras que são contemporâneas no Brasil dos nossos dias.

*Sed ludere par, impar, astragalorum,
multitudine manibus concepta divinationem.*

Par-e-Ímpar é o que chamamos no norte *Sapatinho-de-Judeu*. Uma moeda ou pedrinha oculta na mão fechada e a pergunta: "Sapatinho-de-judeu? "Responde-se, escolhendo: "Mão de baixo (ou de cima) quero eu!". Diz o outro: "Mão de cima (a que não foi indicada) não dou eu!". Ganha, se a mão escolhida contiver a moeda. É ainda uma das fórmulas de escolha. Diz-se na América Latina *Pares y nones*. Os meninos de Roma brincavam também o *Sum sub luna* que o castelhano denomina *Sonsoluna* e o ibero-americano *Frio y caliente*. Quem não o conhece no Brasil? O objeto escondido é denunciado pela temperatura na relação da proximidade. Quem se apropínqua está quente. Quem está longe, está frio, frio-frio, gelado. Não era popularíssimo em Roma e Grécia o *musca aenea* ou *khalke muia*? É a nossa cobra-cega, *galina ciega* dos castelhanos. *Julguemos a la galina ciega,* escreveu Lope de Vega no *Adonis y Venus* (ato segundo). Em Portugal cita-se a cabra-cega. No *Auto del nascimento de*

Cristo y edicto del Imperador Augusto César, de Francisco Rodrigues Lobo, no século XVII, o camponês Mendo, crédulo e simples, e o pastor Fábio dizem:

> *Sea mucho en ora buena*
> *Y qual hade ser el juego?*

E Mendo:

> *Eu só sei a cabra-cega*
> *E mais o escondoirelo!*

Esse *escondoirelo* é o nosso brinquedo de esconder, o *cache-cache* francês, esconde-esconde no nordeste brasileiro. Os gregos tinham três tipos desse jogo. O *apodidraskinda* em que um menino fica com os olhos fechados, até que todos se escondam, e vai então procurá-los nos seus esconderijos. A *myia kalké* ou "mosca-de-bronze" é jogada amarrando-se os olhos a um dos participantes, que vai perseguir, tateando, os companheiros, até que apanha seu substituto. A *muinda* é a perseguição com os olhos fechados. Esta assemelha-se ao *colin-maillard*. *Cara-ou-cunha*, revirando a moedinha? *Cara y cruz* na Espanha. Em Roma era o *caput aut navia*, jogando-se a moeda que tinha Jano de um lado e uma nau no anverso. Atirar pedras de pontaria, para acertar num alvo? *Efetinda* grega. E o *epostrakismós*, que consistia em jogar pedras para que resvalassem na superfície d'água, tocando-a mais de uma vez? E as pedras atiradas para um fosso, visando a alcançar uma escavação, "cafunar castanhas" atual, o popular gude, não era o romano e grego *esbothyn?* Escolher um chefe para o brinquedo, eleger o rei, *basilinda* milenar. Brincar de roda, *catenas ludunt*. Gregos e romanos saltavam na corda, usavam o *ioiô*, o papagaio de papel, o botão com cordel para fazê-lo girar, bufa-gatos no norte de Portugal, *coupeur d'air* na França, *rhombus;* galopavam montados num pau fingido cavalo, o *equitare in arundine* ou *cálamon peribêni*; o joão-galamastro, arre-burrinho português era o *oscillatio,* e era usual o balanço, balouço, *escarpolette* francesa, figurando mesmo nas festas sagradas da Aiosa. As bolas, pélas, esferas, com dezenas de formas e tamanhos, eram tradicionais, jogadas com o pé ou a mão, individual ou em grupo. Conheciam as bolinhas de vidro, *pila vitrea*. A boneca, sem idade, era a *pupa,* com mobília e arranjos mobília e arranjos domésticos. O fantoche, com movimentos dados pela mão, joão-redondo, joão-minhoca, e mamulengo, era o *pupazzi* e as marionetes, *igmagule, neurospaton*. O cabo-de-guerra, com um grupo puxando em cada extremidade. Era *helkystinda,* inseparável dos ginásios nas horas de palestra, exercício físico de adestramento. Até o menineiro bater na bochecha cheia de ar, provocando um estampido, era jogo greco-romano, o *stloppus*. Em 1746 depararam nas ruínas de Herculano uma preciosidade. Eram quatro monocromias. Ernest Breton afirma a quarta ser *le plus admirable de tous, et peut-être la plus pure de toutes les peintures antiques parvenues jusqu'à nous*. Assina-a *Aléxandros, athenaîos, égraphen;* Alexandre, ateniense, pintor. Está no Museu de Nápoles. Duas deusas jogam pedrinhas e três outras assistem, Latona (Aeto), Aglaia, Níobe, Febe e Hiléria. Era jogo com várias pedrinhas e aqui cinco, *pentalizonte,* substituídas as pedrinhas pelos ossinhos, *astragalorum,* Talus entre os romanos. Quem não o conhece no Brasil? Era tão comum na Grécia que se fez motivo de arte e conhecemos uma linda jogadora no "astragalizonte" de Pólicles, duzentos anos antes de Cristo, e que estava, em 1939, no Museu de Berlim. Havia um quadro de Polignote representando os dois filhos de Pandora, Camiro e Clítio, jogando ossinhos. Em Portugal chama-no pedrinhas, bato, pedras, chocos, jogas, telhos, bodelha, chinas como na Espanha. As deusas estavam jogando o *pentalia*. Na Inglaterra, *knucklebones*. Uma variante, dita em Roma *taba* ou, melhor, *talus,* muito popular entre soldados e que os legionários espalharam por todos os domínios, é ainda o jogo da *taba* ou *tava,* no Rio Grande do Sul e nas terras ibero-americanas. Tinham as crianças romanas e gregas carrinhos, *plostellum, chiramaxium,* animais de ossos, madeira, bronze, barro cozido, sobre rodas, para serem puxados por um cordel, enxovais, inclusive de cozinha, para bonecas. Divertiam-se fazendo castelos na areia das margens dos rios ou do mar, erguendo-os e destruindo-os, talqualmente lembra Homero,[1] casinhas de ramos e barro, saudosamente recordadas por Horácio,[2] o *simulacra domuum* de Sêneca; esculpiam animais e homens na argila, cera, casca de árvore ou miolo de pão.[3] Podiam zombar pondo a língua de fora, imitando as orelhas do asno, fazendo com o braço o movimento do pescoço da cegonha, pregando um rabo de pano nas pessoas graves que lá iam, ilustres, sem atentar no ridículo da cauda.[4] As cantigas-brinquedo como *pinicainho-da-barra-de-vinte-e-cinco, vilão-do-*

---

1. *Ilíada,* XV, 363.
2. *Sátiras,* II, 3.
3. Luciano de Samosata, *O Sonho.*
4. Horácio, *Sátiras,* II, 3; Pérsio, *Sátiras,* I, 58-60.

cabo, varre-varre-esta-casinha, la condessa, seu-pai-matou-porco? quatro-cantos, Dona-Sancha, são anteriores ao século XVI. A reunião dos jogos e brinquedos infantis num ensaio de confronto seria tarefa maravilhosa de beleza e utilidade. Beleza de trabalho humano e sensível, uma viagem na alegria infantil durante séculos. Alegria de pesquisar, cotejar, deduzir descrever o movimento, a força, o ímpeto desses jogos perpétuos, mantidos pelo homem na sua memória menina, repetidos, como que ressuscitados, quando a idade atinge a área deliciosa da agilidade e do arrojo juvenil. E ainda o consolo de uma aproximação espiritual com a criança que vive em nós, *the imperistable Child,* da qual falava Menéndez y Pelayo, afirmando que *todo hombre tine horas de niño, y desgraciado del que no las tenga.* Todos esses jogos têm a sua mímica imortal.

VINHO NA CABEÇA

Era a penalidade ao conviva que não esgotasse seu copo ao findar da reunião cordial. Dizia-se "a Lei da Casa". Assisti no Recife a um desses "castigos". Denominava-se na Grécia *eolokrastia*. Os sobreviventes das campanhas de Alexandre-o-Grande na Ásia suntuosa trouxeram para a Europa a paixão exibitória da pompa estridente. Os assírios, vencidos e decadentes, contaminaram os gregos com o delírio do luxo desvairado. Os egípcios e fenícios foram canais de irrigação viciosa. Os romanos adoeceram vitaliciamente no contato da Grécia, luminosa, dispersiva, ardente, imediatista. Não desapareceu, aplicado ainda na intimidade dos convívios ruidosos e íntimos. Estudei esses gestos epulários, expressando imposições de possíveis milênios: *Superstições e Costumes,* "Deixar o copo vazio", 1958, agora perscrutados num pormenor. O Conquistador faleceu, junho de 323 a.C. justamente em Babilônia, conseqüências excessivas de engolir e mastigar. O gesto de deitar vinho na cabeça dos retardatários na deglutição é mais de um século anterior ao espantoso Alexandre Magno. Já existia na época do confuso e complicado Empédocles de Agrigento, na Sicília. Nos festins, o Simposiarca, *Princips compotationis,* que dirigia o banquete, mandava despejar no convidado o vinho que deixara de beber: Diógenes Laércio ("Empédocles"). Quase seis séculos depois de Empédocles (grande adversário desses costumes orgiásticos), a tradição mantinha-se na Roma do imperador Nero. Petrônio recorda o comando de Trimalchion mandando derramar na cabeça dos escravos o vinho recusado: *Si quis, noluerit accipere, caput illi perfunde.*[1] Em setembro de 1972, piquenique na lagoa do Bonfim, Nisia Floresta, RN, repetiu-se, em clima jubiloso, o cerimonial já velho há vinte e cinco séculos.

OLHE PARA QUEM FALA!

O Senador Pedro Velho (1856-1907) desconfiava de quem lhe falasse "com os olhos dançando". Olho direto afirma lealdade. Gente com o olhar "atravessado", infixo, andejo, denuncia caráter indeciso, amorfo, fugitivo. Os sertanejos chamam "olhar de gato ladrão", tornejante e covarde. Dizia-me João Neves da Fontoura (1887-1963) que os velhos chefes gaúchos não gostavam do General Pinheiro Machado (1851-1915) conversar com as pálpebras semicerradas, como dormitando. "Olhe para a gente!", reclamavam. Os romanos defendiam doutrina idêntica. *Huc me adspectas! Adspicedum contra me!* Olhe-me! Olhe meu rosto!, registra Plauto na *Mostellaria*, traduzindo a mentalidade vinte e cinco vezes secular. É o critério do Alcorão, surata 2,98: *Oundhournâ,* olhe-nos!

VEJA AQUI!

A exibição de prova impressa, "matando a questão", faz-se no gesto da mão aberta, vertical mostrando a palma como se fora o texto concludente aos olhos do contraditor. Não é posição de quem mostra livro mas uma página isolada. Nenhum volume inteiro poderá ser exposto com essa técnica. É mímica expositiva da *cerata tabula,* placa de madeira revestida de cera onde o estilete riscava as letras da comunicação. Mostrar a mão vazia e limpa substituindo o desenho alfabético é um movimento denunciador da fidelidade gesticular a uma das formas primárias da linguagem escrita. Não me parece lógica nenhuma outra interpretação.

---

1. *Satyricon,* LX.

BOCA TORCIDA

Lábios numa obliqüidade artificial e desdenhosa, rictus de zombaria e ridículo. Boca de solha. Julgamento sumário de condenação inamistosa, afastando a possibilidade cordial. É um dos mais típicos e naturais na fisionomia feminina, sentenciando antipatia instintiva no reflexo condicionado ao desajustamento psicológico. Maomé proibiu esse trejeito: Alcorão, surata de Lokman, 31, v. 17: *Ne mets pas ta joue de travers par mépris,* traduziu o Prof. Edouard Montet. É universal na significação primária da Repulsa. A mesma em qualquer paragem do Mundo e nível intelectual de quem aplique. Essa universalidade na intenção unânime demonstra antiguidade absoluta, ancianidade incontestável e verídica, segundo a dedução do Prof. Franz Boas. É o *labiis dum ductant eum,* notado por Palestrion no *Militar Fanfarrão,* de Plauto: *les lèvres de travès,* de Joseph Naudet. Represália sublimadora da "menina" vendo a que lhe tomou o namorado.

MORDIDINHA NO NARIZ

Meu companheiro na pensão de Dona Quitéria e na Faculdade de Direito no Recife, G. C. M., jamais entendeu porque a namorada lhe mordia o nariz nos transportes temperamentais. Ignorávamos que as donzelas Ainos do norte do Japão beijavam mordendo. Reminiscências mandibulares afetivas de mamíferos em cio. Cneio Nevio (270-190, antes de Cristo), primeiro poeta "nacional" de Roma, registara o *Utinam nasum abstulisset mordicus,* sinal da jovem não querer separar-se do namorado, fixando-o pelo órgão respiratório. A comédia *Menechmes,* de Plauto, foi representada em Roma no ano 215 antes de Cristo e 539 da fundação da Cidade. O escravo Peniculus, inevitavelmente ladino, diz à *meretriz* Erotia de Eridamo: "Se o amasses, já terias o seu nariz entre teus dentes!". *Nasum abreptum mordicus.* Tal e qual praticava a inocente pernambucana de 1927.

TOCAR NO PÉ

Esse sinal amoroso, discreto, contagiador flamejante, poderia iniciar o código das comunicações podálicas. Também é um aviso dissimulado e preventivo de inconveniências verbais. Todos sabem da eloqüência na leve pressão de um bico-de-pé, silencioso e clandestino, que ninguém notou, exceto o destinatário feliz. Marcos Aécio Plauto (250-184 antes de Cristo), foi um revelador incomparável da cotidianidade em Roma. Na comédia *Asinaria,* Plauto registou o *pedem homini premat,* ainda contemporâneo. *Perpellit pedem,* de Quinto Ennius.

TOCAR NA TERRA

Todos conhecem esse gesto de tocar no solo com o indicador, médio e anular, dispersando os agouros ameaçantes e reforçando a Boa Sorte. Mesma finalidade de *tocar madeira*. Afirmam pertencer ao cerimonial dos Candomblés, onde os devotos passam a mão pelo chão, levando-o à testa, pedindo a simpatia dos Orixás da África sudanesa, à volta do rio Niger, porque essas potências sobrenaturais não atravessam as águas do Zaire. Na região banto, o gesto existe, ligado ao ritual da Quimbanda de Angola e de forma mais expressiva porque bater com as mãos no solo é invocar a justiça de Quitedi de Muene Congo e do próprio Muene Congo, informa Oscar Ribas. Há um hábito religioso muçulmano de espargir areia na cabeça, tocando-a previamente.[1] A liturgia católica mantém cerimônia paralela e resumida na Quarta-feira de Cinzas. Esse uso de terra e cinza nos cabelos como humilde penitência será divulgadíssimo e milenar, ampliando o toque no solo, que as "Filhas-de-santo" dizem ser reverência aos *donos do chão*. A origem da propaganda será Roma, republicana e dos Imperadores, onde tocava-se no chão implorando a proteção dos *Dii Inferi,* os deuses da Terra abismal, senhores do Destino e da Morte, respeitados pelos próprios Deuses Olímpicos. Na comédia *Mostellaria,*

---

1. Maçoudi, *Les Prairies D'or,* VI, 1873, livro de 944 depois de Cristo.

Plauto faz o arguto e astuto Tranion ordenar aos escravos: *Tangite vos quoque terram!* "Tocai a terra também", como ele fizera, cheio de respeito, talqualmente praticam os supersticiosos. A presença no Brasil creio ter sido por intermédio da escravaria africana, contaminada pelos mouros da orla do Mediterrâneo que a teriam dos romanos. – *Tangite vos quoque terram!* Tocai a Terra, Mãe-comum. Lembrai-vos de Anteu! Ver *Beijar o solo!*

POSIÇÃO DE SOCÓ

As pernaltas ardeídeas, com uma pata encolhida, esperam com paciência o peixinho fisgável. A imagem sugeriu denominar *posição de socó* às crianças e adolescentes demorando com a planta do pé direito na face lateral do joelho esquerdo, ou vice-versa, equilibrando-se sem outro apoio. É repouso efêmero sem que pareça insustentável a notória instabilidade. Gente do sexo oposto não usa essa técnica tradicional e secular, desaparecendo na maturidade. Mulher e velho não imitam o Socó. É mais do litoral que dos sertões. Pesquisei-a em longo estudo no *Made in Africa*, 2001, e o Professor sueco Gerhard Lindblom dedicou-lhe erudita indagação.[1] Diz-se "Nilotenstellung" por ter sido inicialmente estudada no Nilo Branco, entre os compridos Chours, apoiados em lanças. Dessa zona, a Posição de Socó ganhou o Sudão, Quênia-Tanganika, Zambezia, Moçambique, Angola, Congo, Guiné. Foi o percurso para o Brasil nas pernas escravas de bantos e sudaneses. Sua expansão global registou-se e não interessa repeti-la. Derramou-se nos mestiços e pela indiada, zona de conforto para a influência africana do pé-no-joelho. Na Europa, não deu sinal de presença. Mesmo na Espanha e Portugal não foi possível afirmar a existência normal da Posição de Socó nas populações de ontem e de agora. Nem curiosidade etnográfica. Vive o *fazer o quatro,* atravessando a anteperna na altura do joelho, evidenciando relativo aprumo perpendicular. Mera atitude exibitória, quando a Posição de Socó é de repouso e perfeita naturalidade funcional. E continua em rara mas renitente vitalidade popular.

---

1. *The one-leg resting position (Nilotenstellung) in Africa and elsewhere,* Estocolmo, 1949.

TOQUE NA MADEIRA

Gesto de isolar os agouros, afastando os malefícios. Bate-se na mesa com os nós dos dedos. Veio da Europa onde continua habitual. *Toquemos madera,* escreve o espanhol Julio Camba,[1] esconjurando a cozinha vegetariana. Superstição de Roma. No tempo do imperador Nero, o elegante Petrônio beijava a mesa, *osculatique mensam,* exorcizando as bruxas.[2] A mesa era sagrada, votada aos deuses Hospitalares, os Lares, Antepassados protetores: — *Se sacra mensue dii hospitales,* escreveu Tácito.[3] Percuti-la era invocar as forças domésticas, benéficas, generosas. Crença e ato seguem a missão de amparo e defesa.

NÃO OLHE PARA TRÁS!

Recomendação de milênios. Precaução mágica. Há cinqüenta anos julgava-se evitar ou diminuir a tentação poderosa de verificar a curiosidade despertada pela passagem. Pescando olhares casuais para significá-los intencionais. Pertencia ao patrimônio educacional feminino. As meninas "bem procedidas" eram incapazes de voltar a cabeça, certamente fervendo de realizar o contrário. Andei farejando o (*Anubis e Outros Ensaios,* IX, 1951: *Dante Alighieri e a Tradição Popular no Brasil,* 287, 1963). Imposição do Anjo ao patriarca Lot[4] e do guardião do Purgatório a Dante Alighieri.[5] A senhora Lot voltou-se para ver o incêndio de Sodoma e ficou tornada numa estátua de sal. O evangelista Lucas[6] recomendava: "Lembrai-vos da mulher de Lot!". Presentemente constitui técnica indispensável aos transeuntes e profissionais das ruas. Espiar o rasto e sua repercussão nos circunvizinhos ambulantes. Reminiscências das Iniciações, olhar para

---

1. *La Casa de Lúculo,* 1929.
2. *Satyricon,* LXIV.
3. *Anais,* I, LII.
4. Gênesis, XIX.
5. "Purgatório", IX, 130-132.
6. XVII, 31.

trás era obedecer ao sedutor apelo do Passado, do caminho vencido, dos pecados que deviam apagar-se na memória redimida. Com a face velada, o iniciando ia ouvindo as atrações carinhosas ou ameaçantes de vozes que o chamavam. Era assim "Mistérios" de Elêusis. Era preciso continuar, impassivamente, para a frente e para o alto, subindo sempre, surdo às tentações dos dias mortos. *Let the dead Past bury its deads!* aconselhava Longfellow. Orfeu perdeu Eurídice porque se voltou antes de transpor o limiar do reino de Plutão. Quando Ulisses visita o mundo dos Mortos, o supremo conselho de Circe é que ele não se volte. Assim no Édipo em Colona, o coro avisa ao herói cego que jamais se volte enquanto durar o sacrifício às Eumênides. Se assim fizera Sófocles, Ésquilo já recomendara a Electra, na cerimônia expiatória diante do túmulo de Agamenon: oficiar sem volver os olhos. O mesmo o adivinho Teresias orienta Alcmena, no XXIV Idílio de Teócrito, para que destrua os corpos das serpentes que o menino Hércules estrangulara no berço. Frobenius lembra que os caçadores de leopardos do Kardofan não olham para trás, evitando que as feras os sigam. No Brasil, o conselho para quem viaja sozinho à noite, em estrada solitária, é olhar para diante. Quem olha para trás se assombra. *Fobos*, o deus do Medo, assalta invariavelmente pelas costas e nunca pelo peito. Os velhos aldeões gregos e romanos caminhavam nas horas noturnas sem olhar para os lados, temendo as zombarias dos deuses campestres, sátiros, faunos, ninfas. Maxwell narra o episódio da experiência do Coronel Gudgeon e amigos em Kaietea, ilha da Sociedade, 20 de janeiro de 1899. Um feiticeiro transmitiu ao grupo a sua força mágica, a *mana*. Todos os ingleses pisaram as brasas ardentes como se calcassem areia fria. Apenas um companheiro queimou os pés. "Contrariando o rito, havia olhado para trás quando passara a fogueira." Chico da Paz, que passara de plantas nuas à fogueira de São João em junho de 1929 na residência do meu concunhado Milton Varela, no Ceará-Mirim, explicou-me o perigo da queimadura, voltando-se para olhar os próprios rastros. A recomendação da feiticeira Proselenos a Petrônio[1] em Roma e do Boto feiticeiro (delfinídio) no Rio Negro, Amazonas, ao herói Poronominare, é a mesma: não olhar para trás enquanto estiver em trabalho mágico. Qualquer Pai-de-terreiro, mestre de Macumba, pajé de puçanga ou de Catimbó, babalorixá famoso, repetirá a indicação inseparável do êxito para um bom feitiço, muamba, coisa-feita, canjerê, despacho, ebó, depositado em via pública, especialmente encruzilhadas, como em Roma sob a égide de Hécate e na Bahia sob os eflúvios

---

1. *Satyricon*, CXXXIV.

de Exu: não se vire, não olhe para trás, porque as "forças" em vez de atuar sobre o inimigo, acompanharão o curioso! "Viram às avessas." Olhar o caminho já percorrido é uma atividade invertida, desgaste energético, anulando parcialmente a tarefa realizada. Abusão popular tão velha quanto o Homem.

SÓ COM ESSE DEDO

Basófia popular, desplante gabarola, pouco caso, ridicularização do feito alheio. "O que vossê caçar eu asso nesse dedo!" No *Auto da Barca do Purgatório,* 1518, de Gil Vicente, o companheiro do Arrais do Inferno diz ao Diabo: "Eu só butára uma náo, / Com esse dedo, sem ti!" Mostra-se o dedo mínimo. Locução e gesto deveriam ser antigos naquele início do século XVI. Vulgares pelos Sertões do Nordeste brasileiro.

CUSPIR NO PRATO

Não vive apenas a locução nos esquecidos dos benefícios recebidos. Mereceu citação *ad immortalitatem* quando, em 19 de junho de 1924 na sessão histórica da Academia Brasileira de Letras, Coelho Neto apostrofou a Graça Aranha: "Vossa Excelência está cuspindo no prato em que comeu!". Era o clássico *cracher dans le plat* circulando entre os acadêmicos *au temps jadis*. Há outra acepção à qual me reporto e dou fé. Fingia-se cuspir sobre as iguarias expostas, evitando a concorrência dos famélicos. Egoísmo e não Ingratidão. Esta era a que vivia, no repugnante humorismo da minha mocidade escolar, entre os companheiros internos, ignorando a originalidade secular, insensíveis na intenção agressiva do bom humor irresponsável. É o gesto recordado pelo Doutor François Rabelais em 1548, no prefácio do *Quarte Livre de Pantagruel: – quand par les cabaretz & taverenes, esquelz lieux tenoient ordinairement leurs escolles, voyans les hostes estre de quelques bonnes viandes & morceaux friands serviz ilz crachoient villainement dedans les platz, afin que les hostes, abhorrens leurs infâmes crachatz & morveaux, désistassent manger des viandes apposées & tout demourast à ces villains cracheurs & morveaux.*

PÉ DIREITO

Entrar com o pé direito é garantia de tranqüilidade, êxito, segurança. Inconscientemente, evita o avanço do esquerdo. Superstição que Roma oficializou, derramando-a pelo Mundo. Até os anglos-saxões têm o seu *happy-foot*.[1] Era regular o aviso aos convidados, *dextro pede!* lembrando a obrigação que evitava o agouro sinistro.[2] O Imperador Augusto calçando as sandálias trocadas pela manhã, considerava-se ameaçado.[3] Daniel Fryklund estudou o assunto em sua tese de doutoramento.[4] De sua vulgaridade no Brasil é suficiente recordar Ruy Barbosa discursando no Senado, 11 de novembro de 1914, vésperas da posse do Marechal Hermes da Fonseca: "Que o novo Presidente entre nas suas responsabilidades com o pé direito!" Ninguém comentou a originalidade do prognóstico, tal a popularidade da imagem verbal.

SILÊNCIO!

Sabemos interjeições e gestos trazendo a sugestão impositiva do Silêncio. É a mesma mímica que detém, pára, termina o movimento. Dante Alighieri cita um dos mais antigos: – *Mi pose il dito su dal mento al naso*.[5] Dois tradutores brasileiros, Barão da Vila da Barra e Xavier Pinheiro, escreveram: "Sobre os lábios pus os dedos" e "Dedo nos lábios fiz nesse momento". Evidentemente *Dal mento al naso* não corresponde ao "dedo nos lábios", como os dois brasileiros entenderam. Dante repetira a posição clássica de Muta, a deusa do Silêncio, Lara ou Tácita, festejada em 18 de fevereiro, XII das calendas de março. Não era apenas uma cerimônia dedicada aos Mortos ou aos Lares, mas à entidade personalizadora do elemento indispensável aos ritos sagrados de todas as religiões do Mundo.

---

1. Ver *Anubis e Outros Ensaios* (XXIII, 1951), *Dicionário do Folclore Brasileiro* (Global, 2000), *Locuções Tradicionais no Brasil* (UFP, 1970).
2. Petrônio, *Satyricon*, XXX.
3. Suetônio, XCI.
4. *Les Changements de Signification des Expressions de Droit et de Gauche dans les Langues Romanes et Spècialement en Français*, Upsala, 1907.
5. "Inferno", XV, 45.

Não teria sido a forma inicial da Oração, o Silêncio do homem primitivo, olhando o firmamento estrelado ou a lua cheia, de luz recordadora e suave? Num livro de outrora[1] estudei a tradição do Silêncio na Cultura Popular. O assunto é diverso, *but that is another story,* como diria Rudyard Kipling. O dedo nos lábios não teria a mesma significação ritual que Dante repetiu, dispondo-o da fronte ao nariz. O dedo nos lábios é a proibição da voz. Da fronte ao nariz alcança símbolo mais vasto e mais antigo. É advertência para o pensamento e para a respiração, apelo instintivo para a concentração, a mobilização mental ao derredor de uma imagem sagrada. Seria o signo de Muta na hora grave da Iniciação, o primeiro passo para a lenta e gradual revelação dos Mistérios. O sinal de *Atenção!* ainda é dado com o indicador vertical na altura da testa. Sem que ninguém aprenda ou tenha lido, é surpresa quando verificamos sua ancianidade veneranda e aplicação litúrgica. As mais velhas estátuas de Muta têm aquela posição que Dante tomou para avisar a Virgílio. Nos séculos XIII-XIV ainda a linguagem dos gestos, ou os gestos mais próximos ao cerimonial religioso, ia morrendo devagar, resistindo nas memórias numa projeção inconsciente que denunciava o processo milenar da fixação. Depois é que Muta, Lara ou Tácita guarda o movimento dos lábios prendendo-os sob o indicador, gesto esotérico, entregue à divulgação dos profanos e ao uso popular indiscriminado. Como o Horus infante do Museu do Cairo. A sede clássica do fôlego é o nariz. No Gênesis, descrevendo o Dilúvio, informa o redator: "Tudo o que tinha fôlego de espírito de vida em seus narizes, tudo o que havia no seco, morreu!" (VII, 22). Era pela Aspiração que se recebia a Vida e Iavé as homenagens do povo fiel.[2] Em forma olorosa subiam os sacrifícios aos Deuses olímpicos, sugerindo a Aristófanes a incomparável sátira do *Pássaros,* 414 anos antes de Cristo. Os árabes do deserto, ciosos do hálito puro e tentando evitar a contaminação com os infiéis, cobrem os narizes, os tuaregues velados, *Mulattamin,* a gente do véu, *Ahl elliam.* Entre os indígenas do Brasil *vergonha* e *nariz* têm o mesmo vocábulo, *tin* ou *ti,* segundo o conde de Stradelli. Dizemos no Brasil: – *Não tem vergonha nas ventas!* correspondendo às faces. Venta, Ventas, não é a fossa nasal mas o nariz inteiro. Dar, bater nas ventas, é injúria tão alta como esbofetear. "Senhor do seu nariz" é sinônimo do indivíduo integral, livre, autônomo. Ainda no século XVII cortar o nariz era penalidade regular para os assaltantes de caravanas comerciais ou aos viajantes isolados. Ao ladrão vulgar

---

1. *Anubis e Outros Ensaios,* XXXI, 1951.
2. *Gênesis,* VIII, 21.

é que decepavam a orelha. Diodoro da Sicília (I, LX) regista que o etíope Actisanés, faraó do Egito, fundou na fronteira da Síria uma colônia penal constituída pelos bandoleiros desnarigados. Denominou-a *Rinkoloyros* ou *Rhinocolure,* nariz-cortado. A integridade nasal denunciava a independência física. Não se diz "Senhor de sua cabeça". Dizer verdades no nariz ou nas ventas, de qualquer um, é atitude decisiva de coragem destemerosa. Levar pelo nariz era uma das conduções de escravos, furados pela cartilagem nasal como os bois de carro. O dedo na fronte era imagem da Meditação. Fixava o pensamento. Tocar na testa é invocar a primeira pessoa da Santíssima Trindade na persignação católica. Saúda-se, militarmente, elevando a lâmina na altura da cabeça, na cerimônia de "abater espada". Nas frontes passava-se o óleo sagrado consagrador para os Soberanos e sacerdotes, os "ungidos do Senhor". O gesto de Muta, da fronte ao nariz, possuía esse conteúdo simbólico, compreendendo a vida espiritual e material, atividades respiratórias e mental. Sugeria, em sua simples presença mímica, a decisão do Silêncio para os mistérios compreensivos do Entendimento. O gesto ainda universal para obter a mudez atenciosa nas reuniões é estender o braço, a mão espalmada ou agitante.[1] Mímica para deter o movimento exterior. Na sua "Epístola ao Conde-Duque de Olivares", Quevedo (1580-1645) alude à mímica do Silêncio: "Não me calo, por mais que, com o dedo/Tocando a boca ou fronte levemente,/Silêncio avises ou ameaces medo".

ESTIRAR A LÍNGUA

Oito séculos antes de Cristo o gesto era vulgar pela Ásia em pleno insultuoso. O profeta Isaías (774-609, a.C.) refere-se: "De quem fizeste vós escárnio? Contra quem abristes a boca, e deitastes a língua de fora? (57,4). Trezentos e sessenta e dois anos anteriores a Era Cristã, os gauleses assaltaram Roma e um dos guerreiros pôs a língua de fora injuriando os Romanos. O jovem Titus Manlius abateu-o[2] divulgando página dos desaparecidos *Anais* de Q. Claudius, sobre a *lingua exertare* do gaulês atrevido. É do patrimônio mímico de toda Europa. Pretos africanos e os

---

1. *Atos dos apóstolos*, 12, 17; 13, 16; 21, 40; 26, 1.
2. Tito Lívio, VII, 9, 10, Valério Máximo, VI, 9, 1-2, Aulo Gélio, IX, 13, 3.

nossos indígenas ignoraram o gesto antes do contato árabe e luso-espanhol. Na *Coroação de Espinhos,* de Lucas de Cranach, o Velho (1471-1528), Museu de Gand, um velhote ajoelhado, apresentando uma vara à guisa de cetro, suspende o gorro numa saudação caricata, e estende a língua zombeteira ao Filho de Deus. Dante Alighieri,[1] inclui o paduano Reginaldo degli Scrovegni com a língua pendente, agressivo, inconformado, insubmisso, como boi lambendo o nariz: — *Di fuor trasse la lingua, come bue che il naso lecchi.* No embarque para a Sibéria dos sublevados de 1906, *une femme tire la langue au photographe.*[2] É preciso que esse gesto tivesse merecido no Tempo uma longa capitalização significadora, um profundo conteúdo bárbaro e vivo no sentimento popular para que a mulher russa o escolhesse como a derradeira mensagem de protesto e desabafo. Recebemo-lo da Europa na equivalência da palavra do general Conde de Cambronne em Waterloo, comandando *le dernier caré de la Vieille Garde* em 18 de junho de 1815. Frase suja que Victor Hugo disse *sublime* e Cambronne negava tê-la dito. Foi divulgada a fotografia de Monteiro Lobato mostrando a língua aos sabotadores do petróleo."[3] *Tirer la langue à quelqu'n, se moquer de lui.* No antigo Tibete constituía saudação dos humildes aos superiores.[4] Teria inicial morfologia no mito das Gorgonas, de língua exposta. Criação autônoma no México pré-colombiano. Maias de Chich'en Itzá, Mixtecos de Cholula, esculturas de animais símbolos com a língua longa e visível. O egípcio Bes, Bisou, Besou. A Gorgona, Gorgoneion no estudo de Minerva: medalhões e frisos de Igrejas na Inglaterra. Para mim, nem Luxúria e nem Gula. Estilização da Náusea. Kuuipo Aloha, o Deus do Amor no Hawaí, tem a língua de fora e as mãos unidas pelas falanges na altura do abdome. Na lógica etnográfica seria a representação da reflexão gulosa sem nenhum elemento erótico.

APERTO DE MÃO

Insistem que meus netos apertem a mão dos visitantes. Má educação se o não fizerem. Vez por outra tentam contra a freqüência do hábito pelas

---

1. *Divina Comédia,* "Inferno", XVII, 74-75.
2. *L'Illustration,* Paris.
3. Edgard Cavalheiro, *Monteiro Lobato. Vida e Obra,* 1º, São Paulo, 1955.
4. W. Montgomery Mac-Gover, *Mon Voyage Secret à Ilhassa,* Plon, Paris, 1926.

razões higiênicas. Mussolini, enganado pelos seus eruditos, decretou a abolição do *strette di mano,* proclamando: – *Si saluda romanamente!* Aperto de mão, o *dextram dare,* e o braço erguido na diagonal, foram ambas normalidades no tempo do imperador Augusto, saudações *alla romana.* Fora gesto dos Povos caçadores, segurando a lança em simbólica oferenda ao saudado. Quando não havia a lança, erguiam o braço no automatismo da imagem associada, como ainda vemos na África Oriental. O aperto de mão nasceu pelo Oriente, valendo compromisso, formalidade, aliança. Salomão (1032-975 antes da Era Cristã), quando não existia Roma, alude nos Provérbios (22,26) aos que se "obrigam apertando as mãos". Assim fizeram Édipo e Teseu em penhor de juramento.[1] Glauco e Diomedes, Aquiles e Priamo assim aparecem na *Ilíada*[2] treze séculos antes de Cristo nascer. Citado em Xenofante, Aristófanes, Diodoro da Sicília, Horácio, Marcial, Plauto. Os romanos trouxeram da Grécia e levaram-no pela Europa dominada, da Grã-Bretanha aos Bálcãs. Na Idade Média a *Paumée* confirmava compromissos entre os homens do Povo francês. *Paumée, poignée de main.* O Sr. A. Milton registou: *Le shake-hand s'est répandu en France sous le Second Empire.* Vale dizer, 1852-1870. E a *Paumée?* Africanos pretos e ameríndios ignoravam o gesto cordial e pactuante. Ainda em 1887 Karl von den Steinen ficava com os dedos no ar porque os indígenas do Xingu desconheciam a significação da mão estendida. A renascença italiana impôs o aperto de mão, leve, mesureiro, galante, às Cortes européias. A mão da Rainha era sagrada e a do Rei miraculosa. Aperto de mão mais estreito seria amor, atrevimento. Dona Catarina de Bragança perguntou ao esposo Carlos II da Inglaterra a significação dos apertos de mão do Estribeiro-Mor, Eduardo de Montagu. Montagu foi demitido, exilado, e morreu combatendo em Bergen. Samuel Pepys[3] regista diversamente, pouco fiado na inocência da Rainha. Ainda em 1842 o Padre Lopes Gama insurgia-se no Recife contra os *apertinhos de mão* às senhoras. Pouca vergonha! Exigência egoística na Espanha: *No des la mano a los hombres!* Continua demonstração de cortesia, cordialidade, mão na mão, limpa, desarmada, leal. Jesus Cristo nunca apertou a mão de ninguém...

---

1. *Oedipe a Colone,* Sófocles, 497-405 a.C.
2. VI, 233, X, 541, XXIV, 671.
3. *Diary,* 20-V-1664.

MÃOS CRUZADAS NO PEITO

Os antebraços cruzados pelos pulsos sobre o peito valem submissão resignada, dignidade na humilhação sem opróbrio. Firmeza dos vencidos sem capitulação moral. Atitude dos mártires e dos condenados ao suplício, conscientes da injustiça opressora. A tradição dessa posição significar o "sinal-da-Cruz" parece-me puramente falsa e catequética. A esposa de Arminius, o grande chefe germânico, aprisionada pelos romanos no ano quinze da Era Cristã, marchou impassível, sem súplicas e sem lágrimas, com as mãos cruzadas sobre o peito: *Compressis intra sinum manibus*, escreveu Tácito[1] na ignorância natural de uma doutrina que ainda não existia. Aos cadáveres cristãos era obrigatório cruzar os braços sobre o tórax. Na batalha de Roncesvalles, Asturias, 15 de agosto de 778, o paladino Roland dispôs, tradicionalmente, o corpo do Arcebispo Turpin: *Sur sa poitrine, entre les deux clavicules, / il a croisé ses blanches mains, les belles, / Roland le plaint à la manière de son pays (La Chanson de Roland)*. Voltando da sétima Cruzada, 1248, com o Rei Luís IX de França, Jean de Joinville parou algumas horas na ilha de Lampedusa, na Sicília. Depararam um pobre eremitério solitário. Os dois derradeiros cenobitas eram esqueletos: *Et le trouvames dous cors de gens mors, dont la chars etoit toute pourrie: les costes se tenoient encore toutes ensemble, et li os des mains estoient sur leur piz*.[2] As mãos sobre o peito, na forma ritual dos mortos que tinham sido homens batizados. Ver *Mão ao Peito*.

BATA PALMA, VOVÔ!

No final de façanha obtida entre brinquedos, Newton espeta-me o olhar convidativo ao aplauso. Com as mãos ajustadas, comanda, insistente: *Bata palma, vovô!* Não sei o que aplaudo mas obedeço, sonorizando a

---

1. *Anais*, I, LVII.
2. *Histoire de Saint-Louis*, CXXVI.

indispensável concordância, evidente e confusa. Esse gesto exigido por meu neto é fundamental nas relações humanas. Invocava a presença dos Espíritos Protetores. Ainda hoje batemos palmas para chamar alguém. Antecedeu ao címbalo, triângulos, tambores, campainhas. Percuto as mãos como fizeram Sumérios, Hititas, Egípcios, Caldeus. O Homem pisa os granitos da Lua. Transplanta vísceras. Vence a distância. Não consegue conceber outra fórmula visível de concordância coletiva, de vivo apoio grupal. O Progresso não inventou, conservando bater as palmas das mãos, outro processo de solidariedade associada e pública, universal e pragmática. Transmite o suficiente louvor às homenagens grupais. A origem é européia? Há relevos na Ásia Menor com personagens desfilantes ostentando as mãos em posição percutiva. Tróia e as raças da Anatólia tiveram influência recíproca. Os egípcios conheciam o gesto. Os pretos africanos e os ameríndios o ignoravam. É verdade que o idioma tupi possui o vocábulo *pocema*, rumor das mãos, mas seria destinado ao ritmo das danças e jamais expressão aclamadora. As crianças de Samoa antes de andar sabem bater as mãos animadoras. Não tenho documentação se os Árabes e Mouros bateram as palmas ante de ver a mímica dos legionários de Roma. Idem para o Mundo dos mares do Sul onde os navegadores não as ouviram no século XVI. Na China e Japão seria ademane religioso de fixar a própria atenção ou a dos Deuses propícios. Para festejar alguém, não creio na Usança e também pela Índia sem fim. Recordo os soldados romanos batendo com os gládios nos escudos quando aclamavam o *Imperator,* ou reclamavam batalha imediata. Pediriam o auxílio de Marte ou de Belona pela sonoridade metálica, melodia aos ouvidos dos Nunes guerreiros. Penso nos sinos, matracas, gongos, sinetas litúrgicas. A palma é som provocado em divino louvor intencional. O Sr. A. Mitton informa: *On n'est répandu en France qu'au cours du XVII siècle.* Cem anos antes, faziam-na soar na Sorbonne, ensina Rabelais: *Commencèrent frapper des mains, comme est leur badaude coustume.*[1] Certo é que há mais de trinta séculos nenhuma instituição as dispensa e não nasceu quem se desagrade de entendê-la em sua intenção. Palmas! Palmas! Não as deparo na Bíblia. Jesus Cristo e os Apóstolos não utilizaram as palmas-de-mão na recepção deleitosa. *Plaudite, Civis!* Aplaudi, Cidadãos! Bata palma. Vovô! Bata palma!

---

1. *Pantagruel,* XVIII.

PONTA DA ORELHA E POLEGAR ERGUIDO

Concordando com as coisas excelentes, minha mulher instintivamente aperta o lóbulo da orelha. Meus netos erguem o polegar. Esse gesto popularizou-se no Brasil depois de 1942, trazido pelos aviadores norte-americanos. Os mecânicos levantavam os polegares, *thumb-up,* para os pilotos quando os motores, depois de revistos, funcionavam bem. Dos aeroportos espalharam-se numa rápida divulgação que dura trinta anos. Em Roma, republicana e dos Imperadores, significava conceder a vida ao gladiador derrotado no Circo quando os romanos faziam o *dextram pollice.* Ao inverterem, *pollice verso!* o vencido seria sacrificado pelo vencedor. É um gesto clássico no mínimo de dois mil anos. Não o tínhamos recebido pelos povos ibéricos colonizantes e dominados pela Loba romana durante séculos. Pegar na ponta da orelha como indicando qualidades ótimas no que se julga, tivemos de Portugal onde vale proclamação aos vinhos superiores em sabor. Já no século XVI citava-se o *vinho de orelha* como superior. *Este vinho é d'orelha, por São Prisco!* diz-se na *Comédia Ulissipo,* de Jorge Ferreira de Vasconcelos. Edição de 1618 por não conhecer anterior. Circulam as frases: *da ponta! da ponta fina! é daqui! da pontinha!* segurando a extremidade auricular, do Algarve ao Minho. Não sei se ocorre na Espanha mas o encontrei em Vigo, na Galícia. Na França havia o *Vin d'oreille,* saboroso e digno de *toucher l'oreille,* equivalente à mímica portuguesa onde o gesto tradicional documenta-se insistentemente em Eça de Queirós.[1] Erguer o polegar, ou ambos, tem presentemente uma área de utilização bem superior ao toque no pavilhão da orelha. Jamais os vi entre a população do interior mas sempre nas cidades. O da orelha tende a desaparecer e o polegar erguido vai conquistando penetração prática. Os polegares são suficiente mensagem aprovativa. Polegar, *pollere,* possança, resistência, poder. O romano fugindo ao serviço militar decepava os polegares, impossibilitando segurar a espada e a lança. Era o poltrão, pusilânime, preguiçoso, de *pollex truncus,* polegar cortado.[2] Em 1902, D. Luís de Orléans Bragança encontra o *pouce en l'air* no Turquestão Chinês.

---

1. *Ilustre casa de Ramires,* 1897.
2. Amiano Marcelino, Suetônio.

Figa!

O gesto é anterior ao amuleto, ambos vivos no Brasil contemporâneo. Vieram nas mãos portuguesas do século XVI. O continente americano ignorava-se antes do espanhol. Creio que a curta difusão pela África não data de Romanos e Bizantinos e sim do contato navegador subseqüente. Não constitui elemento visivelmente popular entre pretos e mouros, talqualmente ocorre em uso nos Povos de maior influência recebida de Roma, clássico centro irradiante. Originou-se nos cultos orgiásticos da Ásia Menor, de Lampsaco para as ilhas Jônicas, derramando-se no Mediterrâneo de leste para oeste. Não conheço sua presença na Grécia. O clima de simpatia foi no mundo latino de Roma, republicana e imperial. Espalhou-se pela Europa onde continua pertencendo ao patrimônio mímico e aos adornos da profilaxia sobrenatural. Símbolo-síntese da devoção priápica, a Figa representa a união carnal: o órgão masculino no polegar e o triângulo feminino pelo indicador e médio. Afastava as forças negativas da esterilidade porque materializava o ato criador da Vida. Desenhá-la era augurar a vitalidade, a seqüência, a continuidade da espécie e da fortuna. Daí inspirar o amuleto, reproduzindo o gesto auspicioso. Decorava quase todos os objetos de uso doméstico, e também túmulos, tronos, poltronas, compreendendo a parafernália familiar das residências privadas. Equivalia ao *Gorgoneion* dos gregos, os olhos da Górgona, afugentadores dos males, matadores da Inveja. Não teve a Figa, inicialmente, a intenção agressiva e vulgar possuída durante o Império Romano onde sua expansão é incontável e aparece nas sátiras e poemas, prestando-se aos trocadilhos entre a fruta *Figo* e *Fica* (vulva feminina).[1] Viera da Ásia Menor quando da conquista dominadora de Roma. Jóia-amuleto, acompanhou a Civilização romana, aculturando-se nas superstições locais. Continua de fácil encontro, em todos os tamanhos e substâncias, usada como preservativo da Má Sorte ou simples enfeite quando perdida sua vocação apotropaica. A Figa era tão popular na Itália medieval quanto fora na imperial. Símbolo de desprezo, pouco caso, humilhante repulsa. Os homens de Pistóia puseram na torre alta de Carmignano dois grandes braços de mármore, findando em Figas, apontadas para o lado de Florença, cidade inimiga. Esse desafio agressivo motivou uma guerra violenta e as duas Figas de Pistóia foram destruídas pelos florentinos em 1228.

---

1. Martial, *Epigramas,* I, LXVI.

Dante Alighieri na *Divina Comédia*[1] evoca Vanni Fucci, de Pistóia, enleado de serpentes, atirando Figas para Deus: *Togli, Dio ch'a te le squadro!* "Olha, Deus, para ti o estou fazendo!" traduziu Machado de Assis. Dizer, *uma Figa!* é fórmula defensiva, ou fazer o gesto para determinada pessoa é agressão motejadora, gesto de menoscabo, repulsa, enjôo. Assim Shakespeare (1602) a faz pronunciar pelo "honesto" Iago:[2] *Virtue? A fig'tis in our selves!* É o Conselho de Sancho Panza ao Don Quijote, "marrido, triste, pensativo y malacondionado" (1605): *Vuesa Merced, dé una hija al medico!* (II, LXV). Dizer-se *Figa de Guiné*, sugerindo a mentirosa origem na África ocidental, é simples e confusa referência às Figas esculpidas pelos escravos com madeira africana. As mais famosas eram feitas com arruda,[3] planta popularizada em Roma, citada por Jesus Cristo[4] e que os negros preferiam pelo odor julgado mágico. No Brasil do século XVI já as Figas cumpriam a missão desdenhosa, atrevida e mesmo sacrílega. Nas *Denunciações da Bahia*, 1591-1592, referindo-se a episódios 20 a 30 anos anteriores à Visitação do Santo Ofício, há documentos saborosos. Álvaro Lopes Antunes em 1586, fazia repetidas Figas para o Crucifixo. Salvador de Maia, por essa época, quando lhe apresentavam a salva para esmolas, fazia Figas em vez de depositar uma moeda. Filipe de Guillem, Cavaleiro da Ordem de Cristo, Provedor da Real Fazenda em Porto Seguro, em 1571, pretextando ter o polegar demasiado longo, *quando se benzia se benzia com uma figa,* informa o denunciante. É o mais abundante e predileto dos amuletos, de tosco meio metro, amparando portas, às miniaturas preciosas em colares, braceletes, brincos, pendentes nos ombros e bustos. Possuo dois documentos expressivos dessa preferência: corrente prendendo medalha do Senhor do Bonfim, uma Figa amarela e uma pata de coelho, *Rabitt-foot,* dos negros sudaneses, divulgado pelos norte-americanos no Brasil (1942-1945), e uma cruz de madeira cujos braços terminam por Figas, possível cópia de modelo em marfim existente num museu na Suíça. Desapareceu o caráter obsceno. É um gesto desrespeitoso. Na expansão geográfica, a maior surpresa foi constituir um gesto mágico de maldição, entre os Ovahereros da África do Sul. Na *Lemúria*, dia oblacional de 9 de maio em que os romanos celebravam um longo cerimonial tranqüilizando os *Lêmures,* espíritos dos Mortos, atormentadores dos Vivos, a Figa, nas altas horas da noite, impedia que o espectro fizesse a aparição espantosa. Força mágica operante e benéfica.

---

1. "Inferno", XXV, 1-2.
2. *Otelo,* I, III.
3. *Ruta graveolens,* L.
4. *Lucas,* 11, 42.

UM PELO OUTRO

Esfregar o indicador e o médio em toda extensão, como quem limpa poeira teimosa. Identidade suspeita, equivalência mórbida; dois paus de um só miolo. Um pelo outro, sem vantagem e diferença. É a mesma *gajada,* dizem em Lisboa.

LÁPIS NA BOCA

Num movimento natural, minha neta pousa a ponta do lápis no bordo do lábio inferior, indecisa sobre a continuidade da tarefa escolar. Quantas vezes esse gesto se repete na mecânica da humilde utilidade cotidiana? E em que época apareceu na gesticulação espontânea do grupo social? Numa pintura de Pompéia, gravura 138 da exposição Barré (1840), uma jovem *a un style d'acier dont elle porte la pointe à ses lèvres en paraissant méditer ce qu'elle va écrire.* Exatamente como essa menina do Brasil, vinte séculos depois...

APLAUSO ELEITOR

Em teatro e televisão tenho visto o auditório eleger, pela maior intensidade e persistência dos aplausos, os artistas concorrentes a uma classificação distintiva no graduamento dos prêmios. Os mais demoradamente distinguidos pelas salvas de palmas serão os vencedores. A assistência sabe que está votando no ato de bater as mãos, por mais tempo e com maior vibração. É um pronunciamento da maioria eleitoral. Resultado obtido pelo registo auditivo. Já se tem elogiado essa aplicação imediatista dos princípios democráticos na escolha dos candidatos, sonora, pública, entusiasta. Apenas não é muito recente. Segundo a legislação de Licurgo, era o processo de Sparta eleger os seus Senadores... nove séculos antes de Jesus Cristo nascer.[1]

MÃOS POSTAS

Mãos juntas, valendo súplica, imploração, prece; dedos estendidos, palma contra palma, foram vistas por mim, em mais antigo documento, relevos hititas no templo de Ravawat, século XIII antes de Cristo, figurando homens de Carchemish, Síria do Norte, apresentando tributos ao Rei Salmanazar, da Assíria. Duzentos anos antes do Rei Davi conquistar Jerusalém, possuíam a significação contemporânea. Gesto vindo dos hititas, pelo convívio dos israelitas com os egípcios?

CABEÇA BALANÇANDO NO BAILADO

Terminou a pequena festa com a saída das autoridades cordiais e convidados noticiáveis. O trio sanfoneiro continuou excitando as juvenis bailarinas já conscientes dos próprios encantos. Atento e risonho assisto demonstrações de famosas danças, ignoradas nas velhas indagações de meio século. Não há novidade coreográfica mas a insistência de alguns gestos caracteriza determinados bailes de renome e registo de imprensa e televisão. Balançar a cabeça é a constante rítmica, numa preferência diluvial. Já no meu tempo de repórter consistia um pormenor do *rhythm body* dos *Howlers* negros dos Estados Unidos. A cabeça não oscilava no compasso dançante mas num *ad libitum* de alucinação. Contagiava de euforia a assistência tanto quanto a trepidação desordenada das nádegas. Essa movimentação dos glúteos sabemos a origem polinésia, comunicando à África Oriental e depois às onipotentes Angola, Congo e Guiné. Mas esse cabecear incessante não é preto-africano nem ameríndio. Se existe, terá uma raiz antiqüíssima porque o Progresso só engrena máquinas. As Bacantes, devotas de Dionísio, eram profissionais nesse balanceado infin-

---
1. Plutarco, "Licurgo", XXXVIII.

dável da cabeça. Quinhentos anos antes de Cristo, o poeta Píndaro denominou-as *Ripsaukénas,* porque agitavam sem cessar o pescoço. Só bailavam com a cabeça em oscilação permanente. Festas em louvor de Cibele, a Boa Deusa, Grande Mãe asiática. Eram contorções convulsivas, simulando inspiração sagrada e também superexcitação pela presença imaginária de Baco-Dionísio. Fui muito longe... Há quem pense o Homem andar em cima d'água, sem vestígios. Quem vive, deixa rastro na memória do Mundo. Com mais modéstia, judeus e maometanos conservam esse menear de cabeça quando em oração. Para os muçulmanos é o *rake'at* essencial, que em certas ordens, como a dos derviches de Roufat em Istambul, atinge ao delirante exagero. Os israelitas não o olvidam. Gil Vicente no *Diálogo sobre a Ressurreição,* 1526, faz o Rabino Aroz declarar ao final: "Alto, começar a travar os vestidos, e a cabecear!". Sem esse bamboleio não se reza ao onipotente Jeová. No *Monitório do Inquisidor Mor*[1] denuncia-se aquele que ora "sabadeando, abaixando a cabeça, e alevantando-a, a forma e modo judaico". Maomé aprendeu com os judeus de Medina e Meca esse movimento pendular da cabeça no plano vertical para as orações ao Deus clemente e misericordioso. Há no Oriente um lagarto, estelião *(Stellius vulgaris),* que os árabes chamam *Hardum* e que desfruta da generalizada antipatia. Quando o encontram no campo ou na cidade, matam-no infalivelmente. É que o *Hardum,* de ânimo essencialmente burlador e zombeteiro, diverte-se imitando os movimentos da cabeça dos fiéis de Alá, orando nas mesquitas. Repetem o *raké-at* regulamentar. Aquele balançado do estelião é um desrespeito à pragmática muçulmana. A mesma técnica das nossas amáveis lagartixas. Nós possuímos gestos anteriores ao gênero humano. Acocorar-se, por exemplo. *Y tem por seguro que nada hay más nuevo como lo que es de siempre,* disse Miguel de Unamuno.

ROER UNHA

Depois de compor o cabelo, não há gesto mais instintivamente feminino que roer as unhas, fingindo livrá-las de excrescências incômodas e também imaginárias. É um entretenimento para a indolência e motivo maquinal para o devaneio desocupado. Apesar dos recursos modernos no

---

1. Évora, 18 de novembro de 1536.

tratamento das unhas, roê-las é a melhor solução. Mais psicológica que idôneas. Grandes Poetas de Roma, Pérsio, V-162, Propércio, III-Elegia, XXIII, Horácios, Epodos, V, 47, registaram essa inconsciente e adorável atividade feminina, na viva autenticidade do exercício deleitoso. Novo, debaixo do Sol, só conheço recém-nascido.

Limpando os ares

Os antebraços entrecruzam-se em movimento contínuo e lento, palmas expostas verticalmente, os dedos abertos em leque, como quem dissipa um nevoeiro ou afasta fumaça. Gesto clássico da antiga Bruxaria européia, completando a Defumação que expulsa os "maus-ares" e as "coisas-ruins". Convergiu para o *Catimbó,* onde é a mímica de "limpar os ares", carregados de malefícios, depois dos competentes "preparos" secretos. Na gesticulação vulgar significa afastamento, abandono definitivo, recusa de aproximação. Para sempre. Nunca mais.

Mostrar a palma da mão

Em maio de 1958 o jornalista Assis Chateaubriand, Embaixador do Brasil em Londres, presenteava-me com os dois tomos de C. Leonard Woolley, *Ur-Excavation: Royal Cemetery* (1934), restituindo ao Sol a paisagem de uma cultura de quarenta séculos antes de Cristo. A informação variada e sugestiva permitia a visão da Caldéia, humana e dita pátria de Abraão, onde vi o desenho do primeiro carro de bois, de rodas maciças, contemporâneo gemedor pelas estradas do meu Sertão. Os sinetes transmitem cenas religiosas, festivas, epulárias. Num desses quadros, *Plate-210,* personagens bem-humorados, sentados, banqueteando-se, mostram a palma da mão direita, paralela ao peito. Saúdam, identificando-se? Possivelmente. Embora os sinetes não incluam ademanes populares e sim protocolares e palacianos, dada a sagrada aproximação do Rei, sempre é uma revelação natural dessa gente desaparecida na poeira do Tempo. Ultimamente revalidou vulgarização, sendo comuníssimo nas cidades. É a maneira mais popular de saudar e corresponder aos aplausos. Inevitável comprovação diária nos programas da Televisão – mostrar a palma da mão direita, como os fidalgos de Ur há sessenta séculos. Cortesia dispensando o gesto universal e clássico, sorrir e curvar-se. Exibir a mão continua vivo e vulgar nos ambientes de expansão artística nos níveis médios no plano do contato com auditórios. Conhecia-o desde a Caldéia. *Dieu assemble qui se ressemble.* As palmas das mãos voltadas para fora foram uma das mais antigas atitudes de súplica. Assim documentam os murais egípcios das dinastias arcaicas, ressuscitados os motivos pelos faraós artistas na fixação divulgadora. Era a forma de orar aos Deuses e de implorar aos Soberanos, seus suplentes. Mãos nuas, desarmadas, puras de intenção agressiva. E o gesto dos artistas de agora, saudando com a mão voltada para o público? Deve ter sido fórmula de identificação submissa: "Sou eu! Estou aqui, sem armas, entregue ao vosso Poder!". Esse conteúdo já não ocorre, naturalmente, ao pensamento de quem o pratica em nossos dias turbilhonantes. Posição da mão direita ao prestar compromisso. *Jurez de dire la verité, levez la main droite!* Saudação dos velhos indígenas no oeste dos Estados Unidos. O braço estendido e a palma voltada para o público é a saudação que se tornou comum. Veja "os três Grandes da URSS" usando o gesto (dezembro de 1973) ante a multidão em Moscou.

UM ATRÁS DO OUTRO

Marcha denominada "fila indiana", porque assim caminham os indígenas. Ocorre em todas as paragens do Mundo, na diversidade dos climas e forças ecológicas. Marcha dos comboios de animais carregados, fila de caminhões, disposição de navios patrulhados, atravessando o oceano. Caravana de camelos nos desertos. A fila dos doze rictores antecedendo o Cônsul em Roma. Patrulhas militares; *come frati minor vanno per via.*[1] Explicou-se essa maneira de andar como sobrevivência da cautela defensiva do homem primitivo na vereda estreita da floresta densa. Facilitava a

---

1. Dante, "Inferno", XXIII, 3.

orientação do grupo. A família indígena seguiria o mesmo hábito imutável. Na saída, na dianteira vai o chefe, de armas na mão, acompanhando-o um a um, os membros familiares, pisando os rastos, emendando as sombras. Na ida pensam que o adversário, fera ou guerreiro, atacará o primeiro avistado. O dono da família avança abrindo caminho, pronto para o embate. Voltando, as posições invertem-se. O chefe será o derradeiro, fechando, guardando, cobrindo a retaguarda. Na estrada de regresso todas as referências naturais são conhecidas e o assaltante não ousará colocar-se entre o acampamento e o grupo que se desloca. Atacará, preferencialmente, o último do desfile. Este, por cautela, vem prevenido e alerta. Assim fazem as onças, tigres, panteras, saltando sobre o último animal da manada. Jamais enfrentam o primeiro, provocando a represália conjunta do bando furioso. A onça pula sobre o derradeiro porco-do-mato. Nos desenhos de Debret no Rio de Janeiro das primeiras décadas do século XIX, depara-se a família marchando nessa mesma disposição. Ainda contemporaneamente organizam as *filas*, facilitando serviços públicos, em todos os recantos do Mundo. Um atrás do outro! Conserve seu lugar!

SÍMBOLOS DO OMBRO

Igualdade, semelhança, identidade social. Ombrear-se, considerar-se no mesmo nível. Hombridade, magnanimidade, consciência de justiça aos direitos alheios. *Scotsmen, shoulder by shoulder!* Escoceses, ombro a ombro! Unidade na ação e fraternidade. A linha paralela das espáduas sugeriu a imagem do equilíbrio, parecença entre as criaturas humanas. "Por cima do ombro!", fora do solidarismo, descaso, desdém, indiferença. É o que se joga fora. Encolher os ombros, resignar-se, conformar-se, desinteressar-se. Outrora, na Ordenação, o novo sacerdote cingia ambos os ombros com a estola, afirmando-se servo permanente e fiel em serviço da Igreja. "Mão no ombro", confiança, intimidade notória. Na cerimônia de armar-se o Cavaleiro, o padrinho, nobre oficiante, dava-lhe a pranchada de espada no ombro direito, significando o ingresso para a Ordem onde seria igual aos companheiros. No uniforme militar, desde 1759 no modelo francês, é o lugar honroso para as dragonas, índice de graduação. Nas guerras antigas bater com a lâmina da espada no ombro do oficial inimigo, proclamava-o prisioneiro. Os frades Claude d'Abbeville e Ivo d'Evreux, 1612 e 1614 no

Maranhão, registram que os tupinambás consideravam-se escravos de quem, num combate, batia-lhes com a mão na espádua. A explicação estaria, segundo o capuchinho d'Evreux, no profeta Isaías, lembrando que o cativo se fazia pelo golpe de vara nas espáduas (9, 3) e o governo de um Reino punha-se, simbolicamente, sobre os ombros: "E porei a chave da casa de Davi sobre os seus ombros" (22, 22). A largura das espáduas é para o Povo a maior denúncia da fortaleza física, da possança muscular. Homem espadaúdo! anúncio de segurança na proteção. Até princípios do século XX as Damas e Donzelas fotografavam-se apoiando a mão ao ombro do esposo ou pai, acolhidas a sua proximidade vigilante e defensiva. Ainda é, para o Povo, um grande índice cordial de confiança. Em 1816, os Botocudos do Rio Doce bateram nos ombros do Príncipe de Wied-Neuwied, significando-lhe simpatia. A mais notória e viva manifestação confraternizadora do povo de Roma aos soldados piemonteses, dominadores da cidade em 20 de setembro de 1870, terminando o poder territorial dos Papas, fora *Gli parlano tenendogli le mani sulle spalle,* observou Edmondo De Amicis, testemunha do dia histórico.

Erguer, arquear, descair os ombros, o "gesto francês", significará indiferença, descaso, desdém. Impaciência ou reforço na tarefa objetiva. Era habitual em Napoleão Bonaparte. *Un haussement d'épaules nous remue plus profund, déliant les puissants muscles que s'attachent au torax, et délivrant le coeur,* observou Alain num *Popos* de 1921. É um movimento de independência, libertação de responsabilidade, afastando o peso do arnês, opressor das espáduas sob pretexto de defendê-las. Alívio do carregador, despejando o fardo. Do caçador, atirando ao solo o animal abatido que trouxera para a caverna militar.

CASTANHOLA

Breve sonoridade obtida pela compressão das extremidades do médio e polegar, soltando-se com força contra a base do segundo. Instrumento musical de percussão, Castañuela, Castanheta, vulgar na Espanha, conhecido em Portugal, ritmando bailados. Na Grécia e Itália meridional diziam Crotalo e Crusmata, a *Betica Crusmata* animando bailarinas sacudidas. Virgílio evoca a jovem Syrisca, *sub crotalo docta,* e

Martial a desenvolta Teletusa, derramando tentações. A Castanhola-de-dedos significa pouco caso, desvalimento, ninharia. Desperta atenção e chama cães. Na Maçonaria valia aplausos. Essa é a que o Brasil conhece, gesto e não instrumento. Popular o *digitorum percussio*, de Cícero, atraindo a famulagem (Tibulo, Martial, Ovídio, Petrônio, Tácito). Nas *Lemurais* (9 de maio), afastavam os espectros castanholando. Ovídio escreveu no *Fastos* (versão de Antônio Feliciano de Castilho): "Co'o polegar e dedo médio unidos./Estalos, que os fantasmas vãos lhe arredem". Batida pelo Mestre, fixava o interesse estudantil. Um bronze de Pompéia a recorda nos dedos de um Sileno ébrio. Ateneu[1] informa de uma estátua em mármore do rei Sardanapalo, 836 anos antes de Cristo, em Anquiale, Trácia, castanholando desdenhosamente.[2] Um gesto popular de três mil anos históricos.

GRANDE ALEGRIA

Demonstração plectórica de júbilo é agitar as duas mãos, dedos abertos, parecendo independentes na movimentação vibrante dos braços. Lembram borboletas ou flores, na espontaneidade da manifestação sonora e rítmica. Essa mímica comunicativa de emoção incontida, encontro na documentação diluvial sobre o túmulo do jovem Tutankamon, fotos de Harry Burton, álbuns de Howard Carter e A. C. Mace, divulgando o deslumbrante tesouro oculto durante 3.272 anos. Nas câmaras que antecedem ao ataúde do faraó de dezoito anos, os desenhos orlam as paredes com as cenas da vida normal do Egito, treze séculos e meio antes da Era Cristã. Em alguns murais as figuras esguias e seminuas pulam, eufóricas, agitando as mãos abertas, os braços sacudidos como flâmulas ao vento, modelos dinâmicos da instintiva coreografia dos meus três netos. As razões motivadoras seriam diversas mas a transmissão emocional e plástica é idêntica.

---

1. *Banquete dos Sofistas,* VIII, 3, 10.
2. *Superstições e Costumes,* 1958.

UM DESCANSO SEM IDADE

O piso da minha avenida foi renovado em alguns trechos. Vieram máquinas, operários complementares, revolvendo o solo cinzento. Vez por outra os homens descansavam na *Posição de Belacqua,* incluída na minha pedante classificação. Permitam apresentar-lhes o padrinho dessa atitude. Não o inventor, mas o consagrante porque mereceu figurar na *Divina Comédia*.[1] Na antecâmara do Purgatório, Dante Alighieri reconhece Belacqua, cidadão florentino, artífice conhecido e hábil na fabricação de guitarras e alaúdes. Inteligente, pronto nas respostas, trabalhava quando não lhe era possível descansar. Ficava o dia inteiro sentado, dormitando, vendo a Vida passar. Como Euclides da Cunha dizia do sertanejo, Belacqua era um homem permanentemente fatigado. A Preguiça é também um dos pecados capitais e o artista pertencia ao seu quadro efetivo e profissional. Vocação da Inércia. Com a genial precisão incomparável, o Poeta fixa a fisionomia moral e física do seu conterrâneo com as tintas indeléveis do verismo psicológico. É justamente o inverso de um Filipe Argente ou de um Farinata degli Uberti, arrebatados, inquietos, imperiosos. Belacqua é a tranqüilidade, indiferença, "vamos deixar como está para ver como fica". Um legítimo devoto da deusa *Pigritia,* filha do Sono e da Noite, simbolizada pela tartaruga porque os gregos e romanos ignoraram a "preguiça" ameríndia, Bradipodídeos. Teria poucos pecados dependentes da movimentação deliberada, da iniciativa enérgica e pessoal. Se a Preguiça amamenta muita virtude, como afirmava Machado de Assis, Belacqua era, ao seu modo, um virtuoso pela indolência do ato pecador. Os seus crimes seriam os da omissão, não fazer, não agir. Dante depara-o sentado no chão, imperturbável e triste, pernas dobradas ao encontro do tórax, os braços rodeando os joelhos e sobre estes apoiada a cabeça. Parecia talhado num único bloco de indiferença humana pelo Universo e seus problemas. Quando o Poeta, ironicamente, pergunta-lhe se espera guia para a escalada ao Purgatório ou se estaria retomado por um dos habituais acessos de negligência, o *pur lo modo usato t'há ripriso,* Belacqua nem levanta a cabeça para responder que seria inútil tentar o ingresso antes de cumprido o prazo da espera, tantos anos quantos na terra vivera, e o acesso podia ser abreviado pela oração de quem *in grazia viva.* Como nada poderia ocorrer nesse

---

1. "Purgatório", IV.

sentido, deixava-se ficar, tranqüilamente, aguardando sua hora, próxima ou tardia. Antes, ouvindo Dante dizê-lo Irmão da Preguiça, *che se pigrizia fosse sua serocchia,* vendo-lhe a posição imutável, incapaz de esforço e marcha para a Purificação, olhou-o sem alterar-se, com um remoque de esgrimista: *Or va tu su, che se' valente!* "Pois vai tu, que é valente!" Dante era destemido, intrépido, ansioso. Ele era da paz, calma, sombra e sossego. E lá ficou. Esperando sem angústia e ansiedade, teimoso em nada fazer como era um tanto sua ocupação favorita quando vivera na cidade do Arno, fiel ao *modo usato* de outrora. Essa posição, a única que Belacqua conserva durante todo o episódio, é possivelmente uma das mais antigas do Mundo e ainda a mais popular de descanso no Brasil.

> *Sedeva e abbracciava le ginocchia,*
> *tenendo il viso giù tra esse basso.*

Quando o faraó Ramsés III derrotou os "povos marítimos", prováveis filisteus, uns doze séculos antes de Cristo, mandou gravar suas humilhadas figuras nas paredes de Medinet Habu. Os prisioneiros estão sentados em filas, com as mãos apoiadas no solo ou nos joelhos. Constrangidos, ameaçados, não tomam as posições normais e costumeiras, denunciadas visivelmente pela série de situações que as mãos vão tomando ao longo do busto. A tendência é retomar a posição de Belacqua, uma das mais antigas assumidas pelo homem, andando na vertical. Testificam essa atitude comum as incontáveis estátuas *acropies* do Museu do Cairo, da época de Tebas em diante. É a conseqüência mecânica do *accroupissement* oriental. Posição de curiosos, desocupados, pequenos vendedores nos mercados públicos pela África setentrional. Caçadores no "kraal". Negros no "palavre". Nômades sesteando no oásis. Tendo a cabeça nos joelhos é a posição *Tarfiq,* ritual nos Sufis, dedicada à concentração ao Deus Clemente e Misericordioso. No interior das cavernas paleolíticas, o espaço útil não permitiria o destendimento normal de todo o corpo, afora as horas de sono. Dobrar-se, acurvar-se, sustentando os joelhos, era atitude comum e lógica para descanso. Teria aos olhos dos primitivos outra valorização mágica: fora a posição fetal. Inconscientemente, quem dormia, ia repetindo a curva diminuidora das superfícies expostas ao frio, guardando o calor. Os mortos que ainda inspiram terror foram sepultados em posições violentas pela compressão, impossibilitando retomar marcha e continuar uma atividade malévola. Foram encontrados dessa maneira pela Europa, Austrália, Ásia, orla africana do Mediterrâneo, América do Sul pré-colombiana. Bantos e hotentotes, párias hindus, andamanes. Não é unicamente descanso efêmero mas atitude de expectativa serena. Belacqua não somente repousa mas aguarda, espera, atende ao Tempo sem impacientar-se, e aquela seria a mais comum e cômoda das posições para ele. Não me convenci por intuição mas pesquisando outra atitude, a *Nilotenstellung,* a *one-leg resting position* no Brasil, a "posição do Socó" (Ardeídeos), a planta do pé direito na altura do joelho esquerdo ou o pé esquerdo no joelho direito, menos observada (*Made in Africa,* 2001). Fui constatando direta e por informações de vários pontos do território nacional, também de Espanha e Portugal, valendo-me para África o ensaio do Prof. Gerhard Lindblon. Para os indígenas verifiquei nos documentários clássicos dos naturalistas dos séculos XIX e XX e da Missão Rondon, notícias de amigos seringueiros na Amazônia, Pará, Amazônia, Acre. A posição de Belacqua é mais usual que a *Nilotenstellung.* Como teria maior amplidão geográfica havia de ser, na dedução do Prof. Franz Boas, a mais antiga. Fora a posição do profeta Elias (IX séculos antes de Cristo): "Elias subiu ao monte do Carmelo, e se inclinou por terra, e meteu o seu rosto entre os seus joelhos".[1]

MIJAR NA COVA

Suprema desafronta, humilhante e bárbara. Fausto Leiros viu em Natal. Leonardo Mota no Icó (Ceará). Freire Ribeiro em Aracaju. Mário Melo no Recife. José Aoem Etigarribia Menescal no Apodi (RN). Oliveira Lima regista essa ameaça, feita em Lisboa por Teófilo Braga, futuro presidente da República Portuguesa, ao jornalista Antônio Rodrigues Sampaio, então Ministro do Reino. Eça de Queirós versejou: "Na sua campa suspiram os ventos/E um cravo ri./Caminhoneiro, detém teus passos lentos/E mija aqui!" Originou-se no Oriente e consta do *Mil e uma Noites.*[2] O gesto ligado à intenção sacrílega e insultuosa envolve o sentido de violação da terra sagrada dos Mortos, conspurcada pelas secreções orgânicas do inimigo vivo. Passou a Roma, incluída nos deveres sacros dos túmulos. Uma lápide prevenia, incisiva: *Hospes ad hunc tumulam ne meias ossa precan-*

---

1. I *Reis,* 18, 42.
2. Mardrus, VI.

tur tecta hominis. O poeta Pérsio, falecido no ano 62 da Era Cristã, na Sátira Primeira, lembra evitar-se a deposição de imundícies nos recantos consagrados, desenhando-se duas serpentes, signos larários, com a inscrição: *Pueri, sacer est locus: extra mejite!* O local é sagrado! Menino, vá mijar lá fora! Proibição idêntica ostentavam as estátuas. *Damnati sunt eo tempore qui urinam eo loco facerunt.* Imagine-se a micção nas sepulturas, centros venerandos da devoção coletiva! Visível o trajeto milenar, do Oriente mediterrâneo ao Brasil atlântico.

Lamber o dedo

Evidência de gulodice proveitosa. Exibição de bom paladar. Comendo-se sem talher, lamber o dedo seria prolongar a excelência sápida. Ainda em 1556, Fernão Mendes Pinto, no Japão, servia-se com os dedos, causando surpresa aos fidalgos nipônicos que utilizavam dois pauzinhos. O uso conjunto da faca e garfo divulgou-se no século XVII. O Shāh da Pérsia, Narsed-Din, recusou o garfo de ouro que Napoleão III lhe oferecia, explicando *Vous ne savez pas de quel plaisir vous privez.* Jaime Ovalle explicava-nos a decadência no sabor de certos alimentos espetados, quando foram feitos *pour s'en lecher les doigts.* Levava-se o indicador à boca, fingindo-o tocar a saliva. É de lamber o dedo...

Bater com a mão na boca

Autopunição simbólica às palavras blasfêmicas ou irreverentes. Castigo às vozes de orgulho, jactância, maledicência, *Denunciações de Pernambuco,* em 21 de janeiro de 1595, contra Pero Lopes Camelo, de Olinda. Atenuava o pecado levado ao conhecimento do Santo Ofício. Na *Comédia Ulisippo,* de Jorge Ferreira de Vasconcelos, 1618, Lisboa, 33 anos depois do falecimento do autor: "Ora, douda, dái com a mão na bôca!".

SAIA NA CABEÇA

"Gente de saia na cabeça", errante, andeja, despreocupada, irresponsável. Pôr a parte traseira da saia como manto, cobrindo a cabeça, é costume velho, do tempo em que as saias permitiam o gesto. Defendiam-se do sol nas caminhadas longas pelos sertões. Teófilo Braga, Jaime Lopes Dias, Santos Graça, registram a tradição em Portugal. Teresa Panza lembrava ao esposo Sancho Panza uma nova rica que *iba a misa cubierta la cabeza con la falda de la saia, en lugar de mantos.*[1] É um hábito oriental, diz René Basset. Etienne de Bourbon (século XIII) e Poggio (século XV) divulgam anedota, em França e Itália, da mulher que erguendo a saia para cobrir a cabeça, desnudou costas, nádegas, coxas. O episódio continua popular na Europa. George Laport ouviu-o na Walonia (Bélgica) e Gustavo Barroso no Ceará.[2] O marido da distraída julgava a seminudez fazer parte da promessa que iam "pagar" em São Francisco do Canindé. Mesmo assunto belga de Laport. Cobrir a cabeça era imposição religiosa em Roma. São Paulo recomendava às mulheres na igreja.[3] Não desapareceu. Está em potencial.

UMA SAUDAÇÃO MUÇULMANA

Em outubro de 1488 o príncipe Jalofo do Senegal, Dom João Bemoim, visitou El-Rei D. João II em Setubal, sendo carinhosamente agasalhado. Causou surpresa a insistência do príncipe africano em tentar pôr a mão na face da rainha Dona Leonor de Lencastre. Perguntada a razão, explicou ao conde de Marialva que *a cerimônia que na sua terra se fazia aos filhos dos Reis era porem-lhe a mão na barba e beijar a mão.*[4] A tradição é moura e observada pelos muçulmanos, considerando a barba

---

1. *Don Quijote,* II, V.
2. *Casa de Maribondo,* 1921.
3. I *Coríntios,* 11.
4. Códice, cota 44 da Biblioteca Nacional de Lisboa, atribuído a Álvaro Lopes, secretário dos Reis D. Afonso V e D. João II.

atributo de alta honra e dignidade pessoal. Presentemente, o cerimonial resiste ao Tempo, conservando-se o movimento característico da cortesia tantas vezes secular. Encostam a própria mão no rosto homenageado, beijando-a em seguida. Já tenho sido distinguido com este expressivo gesto de intenção laudatória, comprovando a contemporaneidade.

MALUCO

A mímica expressando a insânia representa desequilíbrio "na caixa do juízo". O Povo considera a demência resultado de causas exteriores, notadamente traumática ou influência lunar, diagnóstico universal e milenar. Aluado, lunático, comido-da-Lua, tomado-da-Lua (Gil Vicente, 1525), e no primeiro caso, lesado, tocado, desarranjado-dos-miolos. Os gestos alusivos ao neurótico referem-se a essas origens. Tocar repetidamente com o indicador na testa ou rodá-lo em forma de parafuso, são os mais vulgares na Europa e replantados no Brasil. Reminiscência da trepanação libertadora da Alma, asfixiada no cérebro, motivando a loucura? Era terapêutica pré-histórica, mesmo no continente americano. Os fragmentos da calota craniana constituíam amuletos preservativos.

MÍMICA DO PAVOR

É primária, universal, instintiva. Encurtamento das áreas expostas ao perigo, encolhendo os membros, defendendo a cabeça com os braços protetores e as mãos abertas em leque ou manto. Fechar os olhos, guardar os ouvidos, imobilizar-se, anunciam o terror pelos meteoros sonoros e deslumbrantes. Os gestos complementares da fuga sugerem as ameaças da agressão física, humana. São acompanhados de gritos, com esconjuros, tratando-se de fantasmas. O Terror reconduz a contemporaneidade às iniciais psicológicas da presença do Homem na Terra.

PASSAR A MÃO PELA CABEÇA

Agrado protetor, apadrinhamento, por uma reminiscência da bênção patriarcal dos judeus. A mão sobre a cabeça atraía o beneplácito de Iavé. Pela imposição da mão, o Bispo concede o diaconato. Idem, na ordenação sacerdotal e na sagração prelatícia é o cerimonial na transmissão da graça sacramental. Assim foram consagrados os primeiros diáconos.[1] Gesto de perdão, desculpa, remissão de pecados.[2] Carícia familiar, denunciando cuidado íntimo, defensivo, custodiante.

AFIRMATIVA E NEGATIVA

Gestos fundamentais no gênero humano, universalizaram-se as duas formas pelas comunicações cada vez mais intensas e constantes. As navegações dos séculos XV-XVI-XVII não revelaram modificações nos Povos oceânicos, como África nenhuma alteração traria aos normotipos mímicos. Afirma-se inclinando a cabeça na vertical e nega-se oscilando-a na horizontal. Parecem ter sido os modelos arcaicos, constatados nos mais remotos documentários europeus e asiáticos. Registam exceções, como certos núcleos da China ainda no princípio da presente centúria, invertendo os gestos tantas vezes milenares. Aprovam abanando e negam pela inclinação. Os ainos do norte do Japão, anteriores aos japoneses, concordavam agitando para baixo as mãos na altura do tórax, e a recusa *by passing the right hand back and forth across the chest.*[3] Pelo que sabemos, essas excentricidades jamais possuíram áreas geográficas sensíveis de utilização. Afirmar, *ad firmus,* estar firme na perpendicular ao solo, opunha-se à oscilação oblíqua à verticalidade natural da marcha ou situação de equilíbrio muscular. Mímica de Proximidade grupal, para ser entendida pela visão dos companheiros vizinhos e concorrentes. Tanto assim que os acenos reduzem-se a movimentos da cabeça. A inicial seria a Negativa, atitude instintiva de Defesa e afastamento de obstáculos imediatos. Há uma negativa

---

1. *Atos dos Apóstolos,* 6,6.
2. Gil Vicente, *Farsa dos Físicos,* 1519.
3. George Peter Murdock, *Our Primitive Contemporaires,* 1957.

com o indicador mas não existe uma afirmativa digital. A Negativa seria funcionalmente mais útil na manhã da Humanidade *faber*, expressa na duplicação comunicativa. São ademanes do Raciocínio, evitando desperdício disputador e combatente, como se evidencia nos outros animais, mordendo, grunindo, positivando a posse pelo proveito subseqüente, sem que possuam o *pré-aviso* da discordância ou aceitação. Creio a sua fase de Expansão quando houve o sentimento individual da Posse, destacando-se da comunidade camarária. Uma inicial na legítima defesa possessória, coisa ou continuidade psicológica. A negativa pelo menear da cabeça defende prioridades divinas. Palas-Atenas, Minerva sábia, assim negava.[1] Não é possível mais decisiva jurisprudência.

Fazer olhão

Baixar a pálpebra com o indicador, mantendo o globo ocular exposto numa exibição de vigilância e perspicácia exagerada. Europa, notadamente França e países ibéricos. Dizia-se gesto habitual do Conselheiro Paulino de Souza, égide do Partido Conservador, Ministro do Império, arguto e suspicaz. Corria a imagem: "Pai Paulino tem olho!". O Conselheiro Paulino denomina uma rua em Niterói. Diz-se, na gíria, aos que não se julgam observados: "Olha o Olhão de Papai!". Sir Charles Marston traduz "Profeta" como "Olho aberto!".

O Lado do noivo

Dá a esquerda, onde está o coração, à noiva. Mão esquerda, da "aliança" matrimonial. Deixa a mão direita livre, mão da bênção, da força, de empunhar armas para a defesa da cônjuge. Essa é a tradição imemorial e legítima que as confusas excepções não anulam. Assim Orfeu conduziu Eurídice. A *Médaille de Mariage,* de Vérnon, consagrou a disposição. Noiva apoiada no braço esquerdo do esposo. Direita independente. *C'est parfait!*

---

1. *Ilíada,* VI, v. 312.

APERTO DE MÃO SIMBÓLICO

A mão direita aperta a esquerda, erguendo-as acima da cabeça, agitando-as. Saudação dos desportistas itinerantes. *En Chine, dit-on, ce geste remplace notre poignée de main,* informava A. Mitton em 1949. Antonio Pigafeeta, o cronista da primeira circunavegação, regista a reverência ao Rei de Borneo: *Elevando juntas las manos por encima de nuestras cabezaz, y levantando altenativamente los pies* (julho de 1521).

MÃO AO PEITO

Saudação respeitosa. O peito é a sede da vida. Presença oriental, com ligeira inclinação. É a continência oficial do elemento civil brasileiro. Significa prontidão na obediência patriótica. Servidão jubilosa. Uma figura na arquitrave do templo de Assos, Eólia, conserva essa atitude.

ESFREGAR AS MÃOS

Êxito. Alegria íntima. Ocorrência feliz. A ablução manual precedia a todas as cerimônias religiosas da Antigüidade. Iniciava o sacrifício de gratidão aos Deuses. Gesto que a Igreja Católica conservou na Missa, onde o sacerdote lava os dedos no altar.

ABRAÇAR PELOS JOELHOS

Quando minha filha fora promotora em São Gonçalo do Amarante (RN), comparecia semanalmente em nossa casa uma jurisdicionada de Ana-Maria, velha negra gorda, grisalha, possante, risonha, abraçando-a pelos joelhos numa aparente submissão, ruidosa e teatral. Viajaria para São Gonçalo gratuita e confortavelmente, no automóvel da jovem homenageada. Era a saudação antiga dos ex-escravos, visitando os descendentes do Senhor-Velho, de onde saíam presenteados e fartos. Constituía local predileto para os devotos ósculos, romanos e gregos. Pelos joelhos de Aquiles, Heitor suplica um túmulo. Beija-os Priamo, resgatando o cadáver do filho.[1] Numa pintura de Resina, deparada em 1739, fixando a vitória de Teseu sobre o Minotauro, um dos rapazes libertado abraça o joelho do herói. Consagrava o gesto a bajulação senatorial à onipotência de Tibério.[2] Vivia na interesseira humildade dos Ciganos ante os grandes fazendeiros do Sertão. Os clássicos Soberanos asiáticos não permitiam essa intimidade suplicativa. Nem os soberbos chefes da África muçulmana. Os Povos da América anteriores a 1492 ignoravam a fórmula rogativa, divulgada pela Roma Imperial. Ver *Ajoelhar-se*.

DELICIOSO!

Unha do polegar rapidamente mordida pelos dentes incisivos. Ótimo! Superior! Aceitação degustativa. Corresponde às frases: lamber a unha! lamber o dedo! Aprovando a prova do paladar.

APINHAR OS DEDOS

Apinhar, apinhoar, juntar os dedos como os pinhões das pinhas. O movimento contra o polegar exprime abundância, fartura, multidão. Viva, palpitante, legítima. Frutos. Animais. Gente. O gesto nos veio de Portugal, pela sua densidade expressiva, baixou às camadas fundamentais populares, evitado na mímica dos arranha-céus e participantes eletrônicos. A imagem vegetal não ocorria na flora brasileira. Ainda é contemporâneo

---

1. *Ilíada,* XII, XXIV.
2. Tácito, *Anais,* I, XI, XIII.

nos recursos da evocação comparativa do ciclo agro-pastoril, como nas épocas em que as primeiras fazendas de gado foram nascendo. Um gesto do Brasil Vice-Reino.

ABENÇOAR

Pedir, dar a bênção, fórmula invocatória da proteção divina, *bene dicere,* bendizer, *Bene-dictio,* bem dito. A prosódia popular brasileira acentua a segunda e não a primeira vogal. A origem para judeus e cristãos é a Bíblia, estabelecendo a obrigatoriedade.[1] Mas todas as Religiões abençoam seus devotos, antes e depois de Moisés. Uma boa Enciclopédia dará a geografia da Bênção e suas razões teológicas. A tradição no Brasil data da catequese no século XVI. Ignoramos as bênçãos indígenas anteriores da presença missionária. No Povo, de médio para plebeu, continua prestigiosa.[2] "Tomar a bênção". O gesto é que parece ter sido uniforme através do Tempo e dos Cultos. O mais antigo documento que conheço é a estela do Rei Hamorabi recebendo o código de leis no ditado do Deus Sol Shamash, exposta no Museu do Louvre. O Deus legislador está sentado. O Rei Hamorabi, de pé, estende a mão direita, dedos unidos, exatamente no ato ritual com que me dirigia ao meu Pai, solicitando sua santa bênção matinal. É uma permanência de quarenta e um séculos. Naturalmente, o Deus Sol Shamash, abençoando, não sabia fazer o sinal-da-cruz, aparecido dois mil e cem anos depois de sua legislação.

FICAR DE MAL E FICAR DE BEM

De mal, unir as extremidades dos indicadores na horizontal. Separá-las por um golpe brusco, perpendicular, pela pessoa concordante em "ficar de Mal" com quem uniu os dedos. Símbolo de continuidade, inter-

---

1. *Números,* 24-26, *Salmo* 31, *Daniel,* 9,17, *Gênesis,* 43,29, *João,* 14,27, II *The,* 316.
2. *Religião no Povo,* III, UFP, 1974.

rompido pela cessação da unidade. Diz-se então: "Estamos de Mal". Em França é *Zizanie*. Ficar de Bem é enganchar os indicadores dos reconciliados em forma de elo de corrente, rearticulados. "Estamos de Bem!"

PUNHO CERRADO

Decisão. Energia. O gesto repetido e maquinal denuncia estafa, esgotamento nervoso, *estresse*, tensão. Na porta de leste de Boghazkoy. Hatusas, velha capital dos Hititas, robusto, pernas nuas, miniblusa, gorro pintado cobrindo as orelhas, sereno, desbarbado, está Teshub, o Deus do Trovão, com a mão esquerda cerrada em ameaça tenaz há trinta e três séculos. Um dos modelos mais antigos, esculpidos pela reverência temerosa.

DEITADO

A mímica descrevendo alguém estendido no solo sugere exaustão, cansaço, abandono. Dormir é imagem transmitida com gesto diferente, a face inclinada, no apoio da palma da mão, Ver *Jeito de Dormir*. Deitado, imagina-se prostrado, vencido, derribado. De bruços, revive homenagem, submissão absoluta, oferta do corpo e do espírito, a prosternação oriental ao Senhor da Força, para que dispusesse das vidas. Ficavam rojadas no chão, com o rosto na areia ou forro do salão do Rei. A posição feminina expressava outras mensagens. Deitada a prono, sobre o abdome, era proclamação de cativeiro, entregue ao alheio arbítrio, matéria sem vontade própria. Ressupina, o ventre para cima, disponibilidade ou apelo à Fecundação. "Mulher deitada chama a parelha!" Quintino Cunha (1875-1943), a quem acusavam de não confessar-se para não ficar ajoelhado ante o sacerdote, e ajoelhar-se aos pés de uma mulher, respondeu: "Quando o Homem ajoelha-se diante de uma Mulher, é pedindo que ela se deite!". Donzela não se deitava à vista masculina. Não estando enferma, era proibido conversar deitada, tendo o outro sexo por interlocutor. Nem mesmo irmãos ou primos, para evitar impressão excitadora. Era o *Preceito* nos sertões nordestinos ainda na primeira década da centúria atual. O século XX inaugurou a pública exibição abdominal na normalidade da mulher deitada nos Banhos de Sol coletivos, que a Antigüidade desconhecia. Meus avós teriam furioso protesto e íntima inveja vendo nas praias do Mar o dionisíaco espetáculo perturbador.

Ficar cheirando!

Passar o indicador sob as narinas de alguém. Burla, frustração, malogro, perda imprevista do que se julgava posse infalível. Do prato à boca. Perde-se a sopa. *Bernique! Cela te passera sous le nez!* Europeu e vulgar. Indicação de que os cães de caça perderam a pista do animal perseguido.

Atirar beijo!

Atirar o beijo, tocando nos lábios com as pontas dos dedos e jogando-o na direção da pessoa homenageada, é um ato de *Adoratio,* adoração, cuja primeira e quase suficiente expressão era o *jacere oscula, basia jactare,* atirar o ósculo votivo. Era a forma primária de orar, *ad orare,* dirigindo mentalmente exaltações e súplicas aos entes sobrenaturais. Uma frase popular referindo-se ao objeto querido, motivo de carinhoso ciúme, *é de beijar e guardar,* traduz todo o apaixonado enlevo devocional, superior a qualquer outra locução. É, apenas, a reverência, de antigüidade incalculável, devida às relíquias portáteis, resguardadas e ocultas nos oratórios familiares, nos *larários* domésticos, os objetos defendidos nos tesouros sagrados, expostos em dias especiais e aos raros fiéis.

AMALDIÇOAR!

Braços estendidos na altura dos olhos, mão entreabertas, agitadas com energia na direção do repudiado. Afastamento simbólico, expulsão da proximidade e convívio familiar. É o gesto na *Malédiction paternelle,* de Greuze (1765), exposta no Museu do Louvre.

RODANDO OS POLEGARES

Entre os oito dedos entrelaçados, os dois polegares giram um em volta do outro, em molinete. Tranqüilamente. Bonacheirice. Despreocupação meditativa. Gesto de Honoré de Balzac e de Auguste Comte. *Quand on est désceuvré, pou se désennuyer.*

GESTO DA PRECISÃO METICULOSA

As extremidades do polegar, médio ou do mínimo unem-se como exibindo um objeto indispensável à argumentação. Atraindo e centralizando a atenção do auditório para a subtileza do raciocínio desenvolvido. Gesto habitual nos grandes oradores europeus, políticos e expositores universitários. Origina-se das preleções nos laboratórios. É técnica tribunícia universal. A *Afrodita* de Lyon, Clazomene, repete esse gesto.

PALMO DE GATO

Medida comparativa de extensão. Popular no Nordeste. A distância entre os extremos do polegar e do indicador estendidos. *Chave de mão* em Portugal. *Souris* em França. *Gêmeos,* em São Paulo. O cantador Ferino de Goes Jurema, na segunda metade do século XIX, informava: "Faltou-me um palmo-de-gato,/P'ra cantar com Bilinguim". Significa pouca coisa, aproximadamente, quase vizinho. Perdeu por um Palmo-de-Gato. É a letra *L* no alfabeto dos surdos-mudos. Corresponde ao *Likas* dos gregos, valendo dez dedos.[1]

AUTORIDADE E PRESSA

Socialmente a velocidade é inversamente proporcional à Hierarquia. A lentidão é protocolar, litúrgica, dignificante. Não compreendo *majestosamente* no sentido da rapidez. Todo cerimonial é vagaroso. O escravo corre, *servus currentes,* de Terêncio. O Amo anda, grave, compassado, respeitável. Era atributo da Sabedoria romana, *festina lente,* apressa-te lentamente, aconselhava o Imperador Augusto. A Pressa é inimiga da Perfeição. O Gênio é a longa paciência. Pertence à famulagem a serviçal azáfama. Quando as crianças vivem personagens autoritários, Deuses, Majestades, Fadas, Monstros, Espectros, expressam o Poder ou a Força nos movimentos moderados, tardios, na consciente ponderação da Grandeza. Os mensageiros, duendes subalternos, Anjos, Mercúrio-Hermes, transitam na ligeireza dos movimentos a prontidão da obediência, disciplina, submissão. O ritmo denuncia o nível da Potestade. *God did not create hurry,* informa Alec Tweedie, referindo-se a um aforismo da Finlândia. Deus não criou a Urgência. Charles Waterton (1817) louvava o andar compassado e digno do Capitão-General de Pernambuco, Caetano Pinto de Miranda

---

1. *Civilização e Cultura,* I, VII, "O Corpo Humano mede o Mundo", Rio de Janeiro, 1973.

Montenegro: *and the Captain-General of Pernambuco walks through the streets whit as apparent content and composure as na English statesman would proceed down Charing Cross (Wanderings in South America "Second Journey")*. As Altas Autoridades não costumam atender imediatamente aos solicitantes. Não somente iniciam os pretendentes na santa Paciência, como valorizam, pela falsa indiferença, a importância da decisão. Semelhantemente ocorre pela África Austral. H. Rider Haggard escreve: *If you rush into conversation at once a Zulu is apt to think you a person of little dignity or consideration (King Solomon's Mines)*.

BEBO À SAÚDE DE VOSSA EXCELÊNCIA!

Todas as autoridades pronunciam ao findar o banquete oficial, dirigindo-se ao homenageado: *Bebo à saúde de Vossa Excelência!* Inclinam a taça na direção da entidade distinguida. O Presidente do Conselho em Portugal (Angra do Heroísmo, Açores 13 de dezembro de 1971), saldando os hóspedes Nixon e Pompidou, terminou a linda alocução: "Bebo à saúde do Senhor Presidente dos Estados Unidos da América e do Senhor Presidente da República Francesa! Bebo pelos Povos que representam! E bebo pelo bom êxito das conversações hoje iniciadas!" Os dois Presidentes deverão ter correspondido ao brinde sem esquecer o verbo *beber,* imutável. O brinde, vindo do velho alemão *ich bringe dir's,* é a fórmula inicial de saudar, bebendo vinho. Erguendo o copo, dedica-se o líquido contido aos Deuses mais elevados, Supremos, superlativos de *Superus,* Superiores, por isso as taças vão para o alto, para que Eles protejam, sobrenaturalmente, a pessoa distinguida com a oferenda simbólica à sua saúde, física e mental. Veio da Grécia à Roma. Impossível um acontecimento de vulto sem o romano beber e comer regozijado com o sucesso, agradecendo aos Deuses. "Agora é preciso beber!" *Nunc est bibendum.*[1] Aniversário da batalha naval de Actium, 2 de setembro do ano 31 antes de Cristo, motivava banquete *ad sodales,* reunindo os amigos. A fonte evidente e remota fora o Romano na Grã-Bretanha e Portugal, de onde a tiveram os ancestrais de Marcelo Caetano e Richard Nixon, e os próprios germanos na França, ninho de

---

1. Horácio, *Odes,* XXXVII.

Georges Pompidou. Sempre se bebeu saudando os Antepassados, *ad patres!* as raízes familiares de Roma. Africanos e ameríndios não a conheceram antes do contato europeu. Pelo Egito ao Golfo Pérsico os relevos, figurando festins, mostram os Soberanos levantando os copos para cima da cabeça, com visível intenção votiva. Desde quando? Anterior ao uso do vinho? Ninguém sabe. Sabemos continuar cerimônia indispensável, protocolar, emocional. É um ato religioso. O vinho ingerido será oblação sacrificial em benefício do saudado. Daí a fisionomia grave e circunspecta dos participantes. Os repórteres brasileiros costumam perguntar-me se o Folclore está desaparecendo. Folclore é Cultura Popular. Parece que não...

CAMILA E O MONSTRO

Com seus dezoito meses sadios e lépidos, Camila esparrama os lápis, espalha papéis, desarranja livros. Ao meu protesto, reage fazendo um bico adorável, contraindo as sobrancelhas e dando uns dois a três regougos, roucos, cavos, intencionalmente reforçando o contra-ataque. Já sabe que os sons baixos, no diapasão lento e grave, pertencem aos Monstros. Os gigantes e dragões desconhecem o falsete, voz de cabeça, fina, fria, falsa. Falam roncando uma sonoridade confusa de trovão distante, de vendaval enclausurado, de lamaçal calcado pela artilharia em marcha. Rufos longínquos de tambores surdos. Voz difusa, hesitante, ameaçadora. Sobretudo vagarosa e severa como a de um oráculo, juiz lendo sentença fatal, despedidas eternas. Tradicional é o timbre de Polifemo, do Encelado, de Briareu, titões vencidos, vozes soturnas dos grandes condenados. A sombra do Pai de Hamlet fala sincopada e trêmula. Os gigantes risonhos de Rabelais teriam as ressonâncias cavernosas das digestões maciças. Distância entre o flautim e o contrabaixo. A voz grossa, rolada e surda, denuncia a presença monstruosa dos abismos ou a entonação sinistra do espírito de Samuel, subindo das profundezas da terra, trazida pela evocação da bruxa de Endor. Quem disse esses segredos da Representação simbólica aos dezoito meses de Camila?

PUXAR OU TORCER A ORELHA

A orelha era dedicada a mnemosine Deusa da memória, mãe das nove Musas. A Fé e a Ciência, no plano do Conhecimento, entravam pela audição. Os velhos Mestres puxavam o pavilhão auricular aos estudantes para que decorassem ou não esquecessem quanto aprendiam nas aulas. Processos de mnemotécnica. Valia castigo, excitando a retentiva dos alunos desatentos ou vadios. Quando alguém puxa a própria orelha, pune-se de não haver ouvido a voz da Razão em tempo oportuno. É o gesto simbólico do Arrependimento. Na *Romagem dos Agravados* de Gil Vicente (1533), a vendedora de peixe Maria do Prado, lastima-se:

> *Se tu não deras à golhelha,*
> *Nunca o nosso agravo fora,*
> *Nem eu torcera a orelha.*

"Dar a golhelha" era falar demasiado, imprudentemente. Assim, puxar a orelha, significa "lembre-se". Torcê-la, vale confessar, "pequei!". Em Siracusa, Apolo Cintio belisca, *vellit*, de *vellicatio*, a orelha do pastor Titiro.[1]

CONCEITO POPULAR DA OFENSA FÍSICA

A época em que morei no Tirol, bairro de Natal (1914-1932), coincide com a fervorosa inicial das pesquisas de Etnografia e Cultura Popular. Lembro dois mestres nessa Ciência do Popular, inesgotáveis de reminiscências e de notícias saborosas. João Monteiro, cearense do Aracati, falecido em junho de 1935, guarda municipal, antigo furriel do Batalhão de Segurança, encarregado de uma propriedade de meu Pai, colaborou no meu *Contos Tradicionais do Brasil*, e várias estórias estão assinaladas com seu nome. O outro era Seu Nô, Francisco Teixeira, vigia de gado, depois soldado do Esquadrão de Cavalaria. Esse narrou uma proeza do Lobiso-

---

1. Virgílio, *Égloga*, VI-3.

mem, versão brasileira da confidência de Niceros, em Petrônio,[1] e que incluí no *Geografia dos Mitos Brasileiros,* devidamente autenticada. Ambos conheciam o sertão-velho e a Cidade-do-outro-tempo, costumes, figuras, regras do bem-viver, um vasto e vivo Direito consuetudinário sedutor. Como eram homens do Povo, tinham autoridade de falar em nome do Inconsciente Coletivo, como dizia Jung, atualizando o imemorial e legitimando o primeiro arquétipo. Sabiam apenas *assinar o nome* nos recibos e na hora eminente da decisão eleitoral. Podiam dizer como Sancho Panza: *Yo no se leer ni escribir, puesto que sé firmar.* Um motivo de minhas indagações era o complexo do Código Penal Popular, as noções tradicionais sobre a responsabilidade criminal e as modalidades essenciais da culpa. Foram João Monteiro e Seu Nô mestres seguros e leais porque a Ciência era Consciência para eles. Para ambos, o homicídio era o mais defensável e natural. O ferimento grave ou leve não existia no plano diferencial físico e sim moral. Entre uma facada no estômago e uma bofetada na cara, de mão aberta, estalante, não podia haver comparação e sentido de equilíbrio. A bofetada era positivamente um crime real, danoso, indisfarçável e de importância muitíssimo mais ampla que a punhalada. Repetiam ditados antiqüíssimos do julgamento anônimo: "Bofetada, mão na espada! Bofetão, sangue no chão! Bofetada, mão cortada! Mão na venta, não se agüenta!" Bofetada, bofete, bofetão, tapa, tabefe, tapona, são sinônimos. No Norte, tapa é feminino e no Sul, masculino. Todos de mão aberta e com intenção humilhante, castigo aviltador, desmoralizante, com significação popular superior a um tiro, porque esse não *diminui o moral.* Moral liga-se aos preceitos religiosos. A Moral dos direitos sociais, dignidade, brio, compostura, vergonha pessoal. O murro é que é de mão fechada. Soco. Punhada. É sinônimo de tapa quando aplicado nos olhos ou no queixo, silenciando o falador. Tapa-olho. Tapa-queixo. O francês usa também a *tape,* de *taper, boucher; coup donné avec la main,* provocador dos duelos antigos. Victor Hugo fala numa ama cuja mão *était un magasin de tapes.* O murro é um valor inferior à tapona na face, notadamente. Murro, tabefe, tapa valem conforme o sítio em que foram aplicados. São todos superiores aos ferimentos pelas armas. Levam um símbolo mais próximo do agressor. Uma arma é um prolongamento da pessoa, mais intrinsecamente material. A mão e o pé traduzem o próprio e completo indivíduo atuante. A mão e o pé não são instrumentos. Constituem a mesma criatura total. Uma navalhada no rosto não terá a mesma importância da tapona sonora, deixando

---

1. *Satyricon,* LXII.

o vergão acintoso. Os ferimentos pelas armas são moralmente inferiores. Esse orgulho popular pela face, valendo vergonha, dignidade, pundonor, determinou modificação européia nas penas deformantes da fisionomia. Na Espanha, as *Partidas*[1] aboliram-nas, porque *la cara del home fizo Deus à su semejança*. João Monteiro dizia, gravemente: "A cara do homem é sagrada!". Quando Júlio César mandava, na manhã de Farsália, que seus soldados ferissem no rosto os elegantes partidários de Pompeu, teria razões de efeito mágico na mutilação da face inimiga com o seu *Miles, faciem feri,* cruel. Para Seu Nô e João Monteiro, a *desfeita* verdadeira era *mão na cara* ou *abanar as ventas*. A primeira caracterizava a afronta e a segunda o desafio insuportável. Era o *chamar a terreiro*. Apelo à lide. A tolerância *rasgava a carta* da masculinidade. É o motivo dramático do *Cid* de Corneille, erguido nesses fundamentos psicológicos. As *ventas,* nariz, são partes nobres. Intocáveis como a barba. No nhengatu, *ti, tin,* vale nariz, focinho, e também vergonha. *Inti parecô será tim?* Não tendes nariz, não tendes vergonha? Clássico, para o Povo, o não ter *vergonha nas ventas*. Ouvir desaforos *nas ventas*. "Meter o dedo na venta" de alguém é a suprema injúria humilhante. "Se ele repetir o que disse, meto-lhe o dedo nas ventas!" É ainda frase comum, especialmente no Sul do País. O pontapé vale a desonra. Desmoralização absoluta. Notadamente se foi dado nas nádegas. Nivelado aos cães. Nenhuma outra manifestação agressiva se equipara à brutalidade de sua significação. "Apanhar de pé!" humilhação como receber o escarro no rosto. "Dou-lhe de pé, escarro na cara dele!" as piores ameaças para um Homem. *Quem dá de pé, volta deitado!* Volta na horizontal, posto na rede fúnebre de transportar cadáver, abatido na represália inevitável e obrigatória. Pontapé é para cachorro. Os escravos reclamavam. Feria sua alma. Nosso Senhor tudo sofreu, mas não teve pontapés. Nem aos animais deve ser aplicado. Era a única repreensão sertaneja aos modos dos meninos da fazenda: "Deixa de ser bruto! Dando no bicho com os pés!".

TAMANHO E PORTE

Gestos alusivos à estatura humana e de animais, nos sertões do Ceará, Rio Grande do Norte, Paraíba. *Tamanho,* competindo ao cristão, estendem

---

1. Ley 6, Tit. 31, Partida 7.

a mão em pronação, dedos juntos, palma voltada para o solo. *Porte* alude ao desenvolvimento animal. Não empregam evocando criatura humana. Mão estendida, dedos unidos, perpendicular ao plano horizontal. Na vertical. Francisco de Assis Iglésias registou no Piauí: "Para indicar, mais ou menos, a altura de um animal, espalmam a mão em plano vertical e dizem: 'o bezerro tem esta altura', se se referem a um ente humano com a mão aberta em plano horizontal: 'o meu bichinho tá é desta altura mesmo'".[1] Não alude ao *Porte*. Érico Veríssimo registou ambos os gestos no México. A origem ibérica é lógica.[2] Heli Chatelain[3] registra os mesmos gestos em Angola, com as destinações invertidas. Podia ser má observação da evidência na África Ocidental.

VOZ DE ESPECTRO

Today I am a li'l Devil! Daliana deliberou assombrar-me. Envolta no xale materno, gestos lentos que a cobertura amplia, mímica atemorizante, aparece na salinha dos livros, *falando fala fina* e trêmula. Comporto-me como Orestes ante as Erinias. Daliana, radiante, vai repetir a pantomima aos olhos da avó. O falsete é a voz dos entes sobrenaturais. Assim é a comunicação dos fantasmas. A caveira, dentes cerrados, não podendo emitir som pela boca, expele-o pelo nariz. Artificial e forçada na laringe hipotética, é a voz de cabeça, privativa dos homens simulando mulheres, voz dos mascarados e dos travestis. Voz de disfarce e de mentira, inexistente nos timbres normais da linguagem humana. A tradição do falsete, voz nas Lemúrias de Roma, alcança África Negra onde os espectros a usam. Mesmo Anansi, aranha sentenciosa e cruel da Costa do Ouro e do Marfim, levada pelos escravos para as Américas, conserva o apavorante *indescribable nasal accent*. Existe em qualquer recanto do Mundo, raça, nível cultural. Não é a voz de tiple nem de requinta, mas sinuosa, transparente, esganiçada, voz das Almas que não viram a Deus. Não sei onde Daliana adquiriu tanta ciência...

1. *Caatingas e Chapadões*, 2º, 1958.
2. Ver *Érico Veríssimo e os Gestos Mexicanos*, nº 167.
3. *Folktales of Angola*, 296, Boston, and New York, 1894.

Acenando Adeus

Agitando as mãos em despedida quando se afasta dos amigos, também acenantes. É tão ritual e comum nos bota-foras que parecerá banalidade o registo. Bênção, exibição de estar desarmado, súplica aos Deuses pelo viajante e aos que ficam? Há partidários de cada uma dessas explicações. Quanto às menções mais antigas da fórmula cordial contemporânea, creio ser a *Ilíada,* nove séculos antes de Cristo, uma das mais venerandas. No canto X, dito *Dolonia,* julgado independente do texto homérico e incluído no poema por Pisistrato, "tirano" de Atenas (600-527 anterior à Era Cristã), quando Ulisses e Diomedes regressam de uma expedição ousada ao campo troiano, os gregos do acampamento, jubilosos *les saluèrent de la main,* traduz Eugène Lassere, que Manuel Odorico Mendes entendeu, enganadamente, por *estreitadas as mãos,* fazendo os dois heróis apertarem as destras a mais de um cento de companheiros. É adeus por acenos, verificou no original grego o erudito Prof. Djacir Menezes.

Franzir a venta

Enrugar o nariz é sinal de cólera, desgosto íntimo, desagradável imprevisto. Viver de venta franzida, franzir o pau-da-venta, denunciam temperamento irascível, violência fácil, zangador perto, ou assaltado por sucessivos contratempos. Os Antigos indicavam o mesmo complexo para caracterizar a reação nervosa às contrariedades. No canto XXV da *Odisséia,* Ulisses sente irritar-se o nariz vendo a sombra melancólica de Laerte, seu Pai, errando na terra dos Mortos. No idílio *Thyrsis,* de Teócrito, o Pastor recusa tocar flauta ao meio-dia, temendo a irritabilidade do deus Pan, sempre com uma mancha de mau humor visível nas dilatadas narinas. No *Amphitryon,* de Plauto, diz *Sósias* – *Bilem in nasum conciunt.* Pérsio, Sátira V, pergunta: – *Sed ira cadat naso rugosaque sanna:* não vos zangareis, pregueando de ódio o nariz? *Faire un nez,* diz-se em França, denunciando decepções. "Ficou de nariz comprido; ficou cheirando vara de batista que é bom para a vista", esperanças falhadas. Ter "boas ventas", adaptar-se a tudo. "Nariz contente", sempre bem disposto. Antipatia espontânea.[1] *Displicuit nasus tuus,* teu nariz desagradou. O orador Cícero costumava franzir o nariz, denúncia de ter espírito zombeteiro; *qui signifie un naturel moqueur,* deduzia Montaigne.[2]

CRUZAR AS PERNAS

No código das boas maneiras no Brasil velho era proibido cruzar as pernas, uma sobre a outra. Denunciava claro abandono às normas essenciais da educação severa e nobre, dando a impressão desfavorável de uma intimidade que ultrapassa os limites da confiança familiar. As meninas e mocinhas do meu tempo recebiam a recomendação expressa e categórica de jamais pôr uma perna em cima da outra. Valia um ultraje para os preceitos fundamentais dos Bons Modos. Se alguma, mais espevitada e trepidante, fingia esquecer o dogma e punha a perna cruzada, era fatal o bombardeio dos olhares reprovativos e, sempre que possível, um bom e discreto beliscão, avisador da infringência. Fui educado com essas exigências. Menino e rapaz, *não "passava a perna" diante de gente de fora,* visitantes ilustres, convidados de categoria solene. Minha Mãe, afável e simples, nos dias serenos dos seus oitenta anos, nunca se atreveu a tomar essa posição, delirantemente delituosa. Um dos elogios comuns ao Presidente Arthur Bernardes (1922-1926) era jamais violar essa regra no Catete ou fora dele. Não se recostava no espaldar da poltrona e não era capaz de descansar uma perna, cruzando-a na outra. Os *antigos* ficavam encantados com essa obediência ao estilo de outrora, *quando havia gente bem-educada.* As meninotas e mocinhas sentavam-se hirtas, verticais, durinhas como bonecas de Nuremberg, os pezinhos juntos, os joelhos unidos, omoplatas sem esfregar nas costas da cadeira. Sabiam *estar,* sem assumir atitude de quem se aninha para fazer sono. Era a lei do velho bom Tempo, para quem nele viveu. Nas *Cartas Chilenas* (V, 242-244), Critilo reprova o abandono dessa obrigação elementar, descrevendo ao amigo Doroteu as festas em Vila Rica, comemorando os casamentos dos príncipes de Portugal com Infante e Infanta de Espanha, em 13 de maio de 1786:

---

1. Juvenal, *Sátira*, IV.
2. Essaís, II, 17.

Ninguém antigamente se sentava
Senão direito e grave, nas cadeiras,
Agora as mesmas damas atravessam
As pernas sobre as pernas...

Era assim. O presidente Arthur Bernardes orgulharia Critilo. M. L. Barré, estudando quadros de Pompéia, anotava uma mulher que está nessa dispensável posição: *L'attitude dans laquelle notre figure est assisse, la jambe droit croisée sur le genou gauche, était considerée par les anciens comme peu décent et même de mauvais augure: elle était interdite dans les réunions publiques. Cette position indique que la jeune dame se croit dans une solitude absolue.* Reencontrando qualquer figura em que se repetisse a representação, Barré não olvida a advertência da inconveniência da posição, pouco decente para os elegantes romanos no tempo do Imperador Tito, e mesmo anotada pelo naturalista Plínio. Mas, pelos manes dos Flávios, por que esse interdito proibitório? Era o mesmo que alguém presentemente *fazer figas,* ou *pôr a língua de fora,* num salão de sociedade digna desse nome. Cruzar as pernas era um gesto mágico, uma defesa, um ato de repulsa, e ligado aos mistérios e intimidade de Lucina, a deusa das boas horas obstetrícias. Cruzar as pernas, notadamente a mulher, era ação maléfica contra a expulsão do feto. Dificultava, retardava a normalidade do parto. Ilitia, a deusa com esse encargo parturiente, cruzou as pernas para que Alcmena padecesse dia e noite antes de dar à luz a Hércules. Era a cruz, o *tau* agoureiro, um gesto antecipador de horas dolorosas que podiam ocorrer a quem executasse a malfadada posição. Estava, inconscientemente, atraindo o sofrimento para quando chegasse sua vez de ser mãe. Convinha, evidentemente, evitá-lo, para que não ocorresse. Essa era a razão doméstica em Roma, que Barré dispensou-se de informar. Era um costume antiqüíssimo e que viera da Grécia, como Ilitia que se tornou a Lucina em latim. Veio sendo espalhado com o convívio das famílias nas províncias, imperiais, consulares, aliadas. E foi ficando até nossos dias, numa recordação do gesto, vedado e sinistro. Transmitiu-se ao ensino íntimo das Boas Maneiras quando já se perdera o sentido religioso, outrora vivo e poderoso. Sem mais conhecer os fundamentos secretos, o misterioso poder de cruzar as pernas, as velhas donas brasileiras atualizavam o código das matronas romanas. Embora os rapazes não pudessem ser castigados, deveriam dar o exemplo de compostura decorosa. E, como dizia Nicolau Tolentino, findando o século XVIII:

Foi a glória dos antigos,
Hoje é mofa dos modernos!

O GESTO MAIS FEMININO

É ajeitar o cabelo. No mais antigo concurso de beleza havido no Mundo, realizado na Anatólia, no monte Ida, em que o pastor Páris julgou a formosura de Juno, Minerva e Vênus, esta, antes de enfrentar a decisão do príncipe troiano só teve um gesto: compor a cabeleira. O resto não interessava. Fui meio século professor, diretor da Escola Normal. Diante da minha casa há um edifício com três cursos, freqüentadíssimos. Centenas e centenas de adolescentes movimentam-se diariamente no pequenino pátio, ignorando a observação do velho professor, oculto detrás das reixas fronteiras. Verifico diariamente que o gesto de Vênus é o mais natural, repetido, insistente e legítimo na gesticulação feminina. Se nos salões a mão se alteia raramente à cabeça, é precaução temerosa de altear a delicada e frágil arquitetura capilar. A comprovação é diluvial. O cuidado máximo, a suprema atenção, é manter a cabeleira harmoniosa, seja qual for o penteado. Em qualquer Raça e Tempo de Cultura, a cabeça da Mulher é a região mais adornada que o busto. O arqueólogo Wooley encontrou em Ur, na Suméria, os enfeites com que a rainha Shoubad ataviava os cabelos há cinqüenta séculos. Pela variedade e volume do complexo decorativo deduz-se a deslumbrante valorização que as sumerianas emprestavam à parte superior do corpo, vivo na ostentação da soberana, mulher normal há cinco mil anos! O sentido ornamental dos penteados das negras africanas, ou das ilhas do Pacífico, é uma revelação dos atributos simbólicos do Sexo e nível hierárquico, destinados a provocar admiração, impor autoridade, inspirar reverência. Com as mimosas cabeleiras masculinas contemporâneas, o julgador Páris aderiu aos ademanes estéticos de Vênus, na carinhosa vigilância às voltas, ondulações e arabescos da exuberância cabeluda.

DE CÓCORAS!

Quinhentos séculos antes de Jesus Cristo, o Homem de Neandertal acocorava-se. Marcellin Boule, estudando a curvatura nos fêmures dessas criaturas do Pleistoceno médio, explicou que *les possesseurs se tenaient habituellement dans une position accroupie.* Época de Würm, última invasão glacial, formação da grande massa dos limos superficiais. Água. Gelo. Lama. *S'asseoir sur les talons* era defender-se dos terrenos excessivamente úmidos. Marcel Mauss, fixando a sistemática de Repouso, dividiu-a entre a Humanidade que se assenta ou se acocora. *Vous pouvez distinguer l'Humanité accroupie et l'Humanité assise.* Essa posição anterior ao gênero humano continua funcional e contemporânea. *Toute l'humanité, excépté nos societés, l'a conservée.* Notadamente nos orientais, pretos muçulmanos, Povos da Oceania, nos Ameríndios e pelos nossos sertões. Euclides da Cunha desenhou a figura: "E se na marcha estaca pelo motivo mais vulgar, para enrolar um cigarro, bater o isqueiro, ou travar ligeira conversa com um amigo, cai logo – cai é o termo – de cócoras, atravessando largo tempo numa posição de equilíbrio instável, em que todo o seu corpo fica suspenso pelos dedos grandes dos pés, sentado sobre os calcanhares, com uma simplicidade a um tempo ridícula e adorável".[1] Assim o Jeca-Tatu paulista come, cisma, trabalha, planeja.[2] Nota ainda Marcel Mauss: *L'enfant s'accroupie normalement. Nous ne savons plus nous accroupir.* Posição desaconselhada pelos educadores e fisiologistas de livro. O general Baden-Powell revalorizou-a no seu *Scouting for Boys,* desde 1908, na lição hindu. Ficar de cócoras é a posição do Escoteiro nos acampamentos, Fogos do Conselho, *Jamboree.* Noto que nas feiras e mercados a normalidade é ficar sentado no solo, jeito de rendeiras, ou de joelhos. A tendência acentuada pela elevação cômoda dos tabuleiros e locais de vendagem popular vai fazendo desaparecer o acocoramento, sentado sem que as nádegas toquem o chão, apoiadas nos calcanhares, ou da região talar, sem fletir o pé, modelo necessariamente inicial no Paleolítico. Mesmo no Oriente atual, árabes, mouros, Japão, China e seu Mundo, permanece a maioria assentada com as pernas dobradas modelo de Buda. A espontaneidade da posição atesto nos meus filhos crianças e netos de dois anos. Não é comum nem anormal. A *girl* norte-americana acocora-se facilmente. É a posição habitual das Atendentes nos aviões. As *demoiselles* dos magazines em Paris preferem ajoelhar-se, para corrigir a saia das freguesas. Suas colegas, de Marrocos ao Iraque, põem-se de cócoras. Durante um almoço, numa churrascaria na estrada de Ponta Negra, setembro de 1972, algumas jovens senhoras vieram falar comigo e com minha mulher. Apenas duas curvaram-se. As demais agacharam-se acocoradas, no breve diálogo. Resistem poucas tarefas exigindo o *accroupissement* aos operários.

---

1. *Os Sertões,* 1902. Observação de 1897.
2. Monteiro Lobato, *Urupês,* São Paulo, 1918.

A universidade dos gabinetes sanitários oferece cadeira e não mais a indispensabilidade de acocorar-se, atitude primária na defecação. As mulheres banhavam-se de cócoras, indígenas, africanas, damas do Brasil Velho, como a *Venus Accroupie,* de Daidalos, escultor milenário da Bitínia. Nas antigas refeições, os indígenas serviam-se acocorados. Presentemente sentam-se ao redor das esteiras, imitando os "brancos". Posição repousante dos desportistas.

DEDOS

O polegar cata-piolho, é o mais forte, opondo-se aos demais, pelo músculo mesotenar, reforçando o conjunto. De *polleo,* poder, potência, força. Dedo chupado pelas crianças. Onde os ferimentos são mais perigosos. Cortado, extingue a potência sexual. Decepado, para evitar o uso da espada e da lança, originou o vocábulo *Poltrão,* de *pollextruncrus.* Mordê-lo era desafiar, regista Shakespeare no *Romeu e Julieta.* Erguê-lo, concedia a vida ao gladiador vencido no Circo romano. Invertê-lo, *Pollice verso,* condená-lo-ia à morte. Erguer o polegar, valendo aprovação, aplauso, entusiasmo, *Thumb-up,* popularizou-se no Brasil a partir de 1942, divulgado pelos aviadores norte-americanos. Levar o polegar à boca, como entornando bebida, é embriagar-se. *Mettre les pouces* é render-se, mãos às algemas. O *indicador* é o dedo magistral, apontando direção, expondo doutrina, ostentando o anel de Doutor desde as primeiras Universidades. Levantá-lo é solicitar o direito de falar nas assembléias. Vertical aos lábios é o sinal da deusa Muta, silêncio! Antiga saudação em Roma, apontá-lo para o alto. Agitá-lo na direção de alguém é ameaça grave. O Fura-bolos infantil! O *médio* simboliza o membro viril, *Infame digito* para os Romanos. Apontá-lo, isoladamente, agressão, escárnio, impudícia. Dois séculos antes de Cristo possuía essa fama. Mesma tradição na Grécia, onde Diógenes dizia distar a Loucura apenas um dedo da Razão. Com ele, afirmava o mesmo filósofo, governava-se o povo de Atenas (Diógenes Laércio). As feiticeiras em Roma misturavam as essências mágicas com o *médio.* O *anular* é o dedo da "Aliança" matrimonial. Havia uma superstição de existir um nervo ligando o coração a esse dedo, informa Aulo Gélio. Daí reservá-lo para o uso do anel esponsalício. *Mínimo,* o auricular porque com ele coça-se o ouvido, e é o informador secreto dos segredos reservados. Dedinho da provocação amorosa: *Ecce Crispinus minimo me provocat.*[1] O "mindinho" buliçoso das crianças e dos namorados. Cada dedo determina uma linguagem simbólica.

ABRAÇO

De in-brachim, nos braços, cingir com os braços, amplexo, acocho braçal. *Embrasser* também vale na França ósculo, *embrasser la main, embrasser au front.* Ver *Braça.* Gesto que o Brasil conheceu no século XVI. Os ameríndios não se abraçavam. Não existiam bailados de pares enlaçados. O Abraço é uma atitude de confiança insusceptível na concordância primária da concepção indígena. Os Povos primitivos desconheceram-no e nas fases iniciais da convivência grupal a desconfiança afastaria sua realização. O Abraço é índice de estágios elevados da Civilização, existência de cerimonial, imagem patrimonial de atos com conteúdo simbólico, ultrapassando a extensão visível do movimento. Os que se abraçam estão sem armas recíprocas. Inermes. Nenhum guerreiro compreenderia essa perigosa posição pessoal. Mesmo na Idade Média a cordialidade máxima era bater com a mão guantada de ferro no ombro encouraçado do companheiro. Pela Renascença, nas Cortes polidas e maneirosas da Itália, nas recepções aos hóspedes de honra, com alto interesse aliciativo, o Abraço consistia no mútuo aperto nos deltóides. *Je embrasse mon rival, mais c'est pour l'etouffer,* dizia Nero no *Britannicus,* de Racine. Havia abraço efusivo, coração a coração, mas seria fórmula privativa de Homem e Mulher, na persecução de outras finalidades. Ninguém admitirá a *action d'embrasser, en getand les bras autour du cou,* numa *accolade,* a não ser entre gente do Povo, ardente, impetuosa, arrebatada nas ocasionais manifestações eufóricas. Como Esaú e Jacó se abraçaram pelo pescoço, aos beijos.[2] O Rei Salomão (1032-975 antes de Cristo) registou a técnica do abraço amoroso: "A sua mão esquerda esteja debaixo da minha cabeça, e a sua mão direita me abrace".[3] Abraço masculino pelos ombros e feminino pela cintura. Deve ser anterior ao Beijo, inicial oblação religiosa, quando

---

1. Horácio, *Sátira,* IV.
2. *Gênesis,* 33, 4.
3. *Cantares,* 2, 6.

o Abraço, viril, másculo, ostensivo, emerge do júbilo guerreiro, premiando a confiança fraternal vitoriosa. Será pormenor na Iniciação, final da solenidade consagratória, ingresso na comunidade militar, proclamação de igualdade entre os Valentes no momento da exibição triunfal. O Abraço é masculino. Para que todos vejam. O Beijo é feminino. Para que poucos o sintam. Está-se tornando pouco *social* e mais *popular*.

O CLARO SOL AMIGO DOS HERÓIS!

Em 1926 Gilberto Amado, Senador da República, voltava ao Brasil no "Massilia", onde falecera o Conde d'Eu quatro anos antes. Um inglês *very dull* perguntou-lhe porque gesticulava tanto. O sergipano explodiu, magnífico: "Por que você não gesticula, seu cabecinha de caroço de jaca? Você não gesticula porque no *fog,* no nevoeiro de Londres, não se vê o gesto. Inglês não gesticula por isto. Por causa do *fog.* É nos países do Sul que se fala com as mãos. O napolitano mexe mais com as mãos do que o florentino porque há sol mais forte em Nápoles do que em Florença! Em Londres é inútil fazer gestos... ninguém os vê, no *fog.* Sabe por que não há escultor na Inglaterra? Porque o *fog* não deixa. Porque não há sol bastante. Quem corta o mármore não é o escopo do artista; é o Sol quem rasga a pedra guiado pela mão do escultor. Compreende por que você não gesticula?" Será que a garoa fez o paulista introvertido e fechadão, às avessas do carioca e do nortista? O pintor Antônio Parreiras dizia-me que a Pintura *desvairada* era ausência do Sol! Concepção de ambiente, ateliê, penumbra, angústia dos limites estreitos, comprimindo a jovem expansão tropical ou fazendo-a monstruosa. Luz reflexa entristece, deprime, acabrunha. Sem o Sol, o pintor é um melancólico revoltado. Inquietação de pássaro em gaiola. Aqueles assuntos são sugestões da Noite.

PARA TRÁS DAS COSTAS!

Toca-se a espádua, quase no dorso, dizendo-se a frase de desprezo, indiferença, incredulidade. No comum, ouve-se: "Sim, mas, para trás das costas!". Realizável mas invisível, inexistente para a verificação. Na *Esopaida,* de Antônio José da Silva, representada no teatro do Bairro Alto de Lisboa em abril de 1734, 2º, III, declama Esopo: *"Sic querit, et respondeo:* chamam aos carcundas Poetas porque os Versistas deste tempo são Poetas, *mas é cá para trás das costas!".* Não se modificou a intenção.

TRAJE E TEMPERAMENTO

Carlyle no Sartor Resastus (1834) crê que a roupa dependa do temperamento de quem a usa. É uma legítima expressão de Mentalidade, como a Vida física é o vestido do Espírito, denunciado nos modos espontâneos pelos contatos sociais. O traje habitual é de livre escolha, tonalidades, feitio, modelo imitado. Perfeita autonomia nas modificações, simplificadoras ou complicativas. A Moda não impõe submissão. Uma atitude solidária é confissão plena de concordância íntima e não de obediência compulsória. A policromia contemporânea, libertando-se da ditadura branco-e-preto, reflete a impossibilidade da reverência aos antigos padrões da segunda metade do século XIX, esgotados nas atrações e suficiências lúdicas. A quase universalidade do assentimento indica uma equivalência unitária na impaciência pela transformação na indumentária cotidiana. Além do *ingênuo entusiasmo pelo Exótico,* de que falava Huizinga. Rapidez de comunicações e pouca densidade afetiva pelo usual. Também a permissão climatérica, ajustadora. Esses ciclos de revolta coincidem com as fases agônicas (agonia no sentido de luta), no ambiente geográfico da existência tornada inquieta e ardente pela excitação política, transformada em clima comum, de impossível ou difícil abstenção participativa. Uma travessia de New York a Patagônia será uma visão concreta de uniformidade rebelde, adolescente, ostentando as cores do espectro solar. Qual seria a velocidade inicial desse ímpeto, respeitando 1939-1945, entrando em sismo entre 1950-1960? Alagante, tempestuoso, diluvial, para toda Europa e toda América? É uma reação espiritual contra a Mecanização da Vida, da Vida convivência, contato, relações. É um protesto contra a Padronização, a série, o protocolo unificador! Cada indivíduo procura inquietamente um traje diferencial, curioso, original, diferente. Cabelo, barba e bigodes de dez mil formatos inesperados e orgulhosos. Batalha pela fixação individual. Um tanto século XVII. Um tanto 1830. Ponhamos um sistema nervoso coetâneo ao domínio lunar e à desintegração atômica. Apenas, passará, esvaziada pela própria ensolarização da Mocidade que não terá tempo de fazê-lo hábito aos filhos. Como passaram os 150 anos das grandes perucas monumentais. Passará porque existe. É observação de Rabelais, tendo a eternidade mortal: *Va finir par force de durer, comme toutes choses mondaines...* Dizia-se no século XV: *Qualis vestis erit, talia corda gerit.* Tal o traje, qual o coração. O Rei Alfonso X, El Sábio (1221-1284), sentenciou na Partida-Segunda, Título V, Ley-V: *Vestiduras facen mucho conoscer a los homes por nobles o por viles.* O lobo está por baixo da pele, meu Senhor!

ASSOBIAR

Fico pensando na história do assobio, estridente ou melódico, obtido pela projeção do ar comprimido entre os lábios em bico. Uma breve sonoridade com aplicações múltiplas e convencionais sem idade no Tempo humano. Ulisses assobia avisando Diomedes.[1] O profeta menor Sofonias, da primeira metade do século XVI, antes de Cristo (2,15), imaginando a humilhação de Nínive, aliás próxima, apostrofava a orgulhosa Roma dos Assírios: "Como se mudou ela num deserto, num covil de feras? Tudo o que passar por ela insultá-la-á com assobios". *Sibilabit* na *Vulgata*, que o Padre Antônio Pereira traduziu *assobiada.* Era a vaia, apupo, assoada em Roma. *Populus me sibilat,* queixava-se Horácio. Na época imperial vaiava-se no teatro assobiando.[2] O profeta-maior Isaías (774-690 anterior a Era Cristã) regista o assobio conclamador e não agressivo: O Senhor "chamá-los-á com um assobio desde os confins da terra" (5,26), e mesmo "assobiará à mosca que está no extremo dos rios do Egito" (7,18). Povos do oeste africano comunicam-se por meio de assobios, assombrando o cronista Garcia de Resende. O assobio, desde época imemorial, avisa, informa, alarma, tranqüiliza. Linguagem dos ladrões noturnos. Ciampolo de Navarra, assobiando *com'é nostr'uso,* guarda os companheiros no lago de pez fumegante no *Inferno* de Dante (XXII, 104). Quanto esse humilde assobio significa para a Cultura humana no plano da aproximação social, rápido,

---

1. *Ilíada,* X, 503.
2. Suetônio, "Augusto", XLV.

simples, fisiologicamente natural! Comando ao cão, sinal de identificação, signo de convergências, *n'avoir qu'à siffler*. Admiração, desejo, reprovação, aplauso. Manifestação sonora de negativas. Assobiar de sede, de fome, de cansaço, de repleção. De "três assobios", excelente, papa-fina, superior, merecendo assobio ao começo, no meio e final da operação. Chamar o Vento, *to whistle for a wind!* Nas festas religiosas de Maranguape, Ceará, ainda na primeira década do século, era função pública, ajudando a subida dos grandes balões de papel "tangidos pelo vento chamado ao assobio de quase todo o mundo, ali presente. Se não assobiasse, o vento não chegava".[1] Não se assobiava a bordo dos grandes veleiros, informa o Conde José Tuckner. Medida de lonjura na Bretanha: *a une sifflée d'ici*. Entendimento de caçadores nas florestas tropicais, nas savanas imensas, nas planícies geladas. Três assobios longos, numa encruzilhada, atraem o Demônio da meia-noite. Nos Candomblés trazem os Eguns, alma dos Mortos. Assombração dos Curupiras, Sacis-Pererês e Caiporas assobiadores. O fino e trêmulo "assobiar coió", alertando a namorada. Primeiro instrumento de sopro. Antes dos tubos de bambu, dos silvos e pios abertos nas costelas e tíbias no alto Madaleniano, o Homem assobiara. Teria anterioridade a Percussão, palma de mão, batida na coxa, palmear no tórax, iniciativa rítmica dos gorilas enfurecidos. O Assobio deve ter sido a inicial. Algumas sociedades secretas na África do Atlântico entendiam-se assobiando. Também os indígenas Muras no Amazonas. Para que elegessem essa técnica fora indispensável uma longa série de fórmulas comunicativas, eliminadas pela insuficiência da percepção alheia. Haverá, ou terá existido, Povo ignorando o Assobio? O Assobio aparecendo sem expressão, sem intenção, sem conteúdo? Como esquecer esse companheiro maquinal do trabalhador solitário, dando presença discreta da inspiração melódica no fio intermitente da sucessão rítmica? Mensagem, reação sublimadora, como vejo nos meninos estudantes, na calçada de setembro, diante da minha janela.

TOME!

Fechar o punho, arredondando a mão, balançar o antebraço, é gesto de ameaça obscena, vulgaríssimo no Brasil plebeu. Todas as Américas o

---

1. Raimundo Girão, "Palestina, uma agulha e as saudades", Fortaleza, 1972.

receberam da Europa onde é mais antigo que Roma e mais conhecido que água. É um aceno fálico, convite de junção sexual, revoltante para o mesmo sexo. Vindo da Ásia Menor, com a devoção ao deus Priapo, consistia num ato defensivo contra o assalto dos entes invisíveis e malfazejos. O órgão masculino, semeador da Vida, guardaria sua continuidade ante os malefícios da Esterilidade provocados pela Magia em serviço do Mal, o *diabólico piacere del Male,* como dizia Momigliano. Essa intenção protetora desapareceu e a interpretação vulgar é mero humorismo agressivo, acidentalmente insultuoso e desafiante, como o estender do dedo médio. O membro viril, entretanto, em miniaturas de chifre de madeira, com orifício para sustentação, ainda é usado, oculto na cinta da calça ou cueca, prometendo virilidade permanente. Em 1952 adquiri um exemplar no Mercado Público do Salvador, na Bahia, e José Valadares, companheiro e mestre de informação, disse-me ser objeto de venda regular. Mas isto é outra estória... Qualquer compêndio sobre o culto priapista ou estudo das peças fálicas do Museu de Nápoles darão imagem da importância da verga fecundadora como motivo artístico. Os gestos que a reproduzem ou sugerem, decorrentemente, são incontáveis. Ver *Bater no Cotovelo.*

CHAMAR

Por toda Europa e América, chama-se com a mão em pronação, dorso para cima, agitando os dedos para baixo, ou mesmo unidos na unidade do movimento. Era a forma da Grécia, Roma, a clássica, difundida pelo Mundo sob o domínio das águias romanas. É a mais conhecida e vulgar. Mouros, árabes, os Povos da Ásia, certamente Medas, Persas, Assírios, Caldeus, Egípcios, Hebreus, chamavam com a mão supina, palma para cima, mexendo os dedos na vertical, como é comum pela África e Ásia do Mediterrâneo, Mar Vermelho, Índico. A predominação de chamar com as costas da mão voltadas para o alto é uma influência da presença européia no insistente contato das navegações e comércio pela Oceânia, China, Japão, Índia, e na poeira insular dos mares do Sul. Ignoro como os pretos africanos antes da conquista muçulmana e os ameríndios antes dos espanhóis e portugueses chamavam alguém. As grandes viagens de circunavegação, estabelecimentos de intercâmbio entre populações remotas ocorreram a partir, em maioria, do século XVI, quando o preamar maometano já possuía prosélitos por todos os recantos, impondo costumes que determinavam mímica pela indispensável participação psicológica. A documentária dos viajantes naturalistas, geógrafos, missionários, comerciantes, regista o rasto de Maomé, profeta de Deus. Clemente e Misericordioso. O gesto de chamar é posterior à criação dos vocábulos correspondentes, todos alusivos aos recursos verbais, *clamare, appellare, to cal, ruten,* etc.

Ó

O zero feito com o indicador e o polegar unidos em círculo é um gesto obsceno, alusivo ao ânus. *Oropa!* por esta ser a prosódia vulgar na Europa, iniciando-se com a quarta vogal. Veio de Portugal, onde é tradicionalíssimo e patusco. De 1942 a 1945, quando os norte-americanos sediavam em Parnamirim, ocorreram vários acidentes desagradáveis em Natal com os nossos jovens hóspedes pela freqüência com que repetiam, pública e facilmente, o reprovável gesto, para eles significando apenas uma amável concordância, o *o.k.!* O pior é que reforçavam a falsa intenção malévola, fechando um olho... Pertence realmente à mímica de aprovação antiqüíssima. Em Roma denominava-se *premere pollicem* e significava aplauso no *circus* o mesmo gesto de misericórdia para o gladiador ferido.

BEIJO

Surgiu, ou melhor, vulgarizou-se na Ásia Menor. Nos cultos orgiásticos de Vênus. Da Fenícia para as ilhas de Pafos e Citera. Chipre, em cujas águas nasceu, e Citera foram os santuários conquistadores da Grécia continental. A Fenícia espalhara a sua Astartéia lunar para o Mediterrâneo insular, Ásia Menor, Mar Negro. Da Grécia para Roma, centro derramador pela Europa. O Beijo surgiu como homenagem, respeito, rápida oblação individual, intransferível e direta. Já no "Gênesis". Veneração, presença de

Vênus. Em Roma é que o Beijo consagrou-se numa literatura exaltadora. A Grécia não inspirou um poema como o *ad Lesbiam,* de Caio Valério, Catulo, falecido no ano 47 da Era Cristã, superior à divulgação helênica de Teócrito e Anacreonte, na valorização do Beijo, incomparável afago, carícia voluptuosa. Uma triste, morna e pálida versão brasileira: "Dá-me mil beijos, em seguida cem, depois mil outros, depois outros cem, ainda mil, ainda cem: então, depois de milhares de beijos dados e recebidos, confundimos tão bem o número que, ignorada dos invejosos e de nós mesmos a conta exata dos beijos, não possa excitar sua inveja". Beijo, ato religioso, saudação submissa, excitação labial soprando brasas vivas, atravessa, nesse dois palmos, milênios e milênios, em função inconfundível e paralela, como as águas do Rio Negro e do Solimões. Distintas e juntas. Beijo na mão. Beijo nos lábios, até o século XVI simples cumprimento social, cerimônia lícita em que os servos beijavam as grandes Damas, no tempo de Montaigne e de Brantome. Beija-mão aos Reis. Anel dos Prelados. Sandália dos Papas. Os Cardeais defendiam o direito de beijar a boca das Rainhas. No ano 149, antes de Cristo, Catão o Censor expulsou do Senado ao cavaleiro Manilius, designado Cônsul, por ter publicamente beijado a esposa, diante da filha. Despudor! Indignidade ao decoro senatorial. O Beijo, saudação, que Judas aplicou ao Divino Mestre, indicando-o à prisão, está voltando ao prestígio contemporâneo, em louváveis intenções inocentes e cordiais. Antes dos espanhóis e portugueses as Américas desconheciam o Beijo. Não sei se os pretos africanos sabiam beijar. Creio que não, antes dos mouros, ou os negros da terra mediterrânea, sem o exemplo de Cartago e das legiões de Roma. O indígena brasileiro não beijava. Langsdorff explicava que o tambetá, adorno labial, impossibilitava o ósculo. Dezenas e dezenas de Povos não sabiam o que era o beijo. Nas regiões amorosas, sexuais, genesíacas, do Taiti, da Nova Zelândia, papuas, tasmanianos, arandas do centro australiano, os Semang da Malaia, os hotentotes namáquas da África sudoeste, eram inocentes dos beijos, ensinados, sem grande aproveitamento, pelo europeu de chapéu de cortiça e pedra no coração financeiro. O maori da Nova Zelândia esfrega o nariz no nariz da namorada e vice-versa. Denomina-se *hongi* esse conúbio nasal. A moça aino do norte do Japão dá dentadinhas excitantes nos dedos, braço, orelha, lábios do noivo ou suplente. O esquimó e o chinês cheiravam a epiderme da predileta amorosa. No nhengatu não há correspondência verbal para o beijo. Stradelli escreveu *Piteresaua,* que é verdadeiramente "chupamento", ato, ação de sorver, chupar, de *pitera,* chupo, segundo Batista Caetano de

Almeida Nogueira. Nos vocabulários recentes há *Pitera* nas duas acepções de chupar e beijar, no registo do Padre Tastevin. O filema grego e o ósculo romano viveram muito parcimoniosamente nas bocas mestiças do Brasil Colonial. O Beijo mantém essa dupla distinção específica, religiosa e profana. Euclides da Cunha[1] descreveu o "Beija das Imagens" de forma definitiva, fixando o beijo devocional, estático, místico. O poema de Catulo, há vinte séculos, revela o caráter dionisíaco do Erotismo romano, em nível idêntico ao contemporâneo. Essa dicotomia funcional conserva-se inalterável no espírito popular, na intenção do beijo dedicado a Deus ou destinado ao Amor. O beijo dado por homem em homem, não ocorrendo na forma de bênção, é considerado denúncia notória de depravação sodomítica. Distância inaproximável entre Afrodite e Minerva. É a mais universal das carícias. Ver *Quatro Beijos Antigos*.

CAFUNÉ

Estalos, que são dados na cabeça, como quem cata, com as unhas, para adormecer".[2] Catamento simulado de parasitos inexistentes, provocando preguiça repousada e tranqüila sonolência nas horas de folga. Operação deleitosa na cabeça dos fiéis a essa tarefa interminável, outrora comuníssima no Nordeste brasileiro, sertões e praias. Trazido pelos escravos de Angola, onde era inocente vício popular. Do quimbundo *Kifune*, de *Kufunata*, torcer, vergar. Em Banguela, entre os umbundos, *Xicuanli*. Para quiocos e lundas, *Coxoholeno*. Caracterizava o Cafuné o estalo fingindo esmagamento do invisível piolho.[3] Decadente na África e Nordeste do Brasil pelos imperativos do utilitarismo contemporâneo, ainda possuindo seus devotos. Os dicionários portugueses citam o *chamotim* como o *cafuné* hindu. O *chamotim, xamotim,* é uma fricção com óleos vegetais perfumados, também dita *champi,* industrializado no inglês *shampoo,* lavagem, limpeza do couro cabeludo. Nenhuma relação com o *Cafuné*.

---

1. *Os Sertões*, 1902.
2. Moraes, 1813.
3. *Dicionário do Folclore Brasileiro,* desde 1962; *Made in Africa,* estudo, incluindo o ensaio do Prof. Oscar Ribas, de Luanda, 1965. Roger Bastide, *Psicanálise do Cafuné,* 1941.

ISOLA!

Ante presságio agourento, encontro sinistro, pressentimento trágico, diz-se *Isola!* reforçando a frase com o gesto afastador do mau-olhado, adversidades, forças contrárias irradiadas pelos inimigos invejosos, mesmo desinteressadamente malévolos. Os dedos indicador e mínimo estiram-se paralelos. O médio e o anular ficam dobrados sob o polegar. É a *mano cornuta,* mão cornuda, das "Cimarutas" de Nápoles, molho portátil de amuletos infalíveis na evitação do *Malocchio,* o Olho Grande malfazejo. Os dedos paralelos imitam os cornos dos animais dedicados ao Sol e à Lua, símbolos da energia fecundante e da força criadora. Júpiter, Dionísio, Pan, eram representados com chifres. Corno de Amaltéia. O chifre erguido nas plantações. O *isola* livra da fraqueza física, perseguição humilhante, atraso econômico, ausência viril, maus negócios. O gesto é reproduzido nos amuletos, modestos e ricos.[1] Gesto e objeto, trazidos pelos emigrantes italianos, notadamente de Nápoles, divulgaram-se no sul do Brasil no regime republicano. Depois de 1890. Estão incorporados às superstições populares de todo o País. Dá azar! Isola!...

GESTO DE SAIA E CALÇA

Numa recepção íntima de minha filha, quase todas as amigas ostentavam calças compridas. Tendo um saco com maçãs, comecei a atirá-las e as alvejadas juntavam os joelhos, garantindo maior espaço à queda das frutas. Outrora damas e sacerdotes afastariam as pernas para a saia ter amplo acolhimento às ofertas arremessadas. Unir as coxas é o gesto masculino que a geração da minha Mãe não conheceu. Nem as "inocentes" anteriores a 1930. Em 1914 esteve em Natal a transformista Fátima Miris, despertando viva curiosidade seu verdadeiro sexo. Assunto de confabulação urbana e social. Donana Wanderley, esposa do Dr. Celestino

---

1. *Dicionário do Folclore Brasileiro,* 8ª ed., São Paulo, Global, 2000.

Wanderley, Juiz substituto Federal, propôs a solução infalível para o problema. Jogar algumas flores em Fátima Miris, quando sentada. Se fosse homem, juntaria as coxas, e sendo mulher, justamente o contrário, instintivamente ampliando a área receptiva. Não haveria outra forma natural e lógica para Damas e Galantes. Presentemente, Eles e Elas fazem o mesmo gesto na hora de receber a maçã.

O DEDINHO ME DISSE...

Personifica o exato informador misterioso. Mostra o dedo mínimo, auricular, por ser mais comumente aplicado ao ouvido. Essa constante aproximação indicará o delator dos segredos infantis ou episódios secretos da sociedade adulta, revelados em tom faceto. Popular na França: *Mon petit doigt me l'a dit!* Quantas vezes, tantos anos passados, ouvia minha Mãe dizer, alçando o mínimo: "Você comeu as goiabas quentes! Este dedinho me disse!".

CRUZ NA BOCA

"Fazer cruz na boca" é parte da persignação católica, a vocativa no *Livre-nos Deus, Nosso Senhor!* Pela boca entra o alimento vital e também o "Corpo de Deus" eucarístico. É o órgão vocal, soberano do Mundo. Bate-se na boca quando proferida blasfêmia ou irreverência. A Cruz significa, na escrituração mercantil, o sinal de "pago", quites, satisfeito, assinalando o final de uma dívida. No rol das contas cobradas, o sinal cruciforme substitui o recibo. Mesmo que não haja sido feito o pagamento. Se fez a Cruz, renunciou ao débito. Perdoou ao devedor. "Ficar fazendo cruzes na boca" é não ter o que comer, conformando-se com a leiga abstinência, fazendo o sacrifício da resignação, penitência da Fome. A Cruz fará o crédito no Céu, como desconto dos pecados. É um antiqüíssimo costume dos solitários do deserto, os eremitas, mais alimentados pela graça de Deus do que pelo pão inconstante. Essa abstinência também é motivo amoroso, nesse versinho do Rio Grande do Sul:

> *Menina se eu podesse*
> *Dos teus olhos fazer luz,*
> *Deixaria mais de quatro*
> *Na boca fazendo cruz!*

ALUSÃO AO DINHEIRO

É esfregar repetidamente a falangeta do polegar sobre o indicador ou médio. Conserva a representação de contar moedas metálicas e não cédulas de papel. É gesto europeu que o brasileiro recebeu na colonização. Referentemente, resta na linguagem popular a frase feita *Pender a mão*, valendo derramar moedas, subornar, peitar, gorjetear. Moraes regista o *Mão pendente*, "presente para obter de oficiais algum favor".[1] Pender a mão, deixava cair o dinheiro irresistível.

COCOROTE E PIPAROTE

Cocorote é um golpe na cabeça com as articulações dos dedos, especialmente do médio. Diz-se, também, Cocre, Cocada e Cascudo. Em Portugal é Carolo. Na minha salinha tenho uma fotografia de amigo morto com o seguinte autógrafo: "Uma boa testa para levar um cascudo amigo (a) Villa Lobos". Piparote é a projeção do dedo médio apoiado no polegar, distendido brusca e violentamente. Beaurepaire Rohan crê originar-se o Cocorote de *cocuruto*, o cima da cabeça, onde ele é comumente aplicado. A fonte do vocábulo será "coco", sinônimo popular de cabeça. O carolo português provinha possivelmente de "carola", cabeça. Jorge

---

1. *Locuções Tradicionais no Brasil*, 1970.

Ferreira de Vasconcelos, *Aulegrafia,* primeira metade do século XVI, ato IV, cena 5 cita: "soltão a carola a esperanças". Diz em Portugal carolo a batida de uma bola na outra. Era o castigo das crianças traquinas e dos pequenos escravos teimosos. Substituía a palmatória nas velhas aulas de outrora, ficando entre esta e o beliscão alertador. Tem ainda sua popularidade funcional por toda parte. Curioso é que Antônio de Moraes Silva (1764-1824), vivendo no Recife, senhor do Engenho Novo de Muribeca, em Jaboatão, dono de escravos, não haja incluído o cocorote nas três edições do *Dicionário* (1789, 1813, 1823), publicadas durante sua vida. Nem o cocre. Registou o lusitano "carolo", "golpe na cabeça com pau, ou dedos fechados". Carolo nunca foi conhecido pelo Povo brasileiro, como cocre e cocorote. Não é possível que o velho Moraes não o haja empregado na cabeça dos escravinhos e recebido quando criança. Alguns professores primários tinham fama de possuir dedo de ferro para o cocorote, e unha de aço para o beliscão. O velho Siqueira Barbudo, Joaquim Salvador Pessoa Siqueira Cavalcânti (1820-1906), partia um coco com um cocorote. Não haja admiração excepcional, porque Suetônio informa que o imperador Tibério feria com o cocorote a cabeça de uma criança e mesmo de um adolescente. Creio que o *Talitrum* romano corresponde ao nosso cocorote. É verdade que muitos dicionários latinos traduzem o *Talitrum* como sendo o Piparote. O piparote, mesmo do imperador Tibério e de Siqueira Barbudo, não daria para fender o coco ou ferir a cabeça de um rapaz. O cocorote, sim, tem elementos mecânicos para tal proeza. No *Satyricon,* de Petrônio, cap. XCVI, há uma cena de violência onde Encolpio *acutoque articulo percussi* no jovem Giton e este vai chorar na cama que é lugar quente. Héguin de Guerle, traduz, parafraseando: *Je ne pus m'empêcher de lui donner sur la tête une chiquenaude bien appliquée. Le pauvre enfant, fondant en larmes, alla se jeter sur le lit.* Héguin de Guerle informa tratar-se do *Talitrum* romano, irmão xipófago da *chiquenaude.* Gonçalo de Salas e Burmann traduziam, em vez de *chiquenaude,* o grego *kóndylos* que valerá *coup de poing.* Côndilo é a saliência articular de um dedo e não piparote, que significa realmente a *chiquenaude: Coupe appliqué avec le doig du millieu, bandé contre le pouce, puis détendu brusquement. O articulo percussi* de Petrônio é simplesmente pancada com uma articulação, nó do dedo, côndilo. Na *chiquenaude* não intervém articulação alguma. O golpe é dado com a falangeta do médio. O *kóndylo,* repito, é apenas a eminência articular de um osso e jamais *coup de poing,* que vale punhada, murro, batida de mão fechada. O piparote, a *chiquenaude,* não determinaria pranto, mesmo para os dezesseis anos do afeminado Giton. Nem jamais piparote constituiu castigo em qualquer parte do Mundo. Encolpio aplicou na cabeça de Giton um bom cocorote, *Talitrum,* castigo de escravos novos e crianças em Roma, prolongando-se o uso nos Povos latinos na contemporaneidade. Assim, o mais antigo cocorote, cocre, cascudo, cocada, citado, é aquele que bateu no *quengo* de Giton, capítulo XCVI do *Satyricon,* quando o imperador Nero era senhor do Mundo...

V DA VITÓRIA

Popularizado por Winston Churchill, primeiro-ministro da Inglaterra, durante a guerra, 1939-1945, augurando a Vitória infalível sobre a Alemanha nazista. Terminava com ele os discursos de exaltação belicosa. Mas não aludia a *vincere,* vencer, mas a *vita,* Vida. Assim o gladiador ferido suplicava no Circo não ser sacrificado pelo gládio do vencedor. Gesto visível no *Pollice verso,* de Gerome (1859). A letra *V* obtida com o índice e o médio estendidos, os demais dedos encolhidos. O Prof. William Dammarell, Chief Corporation Counsel do Estado de Ohio, nos Estados Unidos, asseverou ser o *V* o símbolo da vitória, concebido pela rainha Isabel de Castelha quando da campanha final contra os mouros de Granada em 1492. A consoante figurava no centro de um estandarte fixado nos muros da Catedral e da Universidade de Salamanca, com o dístico: "Hacia Christus el Rey Victorioso!" Os estudantes terminando com êxito os concursos universitários, escreviam o *V* com sangue de touro nos locais mais visíveis da cidade. Depois da vitória do Generalíssimo Francisco Franco, seus partidários desenhavam o *V* por toda Espanha. E distribuíam impressos, o *V* de *Vítor!* Bem antes da campanha guerreira, divulgadora do *V* da Vitória![1] Uma senhora de Cornwall escreveu a Churchill informando-o que *the signe was one invoking the Devil, not Victory.* Churchill mandou-a, mentalmente, ao Dito, e continuou com os *two fingers Upward, in a "V" form.*[2]

---

1. Ver *Vítor, Dicionário do Folclore Brasileiro,* 8ª ed., São Paulo, Global, 2000.
2. Radford, *Encyclopaedia of Superstitions.*

CHEIRO

Ainda é vulgar no Nordeste brasileiro dizer-se Cheiro a uma aspiração delicada junto à epiderme amada, crianças, normalmente. As narinas sorvem o odor que parecerá perfume incomparável. Resiste, poderoso, pelos Sertões. Não tivemos o Cheiro, carícia olfativa, pelos indígenas ou negros africanos. Resta o português como portador do mimo. Dois Povos empregam o Cheiro, valendo meiguice. Há o esquimó, cheirando a moça ou vice-versa no registo de Mrs. R. E. Peary.[1] E há o chinês. Não traria o português esse dengue dos Inuit das margens da América Ártica ou da Groelândia. Lógico que o fizesse da China, conhecida e freqüentada desde o século XVI. Há um depoimento vivo de Wenceslau de Morais, o solitário de Tokushima, o Lefcadio Hearn de Portugal. No seu *Traços do Oriente* (Lisboa, 1895) informa a origem do Cheiro: "Os chineses não dão beijos. Não dão beijos, ou dão-nos de uma maneira muito diferente da nossa, sem o uso dos lábios, mas aproximando a fronte, o nariz, do objeto amado, e aspirando detidamente. O china beija o filhinho tenro, beija a face pálida da esposa, como ele nós beijamos as flores, aspirando-lhes o perfume; a assimilação é graciosa. Tendo agora por conhecida, e é coisa que não se contesta, a extrema agudeza olfativa dos chineses (os negociantes cheiram as moedas de ouro que julgam falsas, e assim conhecem o grau maior ou menor da liga de cobre), podemos talvez conceber uma vaga idéia do prazer da mãe, respirando sobre a carne fresca do filho um ambiente que ela não confunde com outro; o prazer do mandarim apaixonado, conquistando à brisa o perfume de uns cabelos negros, que ele aprendeu a adorar!" Não sei de outra fonte e de outro Povo para a presença originária do Cheiro, voluptuoso e lento do Nordeste. Não creio forçar a ética etnográfica imaginando que o português, tradicional sabedor e vivedor na terra sagrada mandarina, tenha reunido aos múltiplos e usuais processos de acariciar, mais essa fórmula delicada e ardente do beijo sem lábios. Resta-me saber é se o português, que trouxe esta carícia chinesa para o Nordeste do Brasil, deixou o Cheiro nalgum recanto de Portugal. Wenceslau de Morais ignorava sua transplantação funcional para o Brasil, nem a menciona em sua pátria.

---

1. *My Artic Journal*, New York, 1893.

PIGARRO E TOSSE

Tossir, pigarrear, assoar-se para chamar a atenção de alguém, é fórmula largamente espalhada pelo Mundo. Sua aplicação internacional garante-lhe a comunicabilidade interpretativa. Os interessados compreendem exatamente o recado, em qualquer paragem da Terra. Seja qual for a nacionalidade do pigarreador, o sinal gutural leva a mensagem significativa, facilmente traduzível para todos os idiomas, letrados, classe, idade e nível de cultura. O Pigarro tem mais antigüidade no plano autoritário. Partindo de pais e chefes, assume valores inauditos de admoestação, desapoio, índices preventivos para mudar a direção da conversa, não insistir num ângulo de observação, ou evidenciar a inoportunidade dos reparos expendidos. Há pigarros que salvam situações e outros que condenam, irremissivelmente, o desavisado conversador. Alguns valem misericordiosos gritos de alarma: "Cuidado! Não fale nesse assunto! O homem é inimigo de quem está sendo elogiado!" "Bem-casado, coisa nenhuma! Está se divorciando!" O Pigarro paterno ou magistral, arauto das reprimendas e ajustes dispensáveis e humilhantes? O pigarro clássico do general Pinheiro Machado (1852-1915), dominador no Senado, sacudindo a atenção correligionária para a votação decisiva, dizia-se inesquecido e ninguém o recorda no Brasil. A tosse miúda e baixa de Afonso Pena (1847-1909), Presidente da República, quando discursava. O pigarro alto e sonoro do marechal Deodoro da Fonseca (1827-1892), o Proclamador da República, zangado, puxando as suíças. A tosse artificial do Imperador D. Pedro II, entremeando os *já sei, já sei,* índice de que a resposta não o agradara, era citada por todos os freqüentadores do palácio de São Cristóvão. O pigarro lento e meditativo de Ruy Barbosa ouvindo informações que o impressionavam. Foram, pigarros e tosses, tiques característicos desses homens famosos, associados às reações psicológicas inevitáveis. Eram manifestações denunciadoras de processos íntimos, estados interiores que se revelavam nessas marcas, conscientes ou inconscientes, de reprovação, aceitação, comando.

Naturalmente o Pigarro e a Tosse têm conteúdo etnográfico, quando intencionais. Valem, então, uma linguagem porque há verdadeiros diálogos através de pigarros. Ainda constituem um poderoso fixador de interesses no plano da sinalização amorosa. É um insubstituível da presença enamorada. Muito mais popular que o assovio. Pigarrear, tossir, assoar-se à porta da namorada, é um dos mais claros informadores de coordenada topográfica. "Estou aqui! Olhe eu aqui!" – dizem tosse, pigarro, assoamento, fictícios.

Difícil deparar uma criatura que não tenha escarrado e tossido com intenção erótica, intercâmbio sem palavras, mas cheio de recheios radiculares. O padre Domingos Caldas Barbosa, na sua *Viola do Lereno,* traduzindo para os peraltas e sécias de Lisboa de D. Maria Primeira a *Doçura de Amor,* não esqueceu, nas últimas décadas do século XVIII, de indicar o *assoar-se a tempo* como inseparável de um bom código do namoro fidalgo:

> *Um ir ver-me da janela*
> *Com um modo curioso,*
> *E então assoar-se a tempo*
> *É bem bom, é bem gostoso.*

Júlio Dantas, recenseando as técnicas da conquista erótica em *O amor em Portugal no século XVIII,* incluiu no "Namoro de Estafermos e de Estaca", o infalível pigarro, chamando-o "escarrinho". Denominou-o a mais viva, a mais eloqüente, a mais fundamental expressão da ternura portuguesa nos séculos XVII e XVIII: *o escarrinho!* "A primeira coisa que a faceira tinha de aprender bem era responder com elegância ao "escarrinho". Era um requinte do bom-tom fazer-se de resfriado. "O namoro de estafermo, quanto mais assoado mais fidalgo, quanto mais constipado mais distinto." Lembra que o Padre José Agostinho de Macedo, no seu poema *Besta esfolada,* falava dos peraltas "que apanhavam a cacimba e o relento da noite debaixo das janelas da amada até o despontar da estrela d'alva, e não levavam para casa senão um escarrinho". Era o mesmo na Espanha aristocrática de Filipe V, neto de Luís XIV. O Barão de Montesquieu, na LXXVIII das *Lettres Persanes,* em 1715, registara: *Ils sont des premiers hommes du monde pour mourir de langueur sous la fenêtre de leurs maîtresses; et tout Espangnol qui n'est pas enrhumé ne saurait passer pour galant.* Era parte essencial no armorial da paixão típica do *hidalgo* espanhol escarrar e tossir debaixo das janelas do seu amor. Era tradução do sentimento, exteriorização apaixonada do sofrimento, obediência ao protocolo, comprovação de alta finura e graça em matéria de conquista. Pelo pigarro aferia-se o conhecimento erótico do namorado e sua disposição positiva na prática amatória.

Para a resistência do uso na Europa é de deduzir-se tempo para sua criação e possibilidade de origem comum na irradiação para o continente americano. Tito Mácio Plauto (250-184 antes de Cristo) parece-me o mais antigo registo. Na sua comédia *Asinaria,* III ato, o Parasito redige para o Diábolo uma longa lista de obrigações que a moça Filenia deverá cumprir. São exigências meticulosas de ciumento recato. Entre estas, versos 773-777, há a precaução prudente de Filenia não tossir de determinada forma nem assoar-se conforme sua vontade, porque estes gestos poderão ter duplo sentido, para outro namorado. É realmente viva a suspeita da existência destes sinais na Roma de Catão e quando o cartaginês Aníbal ainda era uma ameaça assombrosa. O Pigarro como expressão de autoridade, de poder social, seria comum em Roma. Noutra comédia de Plauto, *Persa,* do ano 174 antes de Cristo, há uma menção nítida. O escravo Sagaristio, ato II, cena V, fingindo-se pessoa de importância, diz: *Magnifice conscreabor!* Vale como se dissesse: "Escarremos com majestade!". O tradutor Naudet escreveu: *Toussons comme un personnage important!* Suficiente. O poeta Aulo Albio Tibulo, contemporâneo do imperador Augusto, *Elegia,* VI do I livro, evoca o rapaz apaixonado rondando a casa do seu amor, passando, fingindo afastar-se e voltando, *tossindo cem vezes diante da porta.* O poeta português Antônio Ribeiro Chiado, falecido em 1591, no seu famoso *Avisos para Guardar,* adverte: "Guardar do homem que tosse/ E fala pelo falsete!" É uma pequenina documentação evidenciando a contemporaneidade do milênio na linguagem popular da Tosse e do Pigarro, que o colonizador português replantou na amada terra do Brasil. Ver *Escarrar.*

DAR BANANAS!

Mímica obscena, vetusta e plebéia, tradicional em Portugal, Espanha, Itália, França, com idêntica significação exibicionista e fálica. Manguito, dar manguito, apresentar as armas de São Francisco, dizem os portugueses, portadores do gesto para o Brasil. Na Itália, *far manichetto.* Na Espanha, *hacer un corte de mangas.* Na França, informa A. Mitton: *Une main à plat posée sur la saignée du bras: relève l'avant-bras, poing serré. Signification ithyphallique. Très vulgaire et obscène.* Bate-se com a mão no sangradouro do outro braço, curvando e elevando este, com a mão fechada. O antebraço, oscilando, figura o membro viril. Também põem o antebraço na curva interna do outro. "Adeus com a mão fechada" é o punho cerrado, movimentando-o perpendicular. Bater no cotovelo, é a forma mais sintética. A inclusão da Banana é que constitui o *made in Brazil*. Milenar e clássica tradição oriental afirma a Banana ter sido a fruta tentadora do Paraíso, atraindo Eva pela forma. A maçã, de culturas sucessivas, seria inexistente. É um sinônimo priápico no Brasil.[1] O gesto motivou *La Marchand d'Amours* (1754), de Joseph-Marie Vien, encomendado por Madame de Pompadour, gravado por Guay, para o castelo de Fointainebleau. Um dos "amores" galantemente divulga o gesto.

PALLIDA MORS

Sempre que meus netos querem representar almas do outro mundo, cobrem-se de branco. Invariavelmente essas almas do meu sangue vêm visitar o avô na salinha de livros. Bailam, falando fino, e desaparecem. Estudei a *cor branca*[2] no Tempo e espaço, lembrando-a figurar a Morte e os Mortos em qualquer paragem do Mundo. Antes do contato europeu já existia a convenção na África Negra. E na Austrália. Quando o vermelho é símbolo da Vida, o branco anuncia os sobreviventes da Morte. Os fantasmas são vultos alvadios. O espectro africano é alvo. A imagem do Pavor é *ficar branco*, o *off-colour* dos ingleses. O inferno poético era a *Regio Pallida*. Havia um subalterno deus *Pallor*, filho do Inferno e da Noite. Encarregava-se de empalidecer os viventes em serviço dos genitores terríficos. Branco, pureza, limpidez, casta candura integral, superavam a restituição do Morto a esse estado alvinitente, despido da carne que peca pelos órgãos incorrigíveis. Imagino Goethe virginal e Voltaire inocente! Envolvidos totalmente pelos lençóis de linho, meus netos constituem adoráveis espectros. Qualquer outra cor não lhes permitirá essa aparição sobrenatural. Branco é a cor inicial, primeira, fonte de todas. Disco de Newton. Voltar à origem é purificar-se. Estilização do esqueleto. Embranquecer.

---

1. *Ensaios de Etnografia Brasileira,* "A banana no Paraíso", INL, 1971.
2. *Made in Africa,* São Paulo, 2001.

TRÊS GESTOS ROMANOS

Aulus Persius Flaccus nasceu em dezembro de 34 e faleceu em novembro de 62 da Era Cristã, entre os imperadores Tibério e Nero, na imensa Roma, incendiada parcialmente dois anos depois. Na *Sátira Prima* menciona três gestos típicos do motejo romano. "Feliz Janus! jamais, por trás de ti, a mão imitando o movimento das orelhas do asno, ou o longo pescoço burlão da cegonha; jamais a língua que se alonga como a de um cão ofegante sob o Sol da Apúlia!" Essas provocações do Ridículo são contemporâneas, pleno uso infantil e plebeu. Abanar as duas mãos abertas na altura das orelhas é uma evocação ao Burro inspirador. A mão, com os dedos unidos, insistindo no ritmo de um bico de ave voraz, curvando o antebraço como uma dobradiça, inclui agora sugestão do ato sexual, quando há vinte séculos apenas imitava o comilão insaciável. Estirar a língua, como cachorro cansado, é a mofa habitual, aliviadora represália popular e menineira. Deveriam ser antiqüíssimos, para que o poeta Pérsio os citasse numa preferência expressiva e maquinal, justamente há 1.910 anos...

FUNÇÃO SOCIAL DO RISO

Perguntei ao Prof. Afrânio Peixoto por que não daria um livro sobre o *Riso*, quando tão bem estudara o Humor. Não tinha tempo. Citei o provérbio finlandês de Tweedie: *There is nothing in the world so abundant as times*. É uma convenção humana, cujas dimensões lhe pertencem, para suprimi-lo ou revivê-lo. Considerou-se tentado. Sugeri um bom espaço às funções sociais do Riso, desaproveitadas pelos estudiosos anteriores. Riso, processo de penetração na conquista da estabilidade econômica. Oportunidade de sorrir e rir, técnica não indígena nem oriental. Riso imprevisto e catastrófico. Índice de compreensão e solidariedade, de negação e sátira. Inversamente proporcional ao conceito de Autoridade. Não Fisiologia mas Teologia do Riso. Jesus Cristo não riu. Os Santos riem? Existe riso beatífico? Riso angélico e sarcástico. Desde quando fora incluído nos preceitos da Educação? Saber rir. Franklin Roosevelt, Getúlio Vargas, Winston Churchill. Os Presidentes que não sabiam rir? Os profissionais em Sociedade, consagrando a vivacidade fictícia do anfitrião, animando o ambiente. *J'ai ri, me voilà désarmé.* O indispensável contador de anedotas, ornamento de salão e pacificador das Altas Partes Contratantes, substituindo a lira de David para as iras de Saul. O papel profilático do Bufão. A tristeza maquinal das Cidades sem palhaços. Os tipos populares hilariantes. Mecânica do Riso utilitário. Indústria. Comércio. Bancos. Repartições oficiais. Ministérios e Universidades. Alunos e Mestres. Humorista convencional. O falso "engraçado". Excêntrico e Esquisitos. Há os Agelastas que jamais riem. Cura-se enfermidades pelo Riso, na Geloterapia, *pour ce que rire est le propre de l'homme.* Afrânio Peixoto concordava. Foi em 1944.

Fala-se mais

Não lembro as cidades onde sempre houve loquacidade, mas o interior com seus homens lacônicos, como os aldeões em Portugal. Aliás o indígena é taciturno e das três raízes étnicas a mais ruidosa é a africana. Nas vilas e regiões de povoamento difuso, o camarada respondia sem circunlóquios. *Dava as horas,* e nada mais. Inesquecido o diálogo do viajante com o sertanejo levando uma pele de onça. – É onça? – O Couro! – É seu? – Da onça! Acabou-se. As rodovias derramaram o verbalismo do litoral. Litoral urbano porque os pescadores, gente das praias, poupavam as palavras como coisas fungíveis. A educação doméstica mandava usar a voz com muita parcimônia. Cantar era vadiação reprovável e falar constituía falta de modos no povo de menor idade. Boca calada não entra mosca. As tarefas de construções, estradas, fábricas, açudes, misturaram trabalhadores de várias procedências e costumes, alterando pela convivência a precariedade da conversa sincopada e dos diálogos entremeados de pausas indispensáveis. Mesmo nas humildes vendas à margem da estrada os bebedores engoliam a cachaça sem gastos de voz. Pediu. Bebeu. Cuspiu. Pagou. Saiu. A embriaguês oferecia o silêncio sonolento. Nas Cidades é que vivia a fauna dos bêbados gritadores, fregueses da cadeia, hospedagem semanal dos *bebos de fim de feira,* briguentos inofensivos e palradores inconseqüentes, gritando aos companheiros da bodega: *Como é? É pra apanhar todos juntos, ou de um em um? Sêu Vicente, mi dê aí uma lambada de cana qu'eu quero pedir a palavra!* No velho sertão. *Vira uma Rêimundo!* Jogava umas gotas no chão, emborcava, despedia-se: *Intante!* Tempo antigo da Biogenética! O Indivíduo recapitulava a Espécie. A voz articulada e comunicante veio ao final.

A CARETA DEFENSIVA

Newton responde às importunações de Daliana fazendo caretas. Onde aprendeu essa fórmula de Intimidação? Os avós norte rio-grandenses e paulistas não lhe sugeriram a prodigiosa arma fisionômica, paleolítica e contemporânea. Não consigo apurar se a utilização da Careta lhe veio do próprio raciocínio ou repete o conselho da alheia experiência, vinda de criatura de sua idade e convívio. Certo é que usa e convenceu-se da eficácia, como todos os anteriores usuários. Como o Futebol assistido e a Astronáutica televisionada, o resultado positivo da ação consiste no liberamento da pressão humana, íntima, num alívio de expansão sublimadora. A Careta não estarrece Daliana mas satisfaz ao instinto defensivo do Newton, como uma rajada de metralhadoras a inimigo invisível e noturno. Dá-lhe consciência de poder repelir o assaltante. Esse processo de equivalência bélica é que me sacode na imensidade do Tempo sem idade, desde que a Careta simulou uma nova cara, inesperada e assustadora, aterrorizando o inimigo pela hediondez imprevista. Assim os indígenas atacam, complementando a máscara repelente com a imitação dos gritos bestiais. Os elmos e capacetes ornados de monstros, dragões, hipogrifos, serpentes aladas, caveiras, leões, tigres, eram soluções subseqüentes às caretas primárias que o Newton está fazendo para afastar Daliana...

BOQUINHA

Contrair os lábios, imitando o movimento do beijo. "Boquinha", que Moraes regista como brasileirismo, é a exata tradução do *Ósculo,* beijo rápido e sonoro. Inicialmente o Ósculo era silencioso, respeitoso, reverente; saudação, homenagem, submissão. Judas não beijou a Jesus Cristo em Getsêmani mas osculou-o: *oscularetur eum.*[1] Tornar-se-ia o "Ósculo da Paz" entre cristãos, serena e fraternal identificação afetuosa. A Boquinha, "boca pequena", diminui a boca pela contração, tornando-a mimosa, intencionalmente infantil no "beijinho" sem pecado. *Fazer boquinha* é fingir zanga pueril, dengosa, falsa, provocante nos lábios adolescentes. Simulação de mágoas para a terapêutica das carícias.

CURVAR A CABEÇA

Daliana, nove, Newton, sete anos, preferem saudar inclinando a cabeça, curvando-se ligeiramente, em vez de apertar a mão. Ocorre semelhantemente nas crianças do meu conhecimento. Serão mais instintivos, espontâneos, naturais. Meus netos expõem um *short course* de Etnografia, libertando o avô de leituras penitenciais em Mestres observando povos *primários* mas já visivelmente aculturados. Confusa identificação das origens elementares. O aperto de mão, abraço, braço no ombro ou ao pescoço, serão muito posteriores, atitudes já convencionais, valendo mais extensa mensagem grupal. Baixar a cabeça e dobrar o tórax incluem-se nessa classe de linguagem do *rhythm body,* num plano intencional de convivência. Deveria constituir a primeira demonstração submissa pelo desnivelamento proposital, aparentando maior altura física ao homenageado. A genuflexão e o prosternamento vieram muitíssimo depois. A inclinação forçada pelas *Forças Caudinas* é suficiente comprovação do que, correndo tempo e simbologia representativa, veio a constituir a vênia palaciana, contemporânea e milenar. Entre o Povo a saudação mínima é sacudir a cabeça, tendo o corpo ereto. As outras posições de Respeito humilde e rastejante são heranças orientais. Entre os africanos negros

---

1. *Lucas,* 22, 47.

foram impostas pelo alfange muçulmano. Nos povos ibéricos, a projeção inapagável dos Mouros. O Brasil ameraba não as praticou, como as gentes do México e América Central, regimes de hierarquias sagradas, despóticas e cruéis. Pompa, sangue, dor. A posição disciplinar dos nossos indígenas era a de *Sentido!* tendo porém os calcanhares desunidos. A cabeça curva e o busto paralelo ao solo surgiram como iniciais do reconhecimento e demonstração de obediência às figuras humanas da Autoridade ligada ao Poder. Surgiram quando houve organização tribal com símbolos exteriores da Realeza, diadema, plumas, fios de conchas, dentes de animais, postos ao redor da cabeça, e esta identificada como a sede da Inteligência, de onde partia a voz de comando.[1] A saudação inicial limitar-se-ia em exibir as palmas das mãos sem armas. Nasce daí o *adeus!* Curvar a cabeça deve ter sido a segunda a surgir na liturgia orgulhosa dos Homens. É a preferida pelos meus netos. Sugere a curvatura artificial da humildade, de que falava Camilo Castelo Branco.

O DEDÃO DO PROFESSOR

O Professor Everardo Backheuser (1879-1951), da escola Politécnica, mestre em Pedagogia, divulgador da então nova Metodologia, falava-nos da gesticulação na cátedra, técnica que continua ao arbítrio inconsciente de cada ocupante. Ironizava o abuso do indicador enristado, hirto e dogmático, como empurrando o Conhecimento nas goelas estudantis. Seria tradição de Roma, denominando-o *Index digitus,* o dedo da indicação orientadora, mostrando caminho aos ignorantes das vias sapientes. Saudava-se em Roma erguendo o indicador, *Digitus salutatis*. Pede-se a palavra, acusa-se presença, com o gesto de erguê-lo. Era o dedo do Mestre, recebendo o anel doutoral. Felizmente o uso está passando na Moda social. Outrora era indispensável e fatal. Doutor de anel no dedo! O Povo diz apenas, mantendo idéia de função infantil, o *fura-bolo,* utilizado nesse mister pelas crianças. O Visconde do Rio Branco, inesquecido tribuno parlamentar, abusava de apontar o Fura-bolo nas perorações e debates. Daí o versinho satírico nas eras de 1874: *Embainha, Rio Branco, este deu dedo!* que não lhe corrigiu o sestro, mania solta do automatismo da Vontade, em

---

1. *Civilização e Cultura,* VII-9.

muita gente contemporânea. Ruy Barbosa, por exemplo: Um renomado orador sacro, em quase duas horas de real eloqüência, espetou e bateu o dedão magistral como se em vez de doutrina pregasse pregos. Admirara que não percebesse a monotonia digital, infalível na douta falação. Quase terminou, pela insistência, provocando hilaridade. Para o público e meus alunos em meio século, policiei atentamente a pedante exibição do dedo esticado e ameaçador, evitando a empáfia didática de que nos precavia o Prof. Backheuser. O indicador serve para fixar a atenção da assistência em determinado e ocasional objeto material, visível, imediato, e não abstrações e coleios dialéticos. O gesto será bem diverso, com as duas mãos, ou cinco dedos evocadores, se o expositor não for hemiplégico. Não afirma nem admoesta. Aponta! Embainha, Professor, este teu dedo...

BRAÇOS ERGUIDOS!

Os braços erguidos em paralela, mãos agitadas ou não, expressam súplica ou regozijo. O aceno avizinha dos Deuses o pedido de intercessão, numa atitude notória de esperança e apelo. Por toda Ásia Menor os relevos figurando desfiles repetem e multiplicam a posição rogatória ou aclamativa às Divindades supremas, incluindo os Reis, suplentes na Terra quando o Tempo não tinha História. A documentação grega, insular e continental, é um dilúvio comprovante. No relevo da morte de Egito por Orestes (Museu de Copenhague), a primeira figura à direita ergue as duas mãos imploradoras numa contemporaneidade surpreendente. A última, da esquerda, esmagando os lábios para não gritar, abre a mão numa súplica humaníssima. Os braços estendidos para o alto prolongam a estatura do deprecante, aproximando-a das Potências deprecadas. "Aarão levantou as suas mãos ao Povo e o abençoou".[1] "Com as mãos estendidas para os Céus" o Rei Salomão orava ante o altar do Senhor.[2] Não evoco o oceano dos braços acenantes nas manifestações coletivas, espontâneas ou agenciadas. Nas grandes festas desportivas é curioso ver a multidão bracejando acima da cabeça e não no nível dos homenageados. Evaporou-se a idéia do movimento constituir uma prece gesticulada e muda às Onipotências que moram além das estrelas. Quando o Poder Competente é humano, braços

---

1. *Levítico*, 9, 22.
2. I *Reis*, 8, 54.

e mãos vibram na horizontalidade terrena. Requerer em termos lógicos. *Passis manibus,* diziam os romanos.

REPROVAÇÃO, CONCORDÂNCIA, IGNORÂNCIA

No meu tempo de rapaz deixar pender os lados da boca, era índice de desprezo, reprovação, repulsa. Assim conta Lytton Strachey da rainha Vitória da Inglaterra. Agora, vale surpresa, admiração, concordância agradada. Em agosto de 1896 escrevia Machado de Assis: "Respondeu-me com aquele gesto de ignorância, que consiste em fazer cair os cantos da boca". Vivendo e desaprendendo...

OLHAR, INTERMITENTE OU FIXO

Marcel Mauss expõe a Ambivalência do conceito popular: *Ainsi nous attribuerons des valeurs differentes au fait de regarder fixement: symbole de politesse à l'armée, et d'impolitesse dans la vie courante.*[1]

Ainda nas duas primeiras décadas do século XX, no sertão do Nordeste brasileiro, uma condição ritual de respeito era o falar com a vista baixa, sem fitar o interlocutor, digno do acatamento pela idade ou situação social. Nos colégios, especialmente femininos, recomendavam os olhos modestos, timidamente postos no chão, durante a conversa com gente superior. Tradição secular. Luís XIV perguntou o nome de um soldado que ousara olhá-lo durante a revista. Trazido à presença do Rei e perguntado o nome, o homem respondeu, habilmente: "Chamam-me o Águia, porque posso olhar o Sol!". Luís XIV ficou encantado.

Toda a gente sabe que não olhar o rosto do soberano durante os minutos da audiência era dever milenar. Possivelmente a influência seria do Oriente, Bizâncio, onde o Basileus não podia ser objeto direto do olhar vassalo. No Egito, Pérsia, Assíria, Caldéia, a posição rojante do súdito evitava o sacrilégio de olhar os olhos do Rei, semidivino. Os Reis guerreiros

---

1. *Sociologie et Anthropologie,* Paris, 1950.

e conquistadores tiveram, com o contato dos acampamentos e das batalhas, o dever de humanizar-se. Mesmo assim, falava-se ao Imperador com a cabeça humildemente voltada para o solo. Atila, Gengis-Khan, Tamerlão, Saladino, Reis de espada na mão, eram mirados de perto pelos companheiros de luta, mas em palácio o cerimonial mudava a posição. Nada de fitar o Rei. Atrevimento. Rebeldia. Profanação.

Quando fui estudante no Colégio Diocesano Santo Antônio, anunciou-se uma visita do Bispo de Natal, Dom Joaquim Antônio de Almeida. O nosso professor, Mons. Alfredo Pegado, uma das criaturas mais simples e bondosas que Deus permitiu andar no Mundo, advertiu-nos, risonho mas decidido: "Olhem para o senhor Bispo, mas não fiquem com os olhos pregados nele. É uma falta de respeito!" E assim foi, mais ou menos, feito.

Depois li que Moisés, vendo a sarça arder sem consumir-se, chamado nominalmente por Deus, aproximou-se, ouvindo a recomendação de tirar as sandálias porque a terra que pisava era sagrada; e quando Iavé disse quem era, *Moisés encobriu o seu rosto, porque temeu olhar para Deus.*[1] Depois, muito depois, dadas as Tábuas da lei, provada a fidelidade do guia do povo de Israel, é que o *Senhor falava a Moisés cara a cara, como qualquer um fala com o seu amigo.*[2] Ainda hoje, em qualquer parte do Mundo, o olhar fito sobre alguém é um desafio. Para os valentões existe a pergunta clássica: "Nunca me viu? Quer tirar meu retrato?" Na própria tradição católica, decorrentemente, universal, curva-se a cabeça em atitude reverente de submissão, no momento da elevação da hóstia. Raros acompanham com o olhar o movimento ascensional das mãos do sacerdote mostrando aos fiéis a consagrada partícula. O gesto de Moisés seria uma possível repetição maquinal do cerimonial egípcio (Ebers, Rawlinson, Brugsch). Moisés nascera no Egito e tinha 80 anos. Estaria habituado, até a medula, com as exigências da liturgia faraônica. Só os Mortos vêem a Divindade.

Qualquer livro de viagens na África dos séculos XVIII e XIX regista a obrigação do negro prosternar-se aos pés do seu Rei e não fitar para os olhos majestáticos. Certamente a influência árabe reforçara, se não determinara, a fórmula humilde de deitar-se por terra para saudar o Soberano.

Entre os indígenas brasileiros não havia esta tradição. Não tinham Reis que exigissem a etiqueta rojante. Os chefes militares, tuixauas, nunca pensaram nesse pormenor cerimoniático. Os primitivos são mais huma-

---

1. *Êxodo*, III, 6.
2. *Êxodo*, XXXIII, 11.

nos. Quando a "civilização" se "aperfeiçoa" em Progresso é que o cerimonial afasta o Rei do seu Povo. Nas organizações tribais americanas não havia a prostração do súdito. Com os Reinos suntuosos do Peru e do México haveria necessidade dessas regras divinizadoras do Rei impassível, filho do Sol, talqualmente o velho Faraó, filho de Amon-Ra. No Brasil indígena o código das cerimônias não incluía a prosternação ritual, e todos podiam espetar no tuixaua, chefe militar, ou no Pajé, chefe religioso, médico e senhor dos ritos, a liberdade dos olhares plebeus. Não cito o famigerado *Shaman* porque nunca tivemos *xamans* no Continente. O *Shamanismo* é uma convenção a qual não aderi. O que nos resta no Brasil do interior, e mesmo em vilas e cidades do litoral, será herança trazida pelo português e pelo espanhol, onipresentes e andejos, semeando costumes que se perpetuaram. Digo uma herança da Europa porque não seria de esperar uma presença da obrigação de não-olhar existente em complexos mais elevados, entre os indígenas brasileiros, e que essa fórmula influísse nos usos contemporâneos, ou de bem pouco tempo dominantes.

Entre os Xibxas ou Muíscas da Nova Granada (Colúmbia), no planalto da Cundinamarca, os Reis temporários, o de Mequetá (Funza) e o de Hunsa (Tunja), eram chamados *Zipa*. "Em presença do Zipa os homens voltavam-lhe as costas em sinal de respeito".[1] Voltavam as costas para não olhar a majestade onipotente do Zipa. No Brasil colonial reaparece esse símbolo que não se transmitiu na mestiçagem ao brasileiro. O padre Fernão Cardim, em 1584,[2] registra entre a indiada da raça tupi: "Todos andam nus, assim homens como mulheres, e não têm gênero nenhum de vestido, e por nenhum caso *verecundant:* antes, nesta parte, pela grande honestidade e modéstia que entre si guardam e quando algum homem fala com mulher, *vira-lhe as costas."* Karl von den Steinen[3] notou entre os Jurunas, descendo o Xingu em 1884: "Ao conversarem, por princípio, não se fitavam." A Dra. Emília Snethlage, em 1909,[4] narra um espisódio no acampamento no Curuá, na barraca do coronel Ernesto Acioli, vindo os indígenas Xipaias no afluente Iriri. Descreve Snethlage: "Um Xipaia magnífico, cujo adorno rico de pérolas indicava o homem de importância, saudou o coronel com um aperto de mão silencioso, sem tomar notícia de qualquer pessoa presente. Seguiu-nos até a casa e ficou perto, olhando

---

1. Júlio Trajano de Moura, *Do Homem Americano*, 673.
2. *Do Princípio e Origem dos Índios do Brasil e de seus Costumes, Adoração, Cerimônias* (1925).
3. *O Brasil Central*, 1942.
4. *Travessia entre o Xingu e o Tapajós* (Pará, 1913).

sempre mas sem falar ou mostrar uma curiosidade demasiada. Pouco depois apareceram os dois índios que tinham acompanhado o coronel em qualidade de caçadores e pescadores, e então tivemos o espetáculo interessante da saudação cerimoniosa que se trocou entre eles e o seu patrício selvagem. O primeiro que veio foi Ain, um moço xipaia bem parecido, dum tipo quase europeu, alçado ainda pelas roupas de seringueiro e pelos cabelos curtos, mas índio verdadeiro, pelas maneiras silenciosas e formais. Ele passou perto do xipaia do mato, aparentemente sem vê-lo e ficou em pé alguns passos em frente dele, mas sem voltar-se, *mostrando-lhe as costas*. Trocou-se uma conversação entre os dois, sendo o *bugre* (é este o nome que os seringueiros dão aos índios selvagens) o primeiro a falar, pronunciando com voz indiferente uma sucessão de frases breves, aparentemente perguntas e informações, a cada uma das quais Ain respondia com uns monossílabos: *ne-ne, a,* etc. Tendo isto continuado algum tempo, Ain falava e o selvagem dava respostas monossilábicas. Durante todo o tempo os dois não mudaram de posição. Ain ficou sempre *com as costas voltadas ao outro,* e os dois olhavam o horizonte com um ar preocupado. Não obstante esta indiferença aparente, o todo me fez uma impressão de cortesia e formalidade completa, muito surpreendentes em selvagens que costumamos considerar como pouco mais adiantados que os animais. Pouco depois chegou o velho Paidé, um juruna simpático, muito amigo do coronel. Ele assentou-se perto de nós; o Bugre virou-se logo de maneira a *mostrar-lhe as costas* e, agora, repetiu-se a mesma cerimônia, somente com a diferença do juruna, ser, desta vez, o primeiro a falar, em sua qualidade de mais velho e, por conseguinte, mais importante". Está evidente que esses indígenas dos séculos XVI, XIX e XX não tomavam esta posição por timidez ou acanhamento. Trata-se claramente de obediência a um imperativo tradicional de cortesia, indispensável no contato entre homens de categorias diversas. Alguma percentagem influiria nas populações sertanejas anteriores às rodovias, eletricidade e comunicações mais intensas com o litoral. A conversa inclui o olhar mas de feição intermitente, apenas confirmando uma afirmativa mas sem prolongar-se na face do interlocutor. Constatei em 1934 durante uma visita aos Grupos Escolares no interior do Rio Grande do Norte.

Há uma crendice popular para evitar o olhar demorado. Explica-se que quem olha demoradamente absorve a *sustança,* a força, a energia alheia. Nas refeições não se fita a quem come porque o alimento perde sua vitalidade. Em julho de 1954, uma nossa empregada, nascida no Ceará-Mirim, enxotava o meu *basset* que estava olhando para mim, aguardando uma ração suplementar: "Saia daí, Gibi, você está tirando as forças do comer!" Não vamos dizer que o gesto seja uma presença do símbolo respeitoso de não-olhar, através de séculos e séculos, desde os sumérios até a criadinha do Ceará-Mirim. Certo é que a soma desses elementos expostos documenta a espantosa antigüidade de um costume, o mesmo, desde época remotíssima, existente não apenas nas civilizações longínquas da Ásia e da África, como na Europa clássica e na América pré-colombiana.

Os Reis negros da Costa de Escravos não podiam ser vistos quando se alimentavam. Não seria apenas o tabu da alimentação real mas a perda da energia nutritiva, desviada pelo olhar vassalo. Estranho e real essa dualidade ao debate da convivência, como notara Marcel Mauss, no tempo e no espaço.

SESSENTA SÉCULOS VOS CONTEMPLAM!

Vende doces de laranja e jaca, oferecendo lamúrias ciciadas e contínuas como cantiga de grilo escondido. Molha-nos a todos com seus olhares de azeite-doce e arrulhos de pombo cauteloso. Voz baixa, macia, infindável, pingando, pingando, como goteira intapável. Peditório incessante, industrializando as incuráveis mazelas que não lhe impedem a gravidez. Não desanima nem abandona a imperceptível lastimação sugadora. Insaciável como mendigo manchego que *vende la olla y después come de ella*. Inúteis, recusas, maus modos, cara feia. A pedinte, impassível, escorrendo queixas, esgota as resistências do Harpagão e Shylock, aplicando a invencível verruma em lá menor chorão. O processo aliciante é imutável na escolha e êxito. Põe os antebraços em paralela vertical, as duas mãos separadas e estendidas, dedos unidos, como segurando invisível volume. No gesto permanente da rogação tenaz, enquanto sussurra, não desfaz a postura implorante, muda, teatral, constrangente e humilhadora para o impetrado. Sem que se veja, sente-se o sorriso da consciência vitoriosa, infalível, tranqüila. A insistência da atitude ansiosa atraiu a observação. É a posição do sacerdote no *Oremus!* quando havia Missa em latim. Identifico na simulação contemporânea o original de sessenta séculos desaparecidos. Está num cilindro de diorita, colhido na colina artificial de Tello, arredores de Babilônia, por Ernest de Sarzac em 1880, e guardado no Museu do Louvre. Reproduz uma audiência de Goudéia de Lagast, um dos Príncipes locais de espalhado poder. De sua poltrona recebe as dádivas oblacionais. Na extremidade, Sirroush dragão protetor da Cidade imensa, companheiro do onipotente Marduc, autentica a procedência. Uma camareira conduz uma figura pelo braço. Esta e a segunda, coifada de cornos taurinos, repetem a posição suplicante, do anterior ritual sumério. Sempre no movimento intencional de submissão, contrita, espectante. Datará o cilindro sinete de uns 4.000 antes de Cristo, exata época em que C. Leonard Wooley localizara o Dilúvio na Mesopotâmia, o de Ziudsudu, imagem inicial para o hebreu Noé. Representam atitudes bem mais antigas que a gigantesca Babilônia, posterior aos sumérios de Goudéa de Lagast. Mais recente, vinte séculos antes da Era Cristã, os comandos militares do Rei Hamurábi incendiaram o grande palácio de Mari, na curva do Eufrates, glória arquiteturial da época. Na decoração da sala 106, vê-se o rei Zimri-Lim recebendo a investidura real. Quase todos os personagens, sob a presidência da deusa Ishtar, conservam essa posição reverente. Civilizações, dinastias. "Eternidades" decretadas e esculpidas, dissiparam-se na poeira do Tempo. O pequenino gesto, tantas vezes milenar, continua vivo, útil, prestigioso nas rogativas de uma mulher brasileira, contemporânea em Natal.

COMER

Sinônimo do ato sexual. Os dedos unidos abanam no nível dos lábios. "Foi comida!" Deflorada. Explicavam que os peixes fluviais amazônicos, tucunaré, pirarucu, aruaná, ocultam os filhotes nas aberturas branquiais e mesmo os alevinos procuram esse refúgio quando ameaçados. Mas a acepção de *comer, papar,* valendo cópula, nos veio de Portugal, onde aruanás, tucunarés, pirarucus, não nadam. Nem são fecundados pela boca. A razão é bem mais antiga e clássica, tanto grego como ameríndia. A própria fecundação pode operar-se pela via oral. Juno concebeu Hebe servindo-se abundantemente de alfaces selvagens. Ci ficou grávida comendo a purumã[1] e teve o deus reformador Jurupari. Menendez y Pelayo cita

---

1. *Pourouma cecropiefólia,* Aublet.

um romance de fins do século XVI ou começo da centúria imediata, de Tristão e Iseu. Os dois namorados beijam-se e choram, e nasce do pranto uma flor:

> *Alli nace un arboledo,*
> *que azucena se llamaba,*
> *Cualquier mujer que la come*
> *luego se siente preñada.*

Diz-se popularmente "comer" como sinônimo de copular. Mme. de Sevigné, referindo-se a uma jovem bonita, não escreveu: *Pauline est une petite fille à manger?*[1]

BAIXAR A MÃO!

Movimento da mão, com a palma voltada para o solo em gesto descendente. "Baixai a mão, Mãe de Deus!" é pedir a continuidade das chuvas ou a freqüência dos divinos benefícios. *Faire main basse* é saquear, roubar, pilhar. Era a mímica da intervenção dos Deuses gregos. Netuno-Posidon transformou em rochedo o navio feaciano que levara Ulisses a Ítaca *com um gesto de sua palma abaixada.*[2]

BANGULAR

Andar a esmo, vagando sem ocupação e destino. Expressa-se com trejeitos, curvaturas, ansiedade. Do quimbundo *Kubungula,* sacarotear-se, movimentos do feiticeiro em prática agourenta.[3] Vocábulo e gesto foram trazidos ao Brasil pelos escravos bantos de Angola.

---

1. *Civilização e Cultura,* 2º, 169, Rio de Janeiro, 1973.
2. *Odisséia,* XIII-164.
3. Oscar Ribas, *Quilanduquilo, Luanda,* 1973.

TROPEÇAR

Falta moral, pecado, erro. Acepção popular em Portugal do século XVII. O Padre João Ferreira d'Almeida, bom lisboeta, traduziu o *Conservare sine Peccato*[1] – *Para vos guardar de tropeçar!* (1681). O Padre Manoel Bernardes divulgara o modismo: "O pecado de um cristão é mais grave: porque levando diante a luz da Fé, *ainda tropeça*".[2] Significa dificuldades, embaraços, obstáculos. "Teve uns tropeços na vida!" mas a intenção irônica é a prevaricação sexual. No último terço do século XIX diziam no Caicó (RN): "Todos tropeçam / No Caicó, / Menos o Padre / Qu'é o pior!".[3] Trupicar, intrupicar: "Intropiquei numa péda / Caí, mas porém de pé, / Ainda táva deitado / Se a péda fosse muié!", ouvido em Maceió, Alagoas.

LEVAR PELA MÃO

Guiar protegendo. Encaminhar com afetuosa segurança. Assim saem as crianças dos recintos aglomerados e densos de assistência. "Dê a mão! Não solte a mão!" Assim os Anjos fizeram a Lot, mulher e duas filhas, retirando-os de Sodoma, que seria abrasada pela chuva de enxofre e fogo.[4] Pela mão dos dois Varões divinos caminharam para o monte de Zoar, a Pequena. Há quarenta e dois séculos...

BEIJAR O SOLO

O Príncipe Luigi di Savoia, Duca Degli Abruzzi, voltando com a "Stella Polare" da ousada navegação no Oceano Ártico, beijou o solo italiano ao desembarcar entre aclamações, em 1900. O Doutor Jean Charcot

---

1. *Epístola de Judas Apóstolo*, 24.
2. *Exercícios Espirituais*, 1686.
3. Oswaldo Lamartine, *Uns Fesceninos*, Rio de Janeiro, 1970.
4. *Gênesis*, 19, 16.

regressando das tentativas polares no "Et Pourquoi Pas?", 1909, repetiu o gesto para a terra francesa, que honrara no seu científico destemor. Tocar o chão com o rosto era fórmula propiciatória aos Deuses *Inferi*, do Destino e das forças telúricas. Tombando sobre a praia ao descer do navio, Júlio César transformou o sinal pressago em benéfico, afirmando ter tomado posse da África: *Teneo te, África!*[1] Os velhos marinheiros dos antigos veleiros tocavam com a mão na terra, depois das grandes viagens aventurosas, retomando contato com a *mãe comum*. Fugindo dos rancores de Posidon, nas iras do Mar sem calma, Ulisses beija a terra sagrada dos Feaceanos e, restituído ao solo nativo de Ítaca, oscula o chão adorado![2]

MÃO-BOBA

Movimento falsamente inconsciente, fingidamente maquinal, com intenção libidinosa do apalpão obsceno. Nas aglomerações, a *Mão-boba*, com aparência involuntária, e técnica exploradora de gatunos ou tateação insistente e discreta do atrevimento erótico, tentando deleitosos contatos com as saliências femininas. *Faire sa main.* Denominação popular no Rio de Janeiro contemporâneo.

GESTO DA EXATIDÃO

Expressando a convicção da certeza, perfeição por pormenor, consciência técnica. É traçar com o polegar uma linha vertical, descendente e lenta. "Educou-se em Paris mas faz uma feijoada brasileira para não se botar defeito!" O gesto complementa, acompanha a frase elogiativa. Representa uma coordenada.

---

1. Suetônio, *Júlio César*, LIX.
2. *Odisséia*, V-464, XIII-354.

MÃO NOS BOLSOS

Ocioso. Indolente. Atitude de preguiça notória. *Avoir toujours les mains dans les poches,* com significação idêntica. *Slack-hand.* Na escultura popular da África Negra, o *Branco* é sempre representado com as mãos nas algibeiras. Feitor, mandando sem participar do trabalho.

GARRAFA ENFORCADA

Anunciava a venda de cachaça nas humildes bodegas marginando a estrada, a garrafa pendurada à porta. Correspondia ao *ramo* proclamador do vinho novo nas tabernas de Lisboa. Nos primeiros anos do século, bamboleava em Natal um bêbado vitalício conhecido por *peixe-boi,* pelo vulto do corpo. Num domingo, em pleno delírio alcoólico, tentou enforcar-se na Mata da Bica. Para o resto da vida ganha o apelido de *garrafa enforcada,* fruto anônimo da idéia associada. Sessenta anos depois vim a saber os antecedentes da mecânica funcional satírica. O Imperador Bonosus, bebedor invencível de quem o Imperador Aureliano dizia ter nascido para beber e não para viver, *non uti vivat natus, sed ut bibat,* derrotado pelo pretendente Probus, suicidou-se por enforcamento no ano 276 da Era Cristã, provocando a frase faceciosa: *Amphoram pendere, non hominem!* Exatamente como disseram em Natal a *peixe-boi,* na coincidência feroz do julgamento imaginoso do Povo sem nome.

BATER OS COPOS!

On choque les verres à table! Saudação antes de beber, conservando os copos cheios. Oferta final da homenagem no banquete. Batem de leve uma taça na outra ou, estando a distância, inclinam na direção do homenageado, dedicando-lhe a cortesia da festa coletiva. *Erguer as taças* em louvor de alguém, como no ofertório litúrgico. Na etiqueta oficial, depois de *bater as taças,* não se bebe mais, terminando a reunião pela dispersão dos convidados. Em Roma era a *dedicatio* à deusa Salus, filha de Esculápio, suplicando a continuidade da Saúde normal. Bater os copos, antes de esvaziá-los, estabelecia a comunicação simbólica do augúrio na identidade da impetração na comunidade votiva. Antiga cerimônia religiosa que permanece como ato de solenidade social.

A INSISTENTE NEGATIVA

O gesto reiterando a negativa é agitar o dedo indicador na vertical. Para baixo é símbolo de impotência, desfalecimento, exaustão. Cada movimento significa uma recusa. O dedo representa a cabeça oscilando nas contestações. É mímica da distância e poderia originar-se da mobilidade psicológica feminina ou infantil, deduzindo-se da repetição, às vezes dispensável.

SACUDINDO A CABELEIRA

Ostentando longos cabelos, a gente jovem ama sacudi-los sob pretexto de arranjá-los em ordem provisória. O cabelo comprido era atributo da nubilidade feminina. Denunciava também adolescência viril nos rapazes que se tornavam pajens e donzéis palacianos. Para ambos os sexos era proclamação da disponibilidade erótica. Movê-los constituía excitação lúbrica. As *Black-Birds* que esvoaçam e cantam nos Music-Halls e Night-Clubs nos Estados Unidos amam esquentar o entusiasmo da assistência agitando vivamente os cabelos no ritmo das melodias sincopadas. É de encontro normal no Brasil que se diverte. Vez por vez um astro de Televisão zodiacal aparece adejando a cabeleira, derramada ou esferoidal, na trovoada da bateria frenética. O Cabelo guarda um longo patrimônio lírico, sentimental, simbólico e milenar, notadamente no Oriente.[1] "O Rei

---

1. *Dicionário do Folclore Brasileiro,* 2000.

está preso pelas suas tranças", confessava o Rei Salomão.[1] Valorizador da beleza provocadora: "Cresceu o teu cabelo", lembrava o terrível Profeta Ezequiel (16,7). Naturalmente cabelo solto ou disposto em tranças voava ao som dos adufes. Eduardo Dias evocou os Beduínos, árabes do deserto, amorosos e bárbaros, seduzidos pela imagem das madeixas ao vento dos bailados, espargindo todas as tentações e apelos do Amor impaciente: "A perspectiva de uma festa, seja qual for o pretexto, torna-os inquietos, febris, o olhar brilhante que traduz ansiedade quase angústia. Não é porém a festa, a quebra efêmera da monotonia habitual da vida, que os excita. É que as mulheres dançam *e terão os cabelos desfeitos!* Eles vêem freqüentemente as mulheres que não usam véu e trabalham livremente. Mas a simples evocação dos cabelos soltos, que elas só apresentam nas danças, emociona-os tanto como a nudez integral. E o fato é de tal importância, que uma oração junto da mulher *quando desfaz as tranças, é nula* – põe os Anjos em fuga".[2] A tradição transmitiu-se à Europa. *L'autre mois, aux Baux, devant l'église Saint-Vincent, toutes ces femmes mettaient pour y entrer des foulards sur la tête; de peur, n'est-ce pas? que les mauvais anges, tentés par leur chevelure, ne s'y agriffent*, informa Jean Pommier[3] referindo-se a um costume de Bouches de Rhôme, perto de Arles, onde os sarracenos estiveram no século VIII. Cabeleira solta, livre, agitada, é tarrafa atirada na confusão das piracemas. Ver *Véu na Cabeça*.

TER UM AQUELE

A velha Alexandrina, verdureira no mercado público da Cidade Alta em Natal, incendiado em janeiro de 1967, onde se ergue o edifício do Banco do Brasil, aconselhava-me evitar a companhia dos gatos, animais esquisitos e provocando asmas incuráveis. Fazendo com a mão direita o gesto de quem afasta alguma coisa temerosa, concluía: *"Tenho um aquele* com esses bichos!". Desconfiança. Suspeita. Prevenção. Jamais ouvira *Aquele* nessa acepção sinistra. Lendo *Gostosa Belém de Outrora*,[4] verifico

---
1. *Cantares*, 6, 5.
2. *Árabes e Muçulmanos*, III, Lisboa, 1940.
3. *Le Spectacle Intérieur*, Paris, 1970.
4. Campos Ribeiro, Imprensa Universitária do Pará, s.d.

ser de uso corrente na capital paraense: "Me deu *um aquele* e eu perguntei, em cima da bucha". A velha Alexandrina jamais saiu de Natal. Quando será a origem desse determinativo indefinido? É portuguesa. No *Auto do Fidalgo Aprendiz,* de D. Francisco Manoel de Melo, meados do século XVII, o personagem Afonso Mendez declama: "Mas uma comadre minha, / Mulher para *muito aquela,* / Anda armando-lhe a esparrela / C'uma filha bonitinha". Motivos, razões, pretextos. "Sem mais *aquela*, foi embora..."

APERTAR OS LÁBIOS

Denúncia de extrema contensão, mobilizando todos os recursos da memória para resolver o problema imediato. Sinal de obstinação, que o Rei Francisco I de França sentiu num requerente falsamente humilde: *ses lèvres serrées l'une contre l'autre* afirmavam *que cet homme n'es pas si doux qu'il est forcé de le paraître,* notou Voltaire![1] Assim fiz e semelhantemente fizeram os meus alunos, em meio século de observação e convívio. Repete-se nos concursos universitários e questionários da televisão. Vi o gesto na boca de Júlio Dantas, Maurois, John dos Passos. Assim pensava Euclides da Cunha e deveriam escrever Goethe e Nietzsche. Esse movimento centrípeto é o inverso de entreabrir a boca, numa abstração devaneante e aleatória. Deve existir há milênios e milênios, desde que o Pensamento tornou-se uma permanente dominadora e não intermitência de sugestões, em todos os Povos do mundo. É o índice visível da concentração mental.

RABO ENTRE AS PERNAS

O gesto completa a frase. O braço em diagonal ao solo imita o movimento espasmódico da cauda de um animal amedrontado, possuído de pavor e susto. Situação psicológica de submissão temerosa, de coação imperiosa, clima de implacável ameaça; agachamento, humilhação, pusi-

---

1. *Dictionnaire Philosophique,* 1765, "Caractère".

lanimidade. Alberto Dauzat[1] faz originar-se a Cobardia, Cobarde, *couardise, couard,* de *coue, queue,* aludindo a *qui a la queue basse.* Sugere o animal em fuga, ou procurando ocultar-se do agressor mais forte.

RABO DURO

Presunçoso, pedante, orgulhoso. Descortez, desdenhoso, arrogante. "Passou de rabo duro sem cumprimentar ninguém!" Os felinos enrijessem os músculos da cauda quando atacam. Observação cinegética aplicada no convívio humano. É natural a imitação da imagem agressiva e violenta, tornando hirtos os quadris.

ZUMBAIA

Saudação excessiva, curvando-se muitas vezes, numa insistente demonstração de submisso devotamento. Diz-se por ironia e descrédito quanto a sinceridade dos gestos. Quase desapareceu na linguagem letrada e no vocabulário jornalístico. Continua no uso popular. Mons. Rodolfo Dalgado informa provir do malaio *Sembahyang,* mesura reverencial. La Bruyère[2] cita *Zombaye et de leurs autres prosternations,* deparada na *Relations du Royaume de Siam.* Moraes, no seu *Dicionário* (ed. 1831), regista informação merecendo lembrança. "Zumbáia, ou Zumbáy, s. fem. Cortesia profunda, os braços cruzados; *calema,* ou çumbaia (entre os Malayos) a qual cortesia é abaixar a cabeça até os geolhos, e a mão direita no chão, e isto três vezes antes que cheguem ao Senhor, e chegados a elle mettem-lhe a cabeça entre as mãos, em sinal de que lha offerecem. Barros, 2,5,2. Vieira, 10, f. 27. col. 1. 'fazer a *zumbaya,* ou profunda reverência com as mãos cruzadas' (A isto chama outros clássicos *cruzar-se,* ainda que não exprime o tocar com a mão no chão.). *Zumbaiádo,* p. p. de Zumbaiar: *zumbayado dos requerentes.* (Zumbayado): *ricaço* – dos que tomo a

---

1. *Dictionnaire Étymologique,* Paris, 1938.
2. *Les Caractères,* "Des biens de fortune".

logro, e a trapaça que lhes chupa o sangue como morcego na noite, e trevas das suas fraudes". *Zumbaiar,* v. at. Cortejar, fazendo zumbaia. Barros (Zumbayar). *Zumbar,* v. n. Barros, 2,6,3. "cortesia a que chamao çumbaia, *zumbando* todo o corpo té porém o rosto nos giolhos dobrando, acurvando". Embora ignoradas pela memória brasileira essas notícias pedem leitura atualizante e curiosa.

PERNA ABERTA

Andar ou estar de perna aberta, despreocupação, fartura, ociosidade. É a marcha sossegada e lenta dos obesos, barrigudos, gente de gordura excessiva, equilibrando o peso da pança. O Povo julga a esteatólise resultado de alimentação exagerada. O ventre dilatado é denúncia do hábito glutão, da constante voracidade satisfeita. O historiador Oliveira Lima (1867-1928) e o poeta Emílio de Menezes (1866-1918) eram invariavelmente considerados grandes comilões sem que o fossem. De perna aberta andam ou vivem os grandes estômagos, repletos no curso das volumosas digestões laboriosas. Na referência feminina é que tem a intenção erótica.

ASSANHAR O CABELO

Gesto de ira, desespero, loucura. Scarmiglione quer dizer "assanhado". É um dos demônios do Canto XXI, de ação viva no Inferno da *Divina Comédia,* armados de croques, fisgando os danados sem piedade. Surpresa é ter Dante Alighieri, depois de denominar os Demônios com apelidos truculentos, especificamente pejorativos, dado a um dos mais ferozes o nome de *Mal Penteado,* como constituindo expressão típica de maldade ou insânia sádica. "Malpenteado" aparece em qualquer dicionário com a simples indicação de ter malarranjado, maldisposto, arrepelado, o cabelo. Não aparece, à primeira vista, implicar intenção ou destinação malévola. Assim, entretanto, não pensa o Povo, como não julgaria o florentino do século XIII a quem conservasse a cabeleira desgrenhada. A exigência social manda manter o cabelo penteado. É um índice de educação lógica, respeitosa às normas da convivência. Cabelo malpenteado é depoimento de deseducação, rebeldia, vocação insubmissa, ausência de obediência às rotinas intransponíveis da conduta moral. Pela situação do cabelo conhece-se o temperamento. Um companheiro de Scarmiglione, *Barbariccia,* denuncia pelo erriçado da coma e da barba a malignidade congênita. O Prof. Momigliano escreve: *Barbariccia, il crespo della barba e dei capelli indica malignità.* Imagine-se de quem, propositalmente, abandona a cabeleira ao desleixo... O comum, vendo-se alguém despenteado, é perguntar: *Viu alma do outro mundo? Viu fantasma? Está assombrado?* Preceitua-se o cabelo penteado em todas as classes sociais, regra mínima para estudantes, militares, professores, homens de todas as profissões. Cabelo desfeito, revolto, é sinal externo de desordem mental. Um dos mais expressivos e denunciadores do desequilíbrio neurótico. A representação do Louco é pelo tipo de cabelo revolvido pelos dedos da irresponsabilidade. Menor cuidado existe para as mãos sujas ou unhas nodoadas. Os Apóstolos podiam comer sem lavar as mãos.[1] Cabelo penteado é protocolarmente retidão, aprumo, regularidade. Para não refazê-lo, reajustando-o constantemente aos rigores do pente de bolso, é que as cabeleiras, úmidas de fixadores, permanecem inalteráveis e firmes como esculpidas em madeira, durante toda a jornada cotidiana. O vocábulo *assanhar,* verbo e adjetivo, parece inseparável da cabeleira revolta. *Assanhado* já se aplica, infalivelmente, ao cabelo, *cabelo assanhado. Assanhar-se* não vale, para o Povo, zangar-se, irar-se, enfurecer-se, mas simplesmente ter o cabelo em turbilhão. Um "Homem Assanhado" não corresponde a um "Homem Irritado" mas unicamente ao "Malpenteado". O Pente tornou-se elemento indispensável ao aparato pessoal. Na velha farsa francesa *Maistre Pierre Pathelin,* da segunda metade do século XV, ouve-se Guillemette lamentar-se: *Que vous vault Cecy? Pas ung peigne!* Era o cúmulo visível da penúria. Nem um pente... Se pensarmos que *Assanhamento, assanhado,* virá de *Sanha,* "cheio de sanha", e este de *Insânia,* loucura, teremos a associação popular entre cabelo assanhado e a falta de juízo, a fúria intensa, ausência de raciocínio, prudência, normalidade. O Mal penteado estaria visivelmente ligado à imagem da loucura, rebeldia, deseducação,

---

1. *Mateus,* 15, 20.

negligência, desdém à pauta social, desleixo, marginalidade. Scarmiglione, no Inferno de Dante, traduzia o resumo fiel de conjunto dessas virtudes negativas. Intimamente, é a conclusão instintiva no julgamento popular.

CALDO OU CARRO ENTORNADO

As duas mãos giram uma sobre a outra, sugerindo posições instáveis e sucessivas. Baltazar Lisbonense[1] e Antônio José da Silva, o Judeu[2] registam o *Caldo Entornado*. Em Sá de Miranda[3] e Jorge Ferreira de Vasconcelos[4] há o *Carro Entornado*, documentos mais antigos. Parece ter sido esta a imagem inicial, como supunha João Ribeiro.[5] Em Roma dizia-se *perii, plaustrum perculi*, estou perdido, o carro virou! Será informação suficiente, marcando anterioridade. O gesto seria idêntico?

NEGAR DE PÉS JUNTOS

Mesmo sendo evidente a participação, o acusado recusou tenazmente aceitá-la. A velha imagem portuguesa é *negar de pés juntos*. O narrador une os calcanhares evocando o episódio na veracidade da postura física depoente. Poucos recordam que esses *pés juntos* seja uma atitude exata de quem preste declaração sob compromisso juramentado, perante autoridade legítima. Posição de respeito e obediência. Respeito à severidade da Lei.

---

1. *Auto de Santa Genoveva.*
2. *Esopaida* e *Precipício de Faetonte.*
3. *Écloga*, VIII.
4. *Eufrosina.*
5. *Frases Feitas.*

PAPO ABERTO

O meu compadre Zé Mariano, Doutor José Mariano Carneiro da Cunha Filho (1881-1946), observador de cem olhos, notava o despercebido por psicólogos e sociólogos, acentuadamente no trivial do Rio de Janeiro, onde terminara o curso médico em 1911. Seus ensaios publicados debatem Urbanismo, Arquitetura, Arte Brasileira, com opinião valente e nenhuma sedução proselista. Conversando, a informação do cotidiano borbulhava, variada e rica, com raízes profundas de análise trepidante. Talqualmente o Prof. Silva Mello, Zé Mariano não confiava na Psicanálise, Aladino das cavernas neuróticas, concluindo de acordo com o anterior diagnóstico clínico, previstas as soluções pelo sugestionador. Trazia a Experiência popular de Pernambuco, onde nascera, e da Bahia, onde estudara. Amava examinar costumes e gestos que não haviam interessado a ninguém. Um desses era o *papo aberto,* como dizem no Nordeste, deixando soltos os primeiros botões da camisa, com a exposição do pescoço desnudo, parecendo desabafar a ventilação dos peitorais. É o desgolepado não recolhido à gaiola dicionarista. Compreende-se o *Da camisa aberta ao peito,* com que Casimiro de Abreu evocara os oito anos de criança fluminense de 1847, mas um marmanjo cantando no palco, proseando em salão, publicitando o pé-de-pescoço, deveria expressar razões obscuras e fundas através do Papo-ao-léu. Zé Mariano lembrava a tradição portuguesa do peito coberto, vestido, resguardado dos olhares, herança do uniforme e disciplina feroz das Ordenanças e Milícias, pudor meticuloso caracterizando as classes médias e fidalgas, ainda vivo no aldeão autêntico da Europa latina. A tarefa com a seminudez, despido da cintura para cima, apareceu no ciclo industrial. Na mineração brasileira dos séculos XVII e XVIII o escravo assim trabalhava mas era escravo e o labor ocorria distante dos centros povoados. Os negros fiscalizantes, mesmo cativos, ocultavam a peitarra retinta como procedia o feitor nos canaviais. Prolongava-se o conceito da nudez mesmo parcial masculina ser atributo da condição servil. Essa diferenciação salientava-se no século XVIII com a vulgarização das vestes militares. No Brasil existiam os Corpos de Milícias, Guardas Municipais e Ordenanças, extintos pela lei de 8 de agosto de 1831, Feijó, Ministro da Justiça, criando-se a Guarda Nacional. Desde o período do domínio de Portugal até o desaparecimento das Tropas Auxiliares, paisanas e compulsórias pela Lei Feijó, todo brasileiro era um soldado, obrigado aos dispositivos regimentais. Mostrar o pescoço seria desapertar os botões iniciais na garganta, justamente na gola com as indicações do Batalhão, denúncia de rebeldia grave, insubmissão notória. Interpretava-se o *papo aberto* como uma manifestação de desajustamento e sublimação pessoal, outrora, e depois obedecida no maquinalismo do hábito, na forma contemporânea. Pesquisei o aparato jurídico que no meu saudoso informador era uma intuição formal. A explicação do "Conforto" é bem primária e variável. "Conforto" é sempre reflexo de uma mentalidade, relativa sobretudo ao exercício do Uso que o torna instintivo, normal, indispensável. O Duque de Caxias não tolerava o desalinho nem mesmo nas telas fixando batalhas campais. Advertia, surpreso: "Onde esse pintor viu um oficial superior do Exército Imperial desabotoado?". Desabotoado em Tuiti, Avaí, Lomas Valentinas. O coronel Lins Caldas, velho comandante do Batalhão de Segurança em Natal, fiscalizava a correção dos seus subordinados. "Soldado desabotoado por fora é insubordinado por dentro!" Os oficiais da Missão Rondon atravessaram, trabalhando, os altos sertões do Brasil Central ostentando dolman fechado, cinturão e boldrié, na imitação indeformada do seu impecável orientador. E os uniformes da Marinha de Guerra? Mesmo opressores e asfixiantes não prejudicaram o esplendor das tarefas realizadas. A *gorge deployée* seria anti-social. Um Bispo denunciou a Luís XV a libertinagem da ama do Duque de Bourgogne. Explicando-se, *l'évêque répondit qu'elle avait été plusieurs fois au bal dans sa ville, et qu'elle avait la gorge découverte. C'était, pour ce pauvre homme, le comble du libertinages.*[1] O santo prelado não queria lembrar a desnudez de espáduas e seios em Versailles, domínio dos grandes decotes ornamentais. Mas a Moda não afirmara jurisdição masculina no "papo aberto", *gorge découverte. O up-to-date* é a camisa sem feitilho, mostrando a peitarra cabeluda.

Ficar ao Lado

Solidário. Aliado. Faz-se o gesto de ocupar o lugar vizinho, ombro a ombro, irmanado nas conseqüências da opinião debatida. Nas discussões do Senado em Roma pôr-se ao lado do orador significava concordância

---

1. *Madame de Pompadour,* ed. Tallandier, Paris, 1910.

integral, voto notório. *Pedibus sententiam ferre,* opinando pelo ato de permanecer ao lado do expositor, dizia-se *pedarios senatores* aos que votavam por essa fórmula silenciosa. Justamente o contrário de ficar *de lado,* valendo indiferença, imparcialidade, alheiamento.

ESBARRAR

O brasileiro ignora que esbarrar signifique atirar, arremessar, cair, lançar fora de si, correntes nos velhos lecionários de Portugal. Esbarrar é colidir com violência, encontro súbito, deter-se inesperadamente, interrompendo a marcha. Os étimos *barra, barrar,* sugerem o inopinado e brusco obstáculo imobilizador. *"Esbarre o andor que o Santo quer mijar!"* O sentido exato é parar imprevistamente. É possível prever o *encontro* mas nunca o *esbarro.* Antônio de Moraes Silva (1764-1824), o dicionarista brasileiro, ampliador de Bluteau, apesar de senhor do Engenho Novo de Moribeca em Jaboatão, cercanias do Recife, nas três edições (1789, 1813, 1823) do seu precioso volume, não registou essa sinonímia inevitável no ambiente pernambucano. Esbarrar sem desculpa é notória provocação.

BATER NA BOCHECHA

No "Dois Metros e Cinco" (1905), J. M. Cardoso de Oliveira regista em forrobodó baiano um gesto zombeteiro, provocador, insultuoso, que todos conhecemos no Brasil popular: "Na rua, o Marcos, achando graça, bateu com os dedos juntos da mão direita sobre a bochecha e produziu um som que assustou as damas, e pôs os homens em grande cólera. Virou-se, então, solene, o Casimiro, precedendo de uma reles palavrada a provocação: 'O canalha que fez isso apareça, se é homem!'". A bochecha fica inflada para o golpe produzir o ruído inesperado e suspeito, irritando os assistentes. Tocar nas bochechas, uma após outra, também exprime incredulidade, dúvida, negativa. Vale a mesma intenção levar a mão aos ombros como persignando-se, enquanto diz: "D'aqui mais p'ra aqui!". Ou, resumidamente, "Para aqui!". Antônio José da Silva escreveu na *Vida do grande D. Quixote de La Mancha,* I, VII, representada no Bairro Alto de Lisboa em 1733, uma frase de Sancho Panza: "Diga-me Vossa Mercê, que me meta eu noutra cova? *Para aqui...*" Já se vê de onde veio o gesto. O som da bochecha percutida e que irrita é porque reproduz intencionalmente o *flatus ventris,* numa zombaria a quem o entende. Dizia-se *stloppus,* na Grécia de outrora.

Fazer Lombo!

Era o comando para a vítima salientar o dorso, facilitando o espancamento. A legislação penal da Renascença mandava poupar o rosto e assim o azorrague castigaria unicamente o tronco e as nádegas. Da cintura para cima vivia a região dos açoites aos escravos na execução pública no pelourinho, como ainda desenhou Debret. Nos cárceres privados as sevícias eram indistintas e cruéis. Os carregadores curvam as costas transportando grandes pesos nos ombros. É a posição clássica de Jesus Cristo levando a cruz ao Calvário. Os condenados à crucificação conduziam ao local da expiação o instrumento do próprio suplício. Restou o gesto expressivo significando a resignação sofredora, a paciência dolorosa, a resistência no esforço amargurado. Presentemente repetem a atitude de martírio, referindo-se a uma tarefa insofrível e desmesurada. O dorso curvado é símbolo do Cativeiro. A velha Celestina alcoviteira do século XV ensinava que *de la cinta arriba todo se perdona,* mas é outro assunto.

Pisar no Pé

Desafiar. Provocar luta proposital. "Pé de briga", valentão insolente. Um encontrão abarroador casual desculpa-se facilmente o descuido, admitindo-se raramente a intenção agressiva. A pisadela sugere premeditação acintosa. *Pisar nos calos* não permite escusa ou atenuação justificativa. Sempre foi assim. Lamec, quinto neto de Adão, o primeiro homem que casou com duas mulheres, diz às suas esposas Ada e Zila.[1] "Eu matei um varão por me ferir, e um mancebo por me pisar!". Não atendera à imprudência adolescente. A pisada no pé equivalia ao ferimento sangrento, desde o princípio do Mundo...

BRAÇA

Toeza, Fathom, do antigo saxão Faetm, medida náutica inglesa de profundidade, significa *an embrace,* e foi legalmente definida com *the length of a swain's arms around the object of his affections.* Comprimento dos jovens braços ao redor do objeto de sua afeição. Praticamente constitui o Abraço em extensão.

ERA GENTE ASSIM...

"Assim" vale "igualmente" no plano comparativo. O gesto é de unir os dedos, esfregando as extremidades como se as libertasse da poeira. Pensando nas locuções "Gente como farinha, gente como areia", teremos explicado a evocação mímica. Indígena? *Maié uí, maié iauí iuicuí?* Bem possível, pelo prosaísmo dos modelos. Não recordo exemplo português. Muito popular nos sertões do Nordeste brasileiro o *como abelha,* sugestão do enxame esvoaçante e confuso. Catulo da Paixão Cearense incluiu no poema *Marruero* (1912): *Trazendo dento dos óio istrépe e mé, como a abêia.*

---

1. *Gênesis,* 4, 23.

MUNGANGA

Trejeitos, caretas, momices hilariantes. No *Dicionário do Folclore Brasileiro* registei como reminiscência dos pretos N'gangas de Camarões, no golfo da Guiné, pela impressão burlesca dos seus exercícios religiosos. Creio mais logicamente originar-se o vocábulo dos esgares e contorsões dos feiticeiros de Angola, denominados em quimbundo *N'ganga a mpandu, Nganga-a-nkisi, Nganga-mukixe, Nganga-a-ndoki*, ou genericamente *nganga*, dando o *munganga* brasileiro.

SALAMALEQUE

Comprimentos exagerados que a repetição torna ridículos. Saudações protocolares espaventosas e cômicas. Do árabe *Salâm Alaïk*, a paz sobre ti, correspondendo ao *Pax tibi* cristão. Vicente Blasco Ibañez *(Oriente)*, descreve o *Salâm* em Constantinopla: "A mão, que parece falar, desce ao joelho e d'ali ergue-se ao coração, passando logo à frente, ao passo que o corpo se inclina com majestade e os olhos expressam o respeito e a alegria do encontro, com arte e uma graça que nenhum europeu pode imitar". Outrora diziam em Portugal *zalemaq, salama, salema, sala*, esta última vulgar entre os pretos Malés da Bahia.

LAMBA AS UNHAS!

O gesto desapareceu mas a frase ficou nas locuções populares, significando o conselho de conformar-se com a realidade, alegrar-se por não estar envolvido em complicações e distúrbios. Tenho-a também ouvido de portugueses. Não se refere às guloseimas, como o *lamber o dedo*. Seria uma fórmula de exorcismo vulgar no século XVI. Isabel Dávila, denunciando ao Santo Ofício em novembro de 1591 na Cidade do Salvador, informava: "Vio mais a dita Mecia Roiz, que tem por costume, quando ouve dizer a alguma pessoa que outra mulher teve roim parto, lamber com a boca as unhas dos dedos de entrambas as mãos, e isto lhe vio fazer por muitas vezes, e perguntando-lhe a razão por que o fazia, não respondeo nada".[1] Já não repetem o ato mas a alusão permanece na tradição oral brasileira. Ligar-se-ia ao gesto de beijar a unha do polegar, finalizando o "Padre-Nosso" em Roma, esconjuro habitual nas matronas cristãs, de possível herança antiqüíssima, pois era usual na aristocracia romana do século XVI.

TORCENDO OS BIGODES

Ostentação de valentia, aceno provocador. Petulância. Peraltice. Vaidade. Diogo do Couto[2] narra o episódio de Manoel de Macedo, Capitão de Chaul, ter mandado desafiar a um Rumecan bravateador, por haver passado por ele *torcendo os bigodes por bizarria*. Aconteceu em Diu, 1533.[3] Bigode é potência, masculinidade, valor. Diz-se do falastrão: "É só bigode!" *Bigodear*, enganar, iludindo com aparências de gravidade severa. Em princípios de 1973 a Polícia em Natal desarrumou a um cafajeste atrevido que gritava no Alecrim: "Eu sou o Bigodão! Quem bulir nele vai pró chão!" Rasparam-lhe o orgulhoso ornamento.

DESANOJAR

Até as primeiras décadas do século XX havia em Natal, e legalmente noutras capitais brasileiras, a cerimônia de *desanojar* o funcionário públi-

---

1. *Denunciações da Bahia,* São Paulo, 1925.
2. *Década Sexta da Ásia,* VIII, 1602.
3. *Locuções Tradicionais no Brasil,* 408, UPF, 1970.

co enlutado. Morrendo a este pais ou esposa, ficava *de nojo, anojado*. Qualquer dicionário bem-intencionado ensinará o debate etimológico e a variedade sinonímica de *nojo,* aférese de *enojo*. Nenhuma idéia de repugnância, repulsão, desprezo. *Nojo* era o luto ritual, compreendendo tristeza, mágoa, saudades, compostura, decorrentes, como ocorria no Portugal do século XVI. Hoje *cara de nojo* é o nauseado, quando outrora referia-se ao melancólico, surumbático, jururu. O *ennuier, ennui* francês. O *anojado* ficava dispensado de comparecer ao serviço, de sete a trinta dias, mediantes das duas Missas de Defunto. Media-se a licença tradicional pela hierarquia do beneficiado. Tanto mais alta, mais tempo. Esgotado o prazo, o chefe da repartição oficiava ao viúvo ou órfão comunicando que estava *desanojado. Desanojar,* consolar, aliviar o *nojo*. Valia um preceito burocrático inalterável. Depois dessa data seriam contadas as ausências para desconto nas folhas de pagamento mensal. Trajando roupa preta, o funcionário reocupava o posto. Ao reaparecer, todos os colegas apresentavam novas condolências, como se já não houvessem feito o dever social. Mesmo de temperamento folgazão, o ex-aflito deveria comportar-se com gravidade e reserva, evitando pilhérias e risos. Durante três dias durava o período cerimonioso e sisudo de abstenção hilariante. Teodorico Guilherme, veterano diretor de Expediente no Tesouro Estadual, grande sabedor do Natal Velho, lembrava a *quinzena do anojado,* proibindo-o de ser visto no Café, Teatro e mesmo festinhas de aniversário. Teodorico Guilherme (1884-1950).

A DOR RECORDADORA

Ao namorado da filha que ia viajar, a futura sogra beliscou-o ferozmente no braço dizendo: "Não vá esquecer-se da Emília!". A nódoa roxa permaneceu alguns meses. No Brasil do século XIX as crianças levadas a assistir ao enforcamento de criminosos eram surradas para que jamais olvidassem a lição do castigo legal presenciado. A lembrança dolorosa seria um processo mnemotécnico exportado na educação portuguesa. *Literae cum sanguine intrant.*

AJOELHAR-SE

O gesto de ajoelhar-se, inseparável da liturgia católica, não consta da velha Bíblia. Os neocristãos europeus levaram para o recente cerimonial em formação uma atitude suplicativa dos Gregos e Romanos. A genuflexão, *genu-flectare,* dobrar o joelho, não aparece no Antigo Testamento mas no Atos dos Apóstolos, já nas viagens de Paulo de Tarso (20, 36, 21, 5) em pleno latitudinarismo ecológico pelo Mediterrâneo. O *Positis Genibus* não ocorre nas regiões tipicamente israelistas mas em áreas de pronunciada e tradicional influência da Grécia. Três séculos antes de Cristo nascer, moedas de Judá ostentavam a efígie de Zeus e o mocho de Atenas. Em Mileto, ouvindo gente de Éfeso, na Jônia, e em Tiro, onde ajoelham-se na praia para orar. Em ambas as situações, o Apóstolo despede-se dos amados catecúmenos. A Jônia era tão grega quanto Acrópole. Em Tiro, porto de mar, a cultura helênica vivera séculos sob os Ptolomeus do Egito e Selêucidas de Antioquia. Realizavam os Jogos ginásticos olímpicos, qüinqüenais[1] os atletas desnudos, exasperando a artificial austeridade judia. Fácil é verificar no Gênesis que as posições rogativas e de supremo respeito constatavam de Adoração, não no conceito grego e romano, mas no plano oriental da Prosternação, o "lançar-se aos pés". "Inclinou-se com o rosto na terra... Caiu sobre o seu rosto!" Enfim *adoravit pronus in terram,* até mesmo sete vezes, como Jacó ante o irmão Isaú. Traduzem essa Adoração por *Inclinar-se,* bem diversa, etnográfica e na mecânica muscular. O apóstolo Pedro desaprovou essa saudação do centurião Cornélio.[2] Ajoelhar-se é unicamente a forma eloqüente de quem pede a divina intercessão. A vênia, curvando o joelho, é uma inclusão do rito adulatório de Roma aos seus Imperadores, Deuses quando vivos. Cingiam com os braços os joelhos das estátuas e dos heróis. Ver *Abraçar pelos Joelhos.* A *Ilíada* documentará excelentemente o gesto de obsecração. O joelho é a articulação do movimento, da participação motora na convivência humana. Os romanos consideravam os Joelhos o signo da Misericórdia, porque seria por seu intermédio uma ação benéfica e direta da Entidade suplicada. Unicamente o joelho permitirá a um Deus o *commovere* piedoso, a marcha para o auxílio imprecado. Daí os rogos e súplicas, traduzidos em ósculo e abraços aos ídolos. Perdura o gesto, privilégio da saudação humana e divina, de sinceridade votiva ou de humilhação superficial e efêmera.

---

1. II *Macabeus,* 4, 18.
2. *Atos,* 10, 26.

MOSTRAR A BARRIGA

Normalmente entre os participantes da Color Line, nas camadas sociais mais modestas e não resignadas a esse nível, nota-se a tendência irreprimível de exibir o ventre. Conservam a camisa ou blusão entreabertos fingindo despreocupação, pressa, desatenção, quando se trata de ato intencional e deliberado. Alguns *Hippies* utilizam esse pormenor, alardeando primarismo másculo, agressividade espontânea, independência das exigências protocolares ou simples atração do Desleixo. Libertismo! É de fácil encontro nas ruas e nos programas populares da Televisão, onde cantadores, pretos ou mulatos, contorcem-se com a pança permanentemente visível. É um resíduo sublimador da Escravidão onde os negros, trabalhando quase desnudos, eram obrigados a cobrir o tórax na presença senhorial, indo à Casa-Grande, falando com Autoridades. Meu avô Manuel Fernandes Pimenta, a quem ia falar-lhe com a barriga à vista, comandava, ríspido: "Cubra a pança, e diga o que quer!". Para os africanos muçulmanos o ventre está sempre oculto, ao contrário dos devotos de Brahma e Buda, ou antigos egípcios. O português colonizador manteve-se fiel ao pudor da indumentária de Roma, onde a barriga exposta era denúncia do estado servil. Poderia deduzir-se que mostrar o abdome seria gesto lógico para os descendentes de escravos, apagando os vestígios humilhantes dos antepassados, evidenciando a liberdade de tornar notório o que dantes era proibido, demonstração da vontade soberana de exibidor autônomo. A mostra comum do umbigo feminino, na contemporaneidade usual, provirá do simbolismo umbelical, a cicatriz da comunicação fetal, de que apenas Adão se libertou. Será atração erótica, índice de fecundidade sadia, segundo a Ofalomancia. Seu aspecto regular, sem deformação desfigurante quanto à conformação somática, denunciará toda uma harmoniosa compleixão orgânica, no funcionamento interior. É uma antiga garantia de Saúde.

CHAPÉU NA CABEÇA

O chapéu e os sapatos eram as primeiras aquisições do escravo alforriado. Mostrar-se calçado e com a cabeça coberta significaria um Rito de

Passagem, exibição da Liberdade notória. Os sapatos não seriam de uso constante, suplício para os grandes pés desenvolvidos sem a dolorosa opressão provocadora de vertigens, mas o chapéu tornava-se inseparável da carapinha enroscada. Constituía distinção. Os Grandes de Espanha de primeira classe não se descobriam diante do Rei, depois da vênia. Na Igreja mostravam os cabelos somente ante o altar-mor. Chapéu na cabeça era um índice da soberania individual. Antônio Carlos de Andrada e Silva levou alguns chefes políticos do interior de Minas Gerais a fim de apresentá-los ao Presidente Getúlio Vargas: "No Palácio do Catete, fomos logo recebidos pelo Getúlio, e eu vi que os meus patrícios estavam de chapéu na cabeça. E por isso, meio aflito, disse em voz baixa: 'Tirem o chapéu!' Ao que retrucou um deles, sem pestanejar: 'Uai! não estou vendo nenhum santo!'".[1] O mineiro desejava conservar na cabeça a coroa de uso pessoal. Desafio à igualdade obrigacional do chapéu na mão nivelador. A etiqueta em Paris era o visitante não separar-se dele. O preto ostentava-o dentro de casa e era preciso advertência para retirá-lo nos momentos oportunos. "Debaixo de telhas não chove! Tire o chapéu, matuto bruto!" Oliveira Lima, visitando em 1917 a fábrica da Pedra (Alagoas) que Delmiro Gouveia criara no deserto, informa de um operário "multado por se conservar em casa de chapéu na cabeça, sinal de má-educação envolvendo um desrespeito à dignidade do lar".[2] Um Diretor do Tesouro no Império, Rio de Janeiro de 1857, proibiu que alguém entrasse no saguão do edifício sem tirar o chapéu. O *Correio Mercantil* publicou a longa e chistosa *A Chapeleida, poema herói cômico-satírico dividido em oito encapelações,* depois reunido em livro de sucesso, cuja autoria era atribuída a literatos famosos, Pinheiro Guimarães, Fernandes da Costa, Castro Lopes. Valia regra pragmática em todo o Brasil. Os ex-escravos, exercendo qualquer profissão pública, estavam invariavelmente com o chapéu *atolado no quengo*. Símbolo da orgulhosa cidadania conquistada, julgavam dever uma mostra publicitária da posse legal. O chapéu na cabeça nos recintos fechados será sublimação inconsciente de recalques obscuros e imemoriais. Outrora, notável falta de cortesia. Hoje, não sei...

---

1. Cândido Motta Filho, *Contagem Regressiva,* Rio, 1972.
2. *Obra Seleta,* direção de Barbosa Lima Sobrinho, INL, 1971.

O CAPOEIRA

É o homem gesticulante, publicitário, teatral. O andar balançando, os braços em asas semi-abertas, a falsa inquietação do olhar, os ombros móveis, as posições bruscas da cabeça, perscrutando agressões imaginárias, os esgares irônicos na boca sarcástica, as entonações súbitas da voz dramática de quem testemunhou tragédias, a mobilidade receosa no profissionalmente ameaçado de morte, faziam-no característico na galeria dos indivíduos excepcionais. Hoje perdura o malandro falastrão, mulato fachola, vadio, inescrupuloso, vivendo de experiências, cinismos, atrevimentos. O *Capoeira*, entidade humana como existiu no Brasil, teria seiva angolana mas não inteira conformação psicológica, aliás ausente por toda África. É produto de enxertia nacional. O exercício da Capoeira reduziu-se a uma atração turística, decoração folclórica, curiosidade de figuras e ambientes pretéritos. As ampliações, deformações, acréscimos, tornaram-na número de programação festiva sem o ímpeto, violência, sinceridade dos valentões desafiantes ainda vivos em 1920. O Fotógrafo esvaziou o Capoeira. Evaporou a essência belicosa, ainda sugestiva pela agilidade mas sem a consistência da fidelidade consciente. Estudei *A Capoeira* no *Folclore do Brasil,* 1967, comparando-a com as indiscutíveis origens africanas do *N'golo* ou sul de Angola e *Bassula* na ilha de Luanda. Para histórico e bibliografia.[1] Neves e Sousa registrou em desenhos reais os modelos de Angola e de Salvador na Bahia.[2] Em Mucope, Mulondo, o *N'golo* (Zebra), participa do *mufico, efundula,* iniciação das raparigas, casando o vencedor sem pagar o dote da noiva. Em Muazaga, ilha de Luanda, na *Bassula,* já não há bailados e atitudes rituais do *N'golo,* notando-se o caráter lúdico da ginástica, sem intenção alheia ao êxito pessoal. Uma *Vadiação, Brincadeira,* como diziam outrora da *Capoeira.* Como técnica de ataque e defesa, independente de cerimonial, conhece-se nos centros urbanos de Angola. Os ademanes e trejeitos da *Capoeiragem* reaparecem, proporcionalmente, nos seus antigos centros de irradiação, Recife, Salvador, Rio de Janeiro. O mais antigo documento que conheço, na espécie, é um ofício do Ministro da Justiça, Sebastião Luís Tinoco da Silva, de maio de 1824, ao Comandante Geral da Polícia, recomendando enérgica

---
1. *Dicionário do Folclore Brasileiro,* 2000.
2. *Da minha África e do Brasil que eu vi,* Luanda, 1972.

repressão aos distúrbios dos *Capoeiras* na Capital do Império. *Capoeira* era a zona semidespovoada além do perímetro urbano. O morador nas *Capoeiras* denominara o jogo ginástico que lhe era habitual, transmitido pelos escravos angolanos ou negros alforriados.

ANDAR DE SAPATO NOVO

Acidentalmente é que ocorre a materialização da imagem. O sapato moderno é folgado e cômodo, e as sandálias e alpercatas majoritárias constituem libertação podálica. Apenas certos sapatinhos complicados são cerimoniosos para as extremidades ocupadas. O pé pequeno é preceito feminino e o número do calçado quase sempre é inferior à realidade. O critério contemporâneo ignora, proporcionalmente, essa teoria de suplício para os efeitos elegantes, mas há soluções de continuidade na paciência do uso. As "meninas" e jovens senhoras já não saem dos bailes coxeando. Andar de Sapato Novo era a marcha oscilante, irregular, travada pelos pés machucados, "pisando em ovos", miúda e cautelosa. Sobre tradições simbólicas, ver "Sapatos" no *Dicionário do Folclore Brasileiro*. "Sapato novo faz cara feia." O Poeta Goulart de Andrade (1881-1936) tinha andar de sapato novo.

BOCA ABERTA

Pacóvio, parvo, imbecil. É a imagem mais popular do pascácio, admirado de tudo e não entendendo nada. *Badaud* de Paris, *qui reste bouche béé,* sendo astuto e hábil. Fingindo-se tolo para passar melhor. *Bouche beante... pour manger.* "Besta como uruá". Molusco gasterópode, gêneros Ampulária, de *Iúru-à,* boca-aberta, comparação vulgar aos bocaberta, alguns sabidos como Pedro Malazarte. O Choque visual do Espanto afrouxa os freios da mandíbula, abandonada ao próprio peso, descerrando-se. Vezes é mais um movimento de intensa atenção que índice de cretinismo palerma. Alguns são incapazes de ouvir assunto interessante sem entreabrir a boca, como mais uma via de percepção. É um momo comum nas crianças surpresas e nas senhoras que se fingem infantis. Em dois amigos, advogado e contador, observei o hábito de entreabrir maquinalmente a boca escutando narrativas constituir faculdade de concentração e abstração, alheando-se do ambiente, fixando-se noutro motivo mental, inteiramente diverso. Assim fazia Augusto Comte. O movimento de abrir parcialmente a boca seria um processo de descompressão, facilitando a divergência temática na fuga defensiva da Atenção. Emanuel Kant não meditaria dessa maneira? Miloptose.

GESTOS TORPES

SEXUÁLIA

A
Na mão cerrada em copo, bater com a palma da outra, repetidamente.

B
No anel, pela junção do indicador e do polegar, fazer vaivém com o médio da outra mão. Pederastia.

C
Com os dedos unidos, a mão insistir no movimento apunhalante na direção do solo. Precede, a mão descrever um arco de círculo, valendo interrogação. Copular.

D
A mão sobre o dorso da outra, dedos juntos, exceto os polegares que se mexem como asas.

E
Coçar a palma da mão alheia também é convite para a cópula.

F
Pôr no interstício do indicador e médio esta mesma parte da outra mão, fazendo o ritmo de cavalgar.

G
Entre o indicador e o médio, afastados em ângulo, repassar o indicador ou médio disponíveis. Na Europa sugere tiro de fuzil.

H
A mão fechada em copo no movimento incessante de subir e descer. Onanismo.

I
Entrelaçar os dedos das mãos, deixando livre o médio para agitar-se como o falo em ereção.

J
Indicador e médio, com o polegar atravessado, em marcha sobre a mesa. Homem excitado, procura mulher.

K
Encostar a face oblíqua no dorso das mãos, imitando travesseiro. Dormir. Convite antigo das prostitutas noturnas de todas as capitais da Europa, inclusive Moscou e Bálcãs.

L
Indicador e médio estendidos, superpostos aos mesmos da outra mão, formando grade. No interstício, passar a ponta do polegar.

M
Mesma grade anterior. Aceitando-se o convite, metem um dedo no espaço entre o indicador e o médio. Beliscado pela unha do polegar, o contrato está feito.

N
Piscar o olho, inclinando bruscamente a cabeça para um lado, sugerindo direção útil ao encontro.

O
Mão pendente, dedos frouxos, entreabertos, oscilantes. Impotência.

P
Dedos entreabertos, em movimento de pintar superfície lisa. Brocha, pintando o exterior. Impotência.

Q
Com a palma da mão voltada para o solo, dobrar várias vezes o indicador. Idem.

R
Tendo os quatro dedos dobrados, girar o indicador na altura da testa. Depois indicar uma direção com o polegar. Outro convite sexual.

S
Esfregar os indicadores em extensão. Cópula. Convite

    O primeiro gesto registrado, A, é o mais usual no Brasil e na Europa, de onde veio para o continente americano. Lembra o movimento de "tapar", "cobrir" um orifício. *Tampar* e *Cobrir* são sinônimos do ato sexual, sugeridos pela abertura vaginal, tapada pelo pênis. Os repetidos golpes com a palma da mão na extremidade da outra, disposta em forma de vaso receptor, integram a imagem da cobertura ou vedação. De libidinosa passou a divulgar-se nas acepções de fracasso, decepção, represália humilhante. "E batendo com a mão direita aberta na esquerda fechada, polegar sobre o indicador, por três vezes, concluía: 'No fim de tudo, olha eles em mim...'"[1] Esplêndido observador das tradições populares amazônicas, o escritor De Campos Ribeiro informa-me (Belém, 13-VI-1873): "Vamos à explicação do gesto motivo de sua interpelação e que achei por bem melhor explicar numa foto... Muito de uso entre nossa gente (de qualquer classe), seu simbolismo (se cabe o termo) é simplesmente fescenino, pois significa que o indivíduo a que se refere foi, a contragosto, o passivo, numa inversão violenta". Assim, na frase "Fulano era muito esperto, mas com Sicrano acabou levando por trás", substituída a parte final, resulta nisto: "Fulano era

---

1. De Campos Ribeiro, *Gostosa Belém de Outrora*, 88, Imprensa Universitária do Pará, s.d.

muito esperto, mas com Sicrano, olha lá..." (e o gesto diz o resto). Outro exemplo (e aí já referido a um fato): "A empresa tal, com toda a propaganda para abafar as concorrentes, acabou foi..." (e lá vem o gesto, eloqüente)'. A coisa é de tal modo generalizada que até entre senhoras não surpreende que apareça como expressão de algum fracasso, tal se a dona dissesse "foi tudo quanto Marta fiou", ou, simplesmente, "babau!" A propósito, tivemos por aqui um deputado estadual de largo prestígio suburbano, mesmo com suas poucas luzes, o qual em uma de suas últimas campanhas, no horário gratuito da TV, no auge da lengalenga saiu-se com esta: "Vocês tão vendo, minha gente, como é o macete... É besteira se iludir, por isso, votem neste amigo velho de vocês... Votem, porque se nós perdermos, olha eles em vocês" (e começava o gesto elucidativo, mas à segunda batida da direita na esquerda, a estação saiu do ar)! Um velho amigo meu, há pouco ficou em pânico ao ouvir a filha, mocinha ginasiana, queixar-se: "Aquele professor de História passa o tempo embromando... Quando é dia de prova, olha ele na gente..." (e o gesto saiu, com a mais inocente naturalidade). É o gesto 75 na coleção francesa de A. Mitton: *Avec le talon de la main droite, tapoter sur la main gauche repliée en forme de gobelet. Sa signification: Pédérastie (Très vulgaire; obscène).*

ESTALANDO OS DEDOS

Fazer estalar as articulações digitais, em sinal de regozijo, súbita alegria por notícia feliz. Indispensável a participação física para a notoriedade jubilosa. Dmitry de Merejkowski dizia gesto popular em Bizâncio no século IV, depois de Cristo.

BATER NO COTOVELO

Gesto agressivo, de significação obscena, sugerindo apresentação do membro viril, representado pelo antebraço até a mão cerrada, imitando a extremidade priápica. Imprime movimento de oscilação, lembrando a ereção máxima. Bater na apófice do cúbito é que me parece *made in Brazil*, porque a exibição, sem esse pormenor, é peninsular européia, não ocorrendo aos africanos pretos e ameríndios amarelos a imagem do órgão fecundador constituir insulto. Em Roma era amuleto propiciatório, da Boa-Sorte, do Feliz Evento. Percutir o cotovelo seria destinação mímica. "Tá pra você!", valendo uma "banana" sintética.

Engolir

O movimento da deglutição é o mais instintivo reflexo a uma notícia surpreendente pelo imprevisto ou inverossimilhança. Sugere tentativa de assimilação difícil, custosamente escorregando pela garganta no rumo do estômago, aceitando o anormal como substância comum. "Esta não engulo!", recusando o inauditismo da informação. Os Presidentes, Epitácio Pessoa constatando a rebelião do Forte de Copacabana (5 de julho de 1922), Artur Bernardes conhecendo a revolução de São Paulo (5 de julho de 1924), Getúlio Vargas, avisado da insurreição paulista de 9 de julho de 1932, *engoliram* em seco, maquinalmente, numa reação aerofágica. O gesto espasmódico seria uma eliminação da presença inopinada e desagradável, perturbando a digestão normal do cotidiano. "Foi duro engolir!", diziam os paulistas referindo-se à instabilidade administrativa estadual pela sucessiva substituição dos Interventores Federais. O vocabulário popular atesta a variedade da aplicação nos idiomas neolatinos. O ato fisiológico, indispensável na manutenção vital, determinou a semelhança da imagem alusiva à recepção dos acontecimentos, incorporando o evento à massa circulante na memória, repetindo, inconscientemente, a mecânica da mandíbula e da glote.

BATER NA TESTA

Gesto de excitar a lembrança ou denunciar esquecimento. Participava do cerimonial a Mnemosine, Deusa da Memória, Mãe das Musas. Puxar a orelha era punição do Olvido e bater na testa provocar a presença da divindade das Reminiscências. Mímica portuguesa divulgada no Brasil do século XVI. Indígenas e escravos ignoravam-na.

ARROTO

Incluo o arroto na mímica quando provocado intencionalmente, significando, no simulado engulho, desprezo, pouco caso ou repulsa à veracidade afirmada pelo interlocutor. Sobre a simbologia da Erutação, consultar o *Dicionário do Folclore Brasileiro*, 2000, "Arroto".

TORCENDO AS MÃOS

É o gesto clássico do desespero, divulgado em promação artística por trágicos e trágicas. Quem ainda viu Sarah Bernhardt, Monnet-Sully, Duse, Novelli, recorda o inevitável efeito da aplicação mímica, como os velhos cariocas lembravam João Caetano, espremendo as mãos nos dramalhões. Creio ter saído dos recursos de todos os teatros do Mundo, gregos, romanos, persas, hindus. Continua no uso familiar sempre que ocorra motivação suficiente. Expressando a suprema angústia, o horror ante a impossibilidade da solução humana e lógica, origina-se da contenção espasmódica instintiva, reagindo à forte sensação dolorosa. Essa natural equivalência na mecânica incoersível da descompressão nervosa pela contração muscular passou a constituir manifestação exterior do sofrimento moral.

VÉU NA CABEÇA

As mulheres não devem comungar com a cabeça descoberta. Na igreja há sempre empréstimos de véu às fiéis que se aproximam da Eucaristia sem ele. O véu representa, imemorialmente, um elemento de alto simbolismo religioso. Era indispensável na iniciação de Elêusis, matrimônio, funerária; cultos da Anatólia a Etrúria, de onde os Romanos tiveram, reforçando a influência da Grécia. Mouros, árabes; o *palliolum* em Roma, o *hemation* grego em Homero e Eurípedes. Os Deuses e as Deusas velados; as Vestais, Artemis de Éfeso. O sacrificador em Roma. O véu de Tanit, *zaimph,* paládio de Cártago. O véu do Tabernáculo[1] e ainda ocultando o interior do Sacrário nos templos católicos. Iavé fala no Sinai dentro de espessa nuvem.[2] e Moisés vela o rosto depois do divino convívio.[3] Véu de Virgem, Viúva, Religiosas. O Apóstolo Paulo[4] explica a razão decorosa da mulher cobrir a cabeça nos recintos sagrados e o homem descobrir-se: – "Toda mulher, porém, que ora, ou profetiza, com cabeça sem véu, desonra a sua própria cabeça, porque é como se a tivesse rapada (v. 5). Julgai entre vós mesmos: é próprio que a mulher ore a Deus sem trazer o véu? (v. 13). Ou não vos ensina a própria natureza ser desonroso para o homem usar cabelo comprido? (v. 14). E que, tratando-se da mulher, é para ela uma glória? pois o cabelo lhe foi dado em lugar de mantilha (v. 15). Contudo, se alguém quer ser contencioso, saiba que nós não temos tal costume, nem as igrejas de Deus (v. 16)". Beduínos e tuaregues velados no Saara central e austral, *Mulattamin,* a gente do véu, *Ahl el-litân.* Na organização do culto cristão a Tradição sistematizou-se em liturgia: véu na cabeça dos neófitos, depois da unção do óleo; os monges na ordenação, conservando-o durante sete dias; véu das Noviças e Freiras escondendo a face no parlatório. *Tomar o véu,* sinônimo de reclusão piedosa e casta. O véu, *voilette,* das elegantes francesas. O véu no cabelo feminino é uma reverência à santidade do local. Avivando a distância, os judeus usam chapéu nas sinagogas. O véu oscilando no fluxo e refluxo do prestígio mundano. Ver *Sacudindo a Cabeleira.*

---

1. *Êxodo,* 26 e 36.
2. *Êxodo,* 19, 18.
3. *Êxodo,* 34, 33.
4. I *Coríntios,* 11.

LAVAR AS MÃOS

A expressão vulgar refere-se à excusação da responsabilidade. Pilatos lavando as mãos no Pretório, alienando qualquer participação na condenação de Jesus Cristo: "Estou inocente do sangue deste justo".[1] Ablução, *ablutio,* lavar-se, notadamente as mãos, iniciava todo cerimonial religioso clássico, Grécia, Roma, Oriente. Salomão mandou instalar o "Mar de Bronze", grande cuba metálica e mais dez pias de cobre no Templo[2] para essa finalidade litúrgica. Diante das Mesquitas existem fontes d'água para as abluções indispensáveis ao fiel maometano. Ato de purificação, ainda presente no exercício da Missa: *Lavabo inter innocentis manus mea.* Dispensa-se citar o fácil encontro na literatura latina e grega, Virgílio, Terêncio, Plauto, Ateneu, Lamprídio. Lavam o cadáver com água tépida. A intenção simbólica era limpar-se das culpas individuais antes da apresentação à Divindade. Frase e gesto recebemos do Evangelho difundido no Brasil, desde o século XVI.

PATEAR

Bater os pés repetidamente no solo como expressão de desagrado, reprovação, repulsa a uma má representação teatral. *Pateada,* outrora em Portugal *pateadura.* O emprego do termo chulo *patas* em vez de *pés* denuncia antigüidade popular e manifestação coletiva de assuada, escárnio, apupos. É acompanhado de gritaria e assobios zombeteiros, evidenciando originar-se do *sibilum,* vaia tradicional da plebe nos teatros de Roma. É o mais desmoralizante testemunho da crítica desfavorável dos espectadores. Uma opinião transmitida pelos pés é suficientemente expressiva e lógica na intenção satírica. No grito de outrora na Maçonaria, arrastar os pés significava "não apoiado". A castanhola de dedos, polegar e médio, valia aplausos. "Pateou, matou!" concluía-se no velho Mundo do Teatro antigo.

---

1. *Mateus,* 27, 24.
2. I *Reis,* 7, 23, 38.

QUÍNAU!

Até a primeira década do século XX viviam no Brasil escolar as "Sabatinas", argüições nos sábados, entre estudantes primários, em que o vencido era punido a bolos de palmatória: "Quem foi o Donatário da Capitania do Rio Grande do Norte? – Francisco Pereira Coutinho! – Quinau! João de Barros!" O gesto típico, prenunciando o castigo humilhante, era o aluno vencedor agitar a mão direita, fazendo o indicador estalar sobre o médio, preso na polpa do polegar. O *Dicionário de Moraes* (Lisboa, 1831) regista: "Quinao. s. m. Emenda do erro, que fez o que argumenta a quem responde errado, dar um quinau, emendar o tal erro: termo das Escolas menores." Vieira, S. 3. f. 580, "reconhecer o quinao", o "erro". João Ribeiro[1] informa: "*Quinau* parece equivalente *aquinas* em certo jogo de dados. Daí *dar quinau* ou fazê-lo. Os franceses têm *quinaud* com igual sentido, mas alguns etimologistas duvidam dessa procedência e acusam de obscura semelhante origem. Outros argutos pesquisadores referem *quinau (quinaud)* ao antigo francês *quine*, certo gesto em que se coloca o polegar sobre a bochecha e se agitam os demais dedos, em sinal de irrisão ou remoque. Nesse caso, o *quinau* equivale à repreensão simbólica". Vulgar na França de Rabelais, século XVI, mas para Alber Dauzat[2] *un rapport avec "quine" est peu probable. O Larousse* alude unicamente à mímica. O Dicionário da Academia Espanhola refere "vitória literária", definição incompleta. O gesto lembrado pelo mestre João Ribeiro é meu familiar mas não participante no ciclo das antigas "Sabatinas". Traduz ainda escárneo, modalidade do que Persio mencionava em Roma. Ver *Três Gestos Romanos*.

CASTIGO!

Apanhou! Perdeu! Gesto exprimindo punição. A mão direita agita-se, o polegar prendendo o médio e sobre este bate repetidamente o indi-

---

1. *Curiosidades Verbais,* 1963.
2. *Dictionnaire Etymologique,* Paris, 1938.

cador. Sugere varadas, açoites, vergalhadas, proclamando derrota notória. No norte de Portugal acompanha o termo "Surriada! Surriada!" que não se divulgou no Brasil. Era o gesto do Quinau. Ver *Quinau!*

NOVAS TROCADAS

Um amigo comentando a interpretação dada no Rio de Janeiro de providências oficiais de Brasília, concluía enrolando as mãos como fazendo e desfazendo embrulho: *Novas trocadas!* A comunicação interessada tentava mudar a substância do ato administrativo. Era novidade, mas adaptada ao consuetudinarismo favorável. Bismarck não acreditava em telegramas nem Assis Brasil nas informações apressadas. Não sei se o gesto acompanhava a frase que é secular na técnica utilitária. Em janeiro de 1591 o Rei Filipe, de Espanha e Portugal, escrevia ao Vice-Rei da Índia Matias de Albuquerque ordenando enviar para o Reino, na primeira nau, o poeta Fernão d'Álvares, Vedor da Fazenda em Ormuz, que, partindo para Ásia *se descompusera em dar Novas Trocadas desses Reinos em prejuízo deles e do serviço Real.* Devia ter sido partidário do Prior do Crato, adversário da onipotência castelhana em sua pátria, para onde voltou e faleceu quatro anos depois. A imagem é que continua contemporânea.

ANTOJOS

"Apetite caprichoso, desejo extravagante que acomete as mulheres grávidas", informa Aurélio Buarque de Hollanda Ferreira.[1] Ver *Desejo* no *Dicionário do Folclore Brasileiro* (Global, 2000) onde compendiei documentação suficiente e essencial, incluindo as pesquisas de Bloomfield e Penzer. Antojo, Desejo, Malacia, Pica, Dejejo, Dohada, *Craving of Pregnan Wooman,* é o incontido apetite por determinadas coisas sob pena de *perder a barriga,* abortando um feto com a boca aberta, denunciando a insatisfação mortal. Além dessa acepção, *Antojos,* era o complexo clínico e

---
1. *Dicionário,* 1951.

social da gestante, gestos, náuseas e sobretudo os direitos ao respeito, cuidados e atenções familiares. Constituía um tabu, objeto de meticulosa assistência. A *gravidade* das Rainhas determinava regozijo público, liberalidades, inspiração poética e sermonário nas Igrejas pelos pregadores conceituados no aulicismo financiado. A grávida tinha certo orgulho na exibição que a dignificava, dando-lhe prioridade carinhosa nas reuniões. Havia uso dos vestidos soltos, denominados pelo Povo *vestidos de Bucho*, disfarçando a projeção abdominal, como a Imperatriz Eugênia divulgara a *crinoline*, Saia-Balão, herdeira da *garde-enfant* do século XVI, ocultando a presença do Príncipe Imperial que os zulus trucidariam a golpes de azagaia. Os gestos lentos e defensivos, a fisionomia *entojada,* enfadada, entediada (*Intoediare,* para João Ribeiro), as intermitências do bom e mau humor, davam um caráter semi-sagrado à nova portadora de outra existência, fazendo-a desejável como exibição consagradora da estabilidade conjugal. Uma velha dama espanhola do século XVI desejava a gravidez *por gosar nueve meses de regalo, cuarenta dias de cama y dos años de cantares* (Garibay y Zamalloa, 1533-1599). A campanha contra a Concepção, com os raciocínios utilitários na lógica egoística do crescente conforto, esvaziou a gravidez do seu milenar prestígio mágico, tornando-a adiável, dispensável e ridícula pela inevitável inoportunidade. O *Two Child Family* expressa-se no axioma ouvido em 1935 no Rio de Janeiro: *Um, Amor! Dois, Descuido! Três, Burrice!* correspondendo ao *Two is Company. Three is none!* que, bem anteriormente, Luís Peixoto (1889-1973), fixara na *Casinha de Caboco* (1928), música de Hekel Tavares (1896-1969): *Numa casa de caboco, um é pouco; dois é bão; três é demais!*

ESPIAR

Espião. Espionagem. Forma astuta, insistente, de observar determinado objeto. Maior atenção que Olhar, Ver, Mirar. Aparenta natural despreocupação, fingindo casualidade na investigação teimosa, cauta, deliberada. Em qualquer tempo que o verbo seja empregado, é instintivo o movimento de cabeça em tendência sinuosa, olhar tornejante na perscrutação aguda e discreta. O ambiente social contemporâneo já não justifica a função terebrante, sugerindo a marcha lenta, desconfiada e prudente do caçador, localizando o animal em fuga defensiva ou receando-lhe a inopinada agressão. Olhar paleolítico, que Machado de Assis identificou na trêfega Capitu, oblíquo e dissimulado...

VIAJAR

O escritor Gustavo Barroso (1888-1959), cearense de Fortaleza, desde 1911 residiu no Rio de Janeiro, conhecendo bem a Europa, publicando mais de uma centena de livros, Mestre indiscutível do Folclore Brasileiro. Oswaldo Aranha (1894-1960), gaúcho, deputado federal em 1928, Ministro da Justiça, da Fazenda, do Exterior, Embaixador dos Estados Unidos, Presidente da ONU, oficialmente morou nos últimos trinta anos de sua vida na mesma capital. Ambos, em conversa íntima, expressavam instintivamente a menção da Viagem fazendo o gesto de cavalgar. Gustavo Barroso escanchava os dedos indicador e médio no "fura-bolo" esticado como se fora um dorso armado de sela. Oswaldo Aranha arqueava os antebraços repetindo o movimento de puxar as rédeas, no meio-galope "comedor de estrada". Meninos e rapazes haviam, no Ceará e Rio Grande do Sul, viajado invariavelmente a cavalo e os posteriores e normais automóvel e avião não conseguiram substituir a imagem inicial da condução tradicional, inseparável nas saudosas reminiscências. A mímica da equitação não ocorreria num amazonense ou carioca mas seria infalível num homem do Nordeste ou do Brasil Central. João Neves da Fontura (1887-1963), outro gaúcho, Deputado, Ministro de Estado, Embaixador, tribuno inimitável, confirmava minha observação, dizendo: "Descrevendo viagens tenho o cuidado de evitar balançar-me como se galopasse". O gesto, manifestando a prioridade eqüina no exercício do transporte, denunciava a vivência da sensação antiga, tornada uma permanência no plano complementar da comunicação verbal. Presentemente a mão imita o vôo planado do avião, ou as duas sugerem a direção do automóvel.

PEGAR NO ESTRIBO

A frase ainda resiste no gesto de ajudar alguém a galgar a sela. Já morreu o sentido palaciano do Estribeiro-Mor, mas vivem as referências ao ofício outrora fidalgo; perder os estribos, firme nos estribos, pé no estribo, pegar no estribo ou fazer estribo, pressuroso auxílio dispensável, assistência bajulatória, Moço de Estrebaria na humildade jubilosa da função interesseira e adulante. "Não pego no estribo de ninguém!" Quando as Autoridades montavam, o servidor mais graduado segurava o estribo. Ainda vi esse dever tradicional atendido pelo chefe político local ao Governador itinerante. Mais cortesania que servilismo. Desapareceu a indispensabilidade do ato entre a famulagem vocacional. Agora abre-se a porta do automóvel, acomodando a bagagem pessoal e portátil de Sua Excelência, com a exibitiva lordose cortesã. O gesto de fingir suster os loros do estribo é uma imagem persistente do humaníssimo Culto ao Poder Retribuidor.

ACLAMAÇÃO

Na hora triunfal da convergência emocional, explosiva e concordante, a multidão aclama o nome insubstituível e único. Aclamação, *Acclamatio, Ad-clamare,* para clamar, gritar, chamar, repetir a denominação motivadora do Entusiasmo coletivo, a manifestação mais alta, unitária, frenética da unanimidade delirante. Qualquer Enciclopédia evocará as origens históricas das Aclamações, determinando a legitimidade do *Poder* pelo consenso público no aplauso jubiloso, indistinto e genérico. A Aclamação já não constitui fundamento jurídico autenticador da Autoridade, substituído pela convenção democrática dos escrutínios eleitorais. Aqueles que viram uma Aclamação popular, esportiva ou política, não limitada e restrita a uma assembléia morna e deliberante, recordarão a imutabilidade milenar do *Gesto* consagrador. Além do alarido, radical céltico *clam*, gritar, *clamare,* vemos os braços erguidos e as mãos acenantes. As

Aclamações nasceram das simpatias devocionais dos guerreiros vitoriosos pelo seu Chefe, Orientador, Comandante, de energia incomparável e contagiante. Ao redor do General, de prestígio irresistível pela seqüência dos sucessos militares, os companheiros gritavam-lhe o nome, agitando as armas para o alto, mostrando-as aos Deuses da Guerra, doadores do Êxito definitivo sobre os inimigos vencidos e submissos. O processo do voto pessoal a descoberto, ostensivo, era erguer o braço. Vinha da fórmula do juramento sagrado, erguendo a mão direita ao altar e, séculos depois, ao Livro da Lei: *Jurez de dire la verité, levez la main droite!* A mímica incluía a intenção oblacional, imprecadora da divina proteção na continuidade dos resultados felizes pelas armas. Assim como todo Préstito iniciou-se pelo Desfile religioso, a Procissão evidenciando aos Deuses a notoriedade da Confiança profunda no espírito do Povo, uma *Aclamação* expressava o momento supremo da Exaltação no milagre da concordância onde o entusiasmo promovia a legislação oral. Retomava o Direito primário e natural da Lei Plebiscitária *quod plebs jubet atque constituit,* onde a Plebe ordena e determina a fórmula legal, para o grande Gaio, das ordenações fundamentais de Roma. Toda documentação recordadora das Aclamações, nos desenhos ornamentais que as ressuscitavam, revive a euforia dos braços agitados e das mãos acenantes, como flâmulas festivas. A motivação propulsora foi mudando seus impulsos inspirativos no Espaço e no Tempo mas a gesticulação permanece a mesma, através das idades do Mundo.

ÍNDICE

ABANAR A CABEÇA, 60
Abençoar, 186
Abraçar o pescoço, 114
Abraçar pelos joelhos, 184
Abraço, 203
Acenando adeus, 197
Acenos (Disputa por), 90
Aclamação, 270
Afirmativa e negativa, 182
Ajoelhar-se, 253
Alguns jogos infantis no Brasil, 145
Alusão ao dinheiro, 214
Amaldiçoar, 189
Amarrando Pedro, 111
Ameaçando, 86
Andar de sapato novo, 257
Andar requebrado, 37
Antojos, 267
Apertar os lábios, 240
Aperte esta mão!, 138
Aperto de mão, 161
Aperto de mão simbólico, 184
Apinhar os dedos, 185
Aplauso eleitor, 168
Armar o pé, 78
Arroto, 263
Assanhar o cabelo, 242
Assobiar, 206
Atirar beijo!, 188
Atirar para trás, 112
Atravessado, 31
Atualidades de Teofrasto, 108
Autoridade e pressa, 190

BABAU!, 85
Baixar a cabeça, 68
Baixar a mão!, 234
Bananas!, (Dar), 220
Bangular, 234
Barbeiro, 112
Bata palma, vovô!, 163
Bater palmas, 57
Bater com a mão na boca, 179
Bater na bochecha, 247
Bater na testa, 263
Bater nas nádegas, 24
Bater no cotovelo, 261
Bater no rosto, 106
Bater o pé, 26
Bater os copos!, 237
Batuqueiro e Sambista, 50
Bebo à saúde de Vossa Excelência, 191
Beijar a própria mão, 110
Beijar a unha do polegar, 84
Beijar o solo, 235
Beijo, 209
Beijo na mão, 49
Beijo no ar, 116
Beliscão, 23
Beliscão de frade, 77
Bengala e gesto, 41
Boca aberta, 257
Boca cosida, 128
Boca em bico (A), 140
Boca torcida, 152
Bolinar, 125
Bolso! 132

Boquinha, 225
Braça, 249
Braços erguidos!, 227
Bulu-bulu, 96
Bundacanastra, 81

CABEÇA BALANÇANDO NO
    BAILADO, 169
Cabeça no coração, 113
Cabeça oscilante, 86
Cada um com seu jeito, 80
Cadê Neném, 54
Cafuné, 211
Caldo ou carro entornado, 244
Camila e o monstro, 192
Caminho das lágrimas, 60
Cangapé, 77
Capoeira (O), 256
Carapinhé, 136
Careta defensiva (A), 224
Carta beijada e tocada na cabeça, 122
Castanhola, 174
Castigo!, 266
Catucar, Cutucar, 135
Cauto malandro (O), 44
Chamar, 208
Chapéu na cabeça, 254
Cheiro, 217
Chorar, 66
Claro sol amigo dos herói (O), 204
Coçar a cabeça, 88
Cócoras! (De), 200
Cocorote e piparote, 214
Comendo com os olhos, 46
Comer, 233
Comer junto, 63
Comércio fechou (O), 44
Conceito popular da ofensa física, 193
Constante mímica de Júlio Prestes, 74
Continência militar, 39
Cordão da virgem (O), 129
Cortesia silenciosa (A), 64
Costas! (Para trás das), 204

Cotoveladas, 138
Cruz enfeite (A), 121
Cruz na boca, 213
Cruzar as pernas, 198
Curvar a cabeça, 225
Cuspir fora, 59
Cuspir na cara, 106
Cuspir no prato, 157

DANDO O TOM, 57
Dar a prova, 124
Dar bananas!, 220
Dedão do professor (O), 226
Dedinho me disse... (O), 213
Dedinho provocador, 75
Dedo (No), 95
Dedo na boca, 55
Dedo na venta, 76
Dedos, 202
Dedos em cruz, 100
Defesa instintiva (Uma), 70
Deitado, 187
Delicioso, 185
Denúncia de paternidade
    Nhambiquara, 119
Desanojar, 251
Descanso sem idade (Um), 176
Dinheiro (Alusão ao), 214
Disputa por acenos (A), 90
Dor recordadora (A), 252
Dormir (Jeito de), 81

É UMA FLOR!, 143
Em pé!, 98
Encontro noturno, 128
Engolir, 262
Enrolando as mãos, 121
Era gente assim..., 249
Érico Veríssimo e os gestos mexicanos, 144
Esbarrar, 247
Escarrar, 130
Escorregar, 32
Esfregar as mãos, 184

Espantando mosquitos, 43
Espiar, 268
Estalando a língua, 30
Estalando os dedos, 261
Estirar a língua, 160

FACE VELADA DO MORTO (A), 39
Fala-se mais, 223
Falando no bafo, 118
Fazer as pazes, 87
Fazer lombo!, 248
Fazer olhão, 183
Fechar os olhos, 27
Ficar ao lado, 246
Ficar cheirando!, 188
Ficar de mal e ficar de bem, 186
Figa!, 166
Fim de conversa, 137
Franzir a venta, 197
Função social do riso, 222

GAGAU!, 88
Garrafa enforcada, 237
Gesto brasileiro (Um), 107
Gesto carnavalesco (O grande), 58
Gesto da exatidão, 236
Gesto da precisão meticulosa, 189
Gesto de saia e calça, 212
Gesto mais feminino (O), 200
Gesto (Primeiro), 22
Gesto vivo dos balizas mortos (O), 52
Gesto (A voz do), 17
Gestos, 20
Gesto de escolha (Um), 114
Gestos do chapéu, 138
Gesto indígenas na serra do Norte, 120
Gestos mágicos, 79
Gestos maquinais, 140
Gestos mexicanos (Érico Veríssimo e os), 144
Gestos no trânsito, 125
Gestos romanos (Três), 222
Gestos torpes (Sexuália), 258
Grande alegria, 175
Guia de Goiás (Um), 108

HOMENAGEM DA IMOBILIDADE, 73
Homens na igreja, 55
Horácio e os dois paulistinhas, 31

IMITANDO O DIABO, 143
Inchando, 78
Indo para a escola, 53
Insistente negativa (A), 238
Isola!, 212

JEITO DE DORMIR, 81
João Cotoco, 134
Jogos infantis no Brasil (Alguns), 145
Juro!, 102

LADO DO NOIVO (O), 183
Lamba as unhas!, 250
Lamber o dedo, 179
Lápis na boca, 168
Lava-pés, 101
Lavar as mãos, 265
Lencinho condutor, 32
Levado pelo pescoço, 97
Levar pela mão, 235
Limpando os ares, 171

MAIOR GESTO DE METTERNICH (O), 33
Maja vestida (La), 124
Maluco, 181
Manuelagem, 21
Mão ao peito, 184
Mão boba, 236
Mão esquerda, 129
Mão fechada, murro feito, 89
Mão na boca, 46
Mão na cintura, 97
Mão nas ancas, 105
Mão no queixo, 29
Mão nos bolsos, 237
Mãos ao alto, 120
Mãos cruzadas no peito, 163
Mãos na cabeça, 118
Mãos postas, 169
Matando piolho, 114

Menina de Hamath (A), 69
Mijar na cova, 178
Mímica do pavor, 181
Misturar os pés, 139
Mordendo os dedos, 116
Morder o polegar era desafio, 133
Mordidinha no nariz, 152
Mostrar a barriga, 254
Mostrar a palma da mão, 171
Munganga, 250
Muxoxo, 137
Muxoxo em Angola, 85

NÃO OLHE PARA TRÁS!, 155
Não sair por onde entrou, 115
Nariz, 133
Negar de pés juntos, 244
Nome certo (O), 54
Novas trocadas, 267
Nudez punitiva, 40

Ó!, 209
Olhar intermitente ou fixo, 228
Olhe para quem fala!, 151
Oushebtis e Astronautas, 117

PALLIDA MORS, 221
Palmo de gato, 190
Pálpebra azul de Jezabel (A), 38
Papo aberto, 245
Para trás das costas!, 204
Passar a mão pela cabeça, 182
Passar por debaixo da mesa, 105
Patear, 265
Pé direito, 158
Pé no pescoço, 104
Pedir e evitar, 105
Pegar no estribo, 270
Pegar no queixo, 73
Percussão da surpresa (A), 93
Perna aberta, 242
Pescoço mordido, 127
Pigarro e tosse, 218

Pirueta da liberdade, 75
Pisar no pé, 248
Ponta da orelha e polegar erguido, 165
Pontapé, 89
Porta da rua (Na), 99
Porta do devedor (A), 35
Posição de Socó, 154
Presença númida no Nordeste, 36
Primeiro ferimento (O), 28
Primeiro gesto, 22
Punho cerrado, 187
Purrute, 136
Puxar os cabelos, 103
Puxar ou torcer a orelha, 193

QUATRO BEIJOS ANTIGOS, 28
Que horas são?, 76
Queixo levantado, 96
Quinau!, 266

RABO DURO, 241
Rabo entre as pernas, 240
Rebanada, 135
Reforço cordial, 102
Repousando a mão, 71
Reprovação, concordância, ignorância, 228
Resposta de Amasis, 31
Rezinga de mulher, 37
Rodando os polegares, 189
Roer unha, 170

SACUDINDO A CABELEIRA, 238
Saia do caminho, 45
Saia na cabeça, 180
Salamaleque, 250
Salve ele!, 58
Saudação muçulmana (Uma), 180
Saudações, 141
Saudar palácio, 94
Sentar-se, 51
Servindo ao defunto, 55
Sessenta séculos vos contemplam!, 232
Sexuália (Gestos torpes), 258

Silêncio!, 158
Símbolos do ombro, 173
Só com esse dedo, 157
Sobrolho (O), 131
Soprar, 61
Sorrir, 61
Sorriso do sol, 65
Surra de cotovelo, 135

TAMANHO E PORTE, 195
Teofrasto (Atualidades de), 108
Ter um aquele, 239
Tirar o chapéu, 71
Tocar na terra, 153
Tocar no pé, 153
Tome!, 207
Topado!, 130
Toque na madeira, 155
Torcendo as mãos, 263
Torcendo os bigodes, 251

Traje e temperamento, 205
Três gestos romanos, 222
Três saudações romanas (As), 59
Tropeçar, 235

UM ATRÁS DO OUTRO, 172
Um pelo outro, 168
Umbigada, 34

V DA VITÓRIA, 216
Vá na frente!, 132
Vaia, 47
Veja aqui!, 151
Véu na cabeça, 264
Viajar, 269
Vinho na cabeça, 150
Voz de espectro, 196
Voz do Gesto, 17

ZUMBAIA, 241

Obras de Luís da Câmara Cascudo
Publicadas pela Global Editora

Contos tradicionais do Brasil
Mouros, franceses e judeus
Made in Africa
Superstição no Brasil
Antologia do folclore brasileiro — v. 1
Antologia do folclore brasileiro — v. 2
Dicionário do folclore brasileiro
Lendas brasileiras
Geografia dos mitos brasileiros
Jangada
Rede de dormir
História da alimentação no Brasil
História dos nossos gestos
Locuções tradicionais no Brasil
Civilização e cultura
Vaqueiros e cantadores
Literatura oral no Brasil
Prelúdio da cachaça
Canto de muro
Antologia da alimentação no Brasil
Coisas que o povo diz*
Religião no povo*
Viajando o sertão*

* Prelo

Obras Juvenis

Contos tradicionais do Brasil para jovens
Lendas brasileiras para jovens

Obras Infantis

Coleção Contos de Encantamento

A princesa de Bambuluá
Couro de piolho
Maria Gomes
O marido da Mãe D'Água e A princesa e o gigante
O papagaio real

Coleção Contos Populares Divertidos

Facécias

ESCOLAS PROFISSIONAIS SALESIANAS

Rua Dom Bosco, 441 – Mooca – 03105-020 São Paulo-SP
Fone: (11) 3277-3211 Fax: (11) 3271-5637
www.editorasalesiana.com.br